政协委员文库

印痕札集

蒋明麟◎著

中国文史出版社

《政协委员文库》丛书
编辑委员会

蒋明麟（2008年）

目錄

辑一　建材工业宏观战略

辑二　水泥工业发展研究

辑三　新型干法水泥生产技术

辑四　节能减排及废弃物处置

辑一

建材工业宏观战略

世界电子商务发展现状及我国应采取的对策

20世纪90年代以来，计算机技术和网络技术的突破，使得互联网这种新的通信和信息交换方式产生日新月异的发展，呈现爆炸式的增长。随着技术的不断成熟，一些以互联网及交换双方为主体，以银行电子支付和电子结算为手段，以客户数据为依托的全新的商业模式——电子商务应运而生。1994年，全球电子商务销售额为12亿美元，1997年增长了1倍多，1998年到了500亿美元。电子商务，从狭义上讲就是要依据政府、企业和个人，用电子计算机及网络技术实现商业交换和行政管理的全过程。从广义上讲，是建立一种全社会的“网络计算机环境”或“数字化神经系统”，以实现信息资源在国民经济和大众生产中的全方位应用。

一、国际电子商务的发展对社会的影响

电子商务是对传统商务模式的一种根本性改革，将使人类社会政治和文化生活产生深刻的变革。电子商务的迅速发展，已经使传统的非网上销售受到很大冲击，这在国外表现得更明显一些。据报道，目前有94%的网上销售业务是从传统销售业务中争夺过来的。1999年从传统零售商争夺过来的销售额已达112亿美元。这对传统零售商就提出了一个问题，如果我们固守传统销售模式，将来就很可能受到很大冲击。

1. 巨大的市场潜力孕育着无限商机。

互联网的迅速发展使之成为继传统市场之后的又一个巨大市场。这种市场不受国界和疆界的限制，为形成全球化经济创造了条件。也有人称这种计算机网络为一个新的大陆，即“第七洲”——虚拟洲，企业和商家可以在这个虚拟洲上构筑覆盖全球的商业营销网，进而获得全球性的无限的商务空间。2000

年，全球互联网用户已达1.8亿。据预测，今后3年里，全球上网人数将达10亿。2000年电子商务市场规模达到了3000亿美元，有人预计到2010年，网上交易额将突破1万亿美元。在未来10年里有1/3的全球国际贸易将以网络贸易形式来完成。巨大的市场和无限的商机展示着这个市场的现实性和潜在的丰厚商业利润。

2. 企业可以借助这种全新的手段获得全球性的竞争优势。

信息已经成为全球性的战略资源，电子商务则是最好的获取手段。利用电子商务方式，企业可以非常方便地构筑覆盖全球的电子商业营销体系，实现全球性和全国性的经营战略，加强全球或全国范围内的商业间的合作，进而增加全球性和全国性的竞争能力。特别是对于中小型企业，通过电子商务网络，了解世界范围或全国范围的市场需求，促进遍布全球或全国的公司间的合作，可以形成更大、更有效的经济规模，使自己更具有竞争力。据有关报道，过去的两年，美国小企业上网的比例已由过去的19.7%猛增到41.2%。到今年，预计全美已有20%的小企业将在Internet上建立自己的网页，有36%的企业将开展网上的营销业务。

3. 为适应新型商务模式，企业生产组织和经营方式必须发生根本性的改变。

网络通信和信息技术的发展，使得现代商务突出不断增加供货能力和客户需求以及全球和全国竞争性的特点，要求我们企业内部必须调整组织结构和营销方式来适应这种变化。很重要的一点在于我们投资者和管理者思想观念和操作方式上的变化。如果没有投资者和具体经营管理者思想观念和技术水平上的变化，要想实现具体技术上的变化是很难的。实际上很多企业和商家已经在调整组织领导结构的知识层面，调整其生产组织和经营方式，发掘和利用这种新的运作方式。1992年，全球网页仅有52个，1998年网页就达到3000万个，预计2002年将突破30亿个。届时将有70%以上的大公司都要通过自己的网页来进行网上销售。

4. 采用新型的商务模式将使企业的经营效率和生产率获得极大的提高。

电子商务是一种最大化的网络方式，把顾客、销售商、供应商、制造商联系在一起，使供需双方能在最适合的时机，用最适用的方式进行商务交换。据预测，到2002年，电子商务每年可为全世界的商家节省12500亿美元。另外，应用这种新的技术将成为未来国家新经济增长点。我国的工业化只是仅仅完成了初级阶段，从今年起进入中期，现在我国还有一个很紧迫的任务，就是要实现信息化。就是要用信息化带动工业化的发展，尽快使整个经济走向现代化。应用高新技术和先进实用技术改造传统产业，包括建材行业。预计今后各国都将把信息产业作为自己国家工业结构调整的重要方面。

二、发达国家促进电子商务发展的战略意图

为了促进电子商务的发展，发达国家政府和国际组织都对这些国家给予了大力支持。1996年12月，联合国国际贸易法委员会通过了《电子商务示范法》，为各国电子商务立法提出了一个范本。1996年底世贸组织又达成了便于电子商务发展的一个国际协议，即《信息技术协议》。1997年4月，欧盟出台了《欧洲电子商务动议》。同年7月，美国公布了其精心构筑的《全球电子商务框架》。联合国贸易和发展组织召开了全球的电子商务专家会议。1998年5月，世贸组织132个成员国签署了《关于电子商务宣言》。纵观这些协议报告，说明这些发达国家想尽快促进电子工业的发展，包含着一些战略意图。

1. 着眼于21世纪，寻求实现经济持续增长的推动力。

美国政府认为，电子商务的发展是未来起码21世纪前25年世界经济发展的主要推动力。甚至可以说这次革命可以和2000年前工业革命的经济发展推动力相媲美。为此美国前总统克林顿把促进电子商务向正确方向发展作为他执政期内的主要任务。目前美国电子商务应用领域规模远远超过其他国家，1998年网上交易额达到170亿美元，是全球网上交易总额的1/3，预计2002年整个美国网上交易和服务的营业额将达到3270亿美元。网上交易额4年内将使美国国民收入净增200亿美元左右，并且节约5%—15%的成本。从1999年1月1日起，美国政府要求联邦政府所有的对外采购都要采用电子商务方式，这一举措被认为是将美国电子商务推向了高速列车。日本1996年投入了3.2亿日元用以推动电子商务的有关计划，1998年企业对消费者的电子商务市场投入650亿日元，是美国的3%，2003年可达到3.16万亿日元，5年里要增长50倍。英国1998年10月发表了“电子商务英国税收政策”的报告，将电子商务及其加强有关税收管理当作向知识经济发展的重要战略。规定2000年到2001年实现90%以上的日常货物

的采购电子化，2001年将25%的政府业务网络化。这些发达国家都是用政府的力量来推动电子商务的发展。

我国政府也非常重视推动电子商务的发展，特别是经贸委、科技部、信息产业部联合组织召开并成立了企业信息化推动的领导小组，专门在“十五”计划里发布了如何推动企业信息化进程的报告。

2. 未雨绸缪，谋求在新的世纪里在国际规则上的主导权。

1997年7月，美国出台了《全球电子商务框架》，标志着美国政府系统化电子商务发展政策已经形成，又展示了其谋求国际规范指导权的企图。美国利用经济和技术发展的优势，谋求世界霸主的地位，不论在政治、军事、经济、技术方面都是非常明显的。1997年12月欧盟和美国发表了关于电子商务的联合宣言，与美国就全球电子商务指导原则达成协议，承诺建立“无关税的电子空间”。1999年2月，欧盟提出建立一个旨在协调全球通信特别是电子商务的国际宪章的提议。1998年5月，美国和日本签约，条约的内容基本是全球电子商务框架的翻版。1999年5月，日美两国共同发表联合声明，对关税、税收、隐私权、身份确认等问题提出了一系列原则看法，强调两个经济大国在电子商务方面进行磋商和合作的重要性，声明两国意欲通过他们在世界经济上的地位和影响联手制定电子商务全球框架，以保持和加强两国的领先地位。无论英国还是日本，都是遵循美国、承认美国的电子商务框架，谋求主导地位。所以我国要尽快进行电子商务立法，从去年到今年，人大代表提出制定电子商务法的呼声是相当高的。

三、我国周边国家电子商务发展概况

印度：该国从中学开始就十分重视英语教学和数学教学，这对电子商务的发展有很大的促进作用。再加上政府的支持，奠定了印度在软件技术方面的成就。可以说继美国之后，第二大软件出口国就是印度。官方统计表明，截至2000年3月31日，1999—2000年财政年度，软件出口额高达39亿美元。印度政府已制订了雄心勃勃的计划，到2008年软件及服务出口要增加到500亿美元。然而，印度国内电子商务的现状却跟不上软件的发展。主要问题：一是基础设施比较落后，互联网建设落后，甚至电话的普及率也不够高；二是缺乏相关的法规支持；三是贫富悬殊大，文盲多；四是公众的观念亟待更新。

韩国：经过金融风暴的打击，韩国提出要大力发展网络经济。为了促使网络经济更健康更迅速发展，政府今年制订了新的计划，出台了一系列新的措施。归纳起来有五条，一是明确推进信息化的基本方向；二是加紧建立信息通信的基础设施；三是争取尽早实现教育的信息化；四是继续推进信息通信产业；五是大力促进电子商务。要做的工作有：一要整理和完善有关电子商务的法律法规，建立电子交易纠纷协调委员会，以提高市场的信任度和可靠性；二是扩充起高速、高宽带的通信网和物资流通体系等基础设施，加强对电子商务的技术支持；三是促进政府采购的电子商务化；四是在企业经营各个方面引进并扩大电子交易；五是建立网络贸易的基础，加强电子商务的国际合作。

泰国：首先抓了电子商务立法，制定了电子商务法和数码签名法以及资金网上转移，数据保护，防止电脑犯罪的电子法令等多项法律法规。目前的障碍：一是基础设施落后；二是电信垄断，价格太高，税收不合理；三是安全措施不够；四是人力资源不足，合格的信息技术工程师和通晓电子商务的商业人才缺乏。

通过以上国家的介绍，找出一些共性的东西。一是政府立法；二是加强基础设施建设；三要培养人才，转变观念，提高全民文化素质。

四、我国应采取的对策

近几年电子商务的发展，表现出对社会经济的巨大影响，引起了人们的广泛重视。特别是美国为代表的经济发达国家都在大规模推进电子商务的发展，并以此取代和改变传统商务活动方式。从目前全球情况看，电子商务将成为21世纪企业竞争的主要手段，互联网和电子商务的兴起，不仅改变全球的经济增长模式，还将改变现有的世界经济的格局和贸易体制。

电子商务分为B2B、B2C，还有C2C，从国际趋势看，B2B业务占主导。根据美国商业周报公布，1998年美国B2B业务是B2C业务的5倍，预计2000年将增加到10倍。从交易方式看，企业的网络交易业务主要有两种，一是企业自己建网，二是利用公共网站；前者对于企业链较长、伙伴较多、自身专业性较大的公司和集团较多。从效果看，电子商务的应用已使许多企业获利。

我国目前仍然处于电子商务的起步阶段，通过电子商务改造传统产业，增加企业的竞争力，是我国电子商务发展的重要内容。无论从国际发展趋势，还是从我国现实需要出发，首先要积极推进企业对企业的电子商务。从交易量和交易成本来看，B2B的业务量大，通过降低流通成本，提高市场效率，改进国民经济运行质量的作用就比较明显，容易取得比较明显的效果。通常企业间的单批或成交的费用是个人的百倍，甚至万倍。所涉及的交易金额、互通信息的规模与参与企业主体的数量巨大，使技术更先进、效率更高，节省了传统交易中人员的往返、交易设施投入的费用。所以电子商务产生的经济效益是企业间电子商务发展的基础和动力。

其次用电子商务改造企业的业务流程、扩展市场，有现实的业务基础和需求。这几年国内的实践和探索证明，工商领域的企业根据自身的业务需要，依托现有的业务伙伴和业务渠道，对销售业务进行电子化改造，是一条比较好的路子。每个企业都有固定的销售伙伴和渠道，只要投入部分资金进行信息化改造，步子还是比较快的。

三是B2B业务可以分阶段进行，线上线下结合，便于操作，相对于B2C，交易的及时性、配送体系的配套性要求得比较低。从目前我国的技术水平、基础设施条件和社会配套环境来说，开展B2B业务更适合我国国情。

我国发展B2B业务的做法。应本着先易后难，讲求实效，逐步推进的原则，不宜一哄而起，政府也要有重点的支持和引导。

首先应使企业成为建立和发展电子商务的主体。政府该做什么，企业该做什么，要定好位。

1. 要以大企业为龙头，通过供应链网络的电子化，采用“一对多”的模式，将上游的供应商和下游的营销商通过Internet连在一起，建立上游下游的网上采购系统，加快市场反应速度，降低成本，提高效益。

2. 以专业网为切入点，首先建立专业性比较强的信息服务和交易网。

3. 利用电子商务的手段，积极鼓励生产和外贸企业上网，建立网站，开展国际贸易，把电子商务作为企业开拓国际市场的重要手段和途径，逐步实现全球采购和全球分销，这主要是针对大企业。

4. 积极引导面向中小企业的中介商务网的建设，以信息服务吸引中小企业上网，开展广告宣传、咨询服务，逐步过渡到网上交易、结算服务等深层次的领域，通过电子网络的应用，使企业感到成本的降低，提高流通效益，增加企业竞争力，从而进一步转化为发展电子商务的内在动力。

国家要从宏观加强对电子商务的协调和指导，创造适宜电子商务发展的有利条件，重点推进生产流通领域的企业电子商务应用，加强和改进信息基础设施建设，尽快形成电子商务总体思路的配套政策。制定相关的法规、法律和技术标准，防止重复建设和盲目无序发展。政府要研究制定流通领域电子商务在信用支付、税收政策、技术引进、合资合作、信息安全等方面的具体政策和措施，鼓励企业应用电子商务，积极开拓市场。

五、建材企业为开展电子商务当前应做的工作

众所周知，要成功地开展电子商务这种新型的商务交易模式，必须建立有效的信息流、资金流和物流。所谓完善，就是要有一个统一的法规作为保证，保证信息的真实可靠，资金流动的安全和物流的及时准确有效地到达。信息流重点是真实，资金流重点是安全，物流重点是及时，为此建议：

1. 各个企业要进一步推进信息化建设。要逐步运用计算机技术开展对本企业各种资源的管理。比如产品的动态管理、资产财务的管理、营销业务的管理，这三大管理是开展电子商务的基础，在这个基础上有条件的企业可首先建立内部网络，下一步可以建立局域网。

2. 循序渐进，由易到难。企业本身的信息化建设是第一步，第二步要积极利用公用网和专业网的平台，建立自己的网页，开展信息交流，进而进行网上谈判、网上订货，逐步走向网上支付和结算，这一定要在国家有了网上结算的法规和安全保证体系下，为最终全方位的电子商务活动做一些准备。

3. 建设物流配送中心。新型的物流产业是连接生产、交易、消费等生产各个环节的内容，并为之提供专业化物流服务的一种经济领域。20世纪80年代，随着经济全球化的持续发展，科学技术水平的不断提高，以及专业化分工的不断深化，在一些发达国家开始对物流的各种功能和要素进行整合，形成了一场物流革命，物流活动由此开始走向专业化、系统化，并且逐步从生产、交易和消费过程中分化出来，形成一种专业化的并且独立的经济组织形式来承担新的经济活动，出现了专业从事物流活动的第三方物流业的企业。进入20世纪

90年代，各种专业化的物流企业在发达国家大量涌现并呈现快速发展的趋势，由此形成物流产业，并成为发达国家服务业中重要的组成部分。

我国可以充分利用现有的销售网点，进一步加以改造，开发出物流配送管理和调动系统，规范管理和经营。

要想完成以上工作，除了政府要制定必要的法规外，作为企业，首先是投资者和管理者思想观念的提高，要重视研究有关的电子商务的问题，追求企业成本的不断降低和利润的不断增长，紧跟新型的电子交易的潮流，敢于和善于投资和决策。应拥有一大批懂技术（电子计算机技术和网络技术），了解行业业务的优秀管理人才，与此同时，要大胆引进人才和培养人才。

总之，建材行业在新世纪里有着广泛的发展前景，为电子商务的发展提供了难得的发展机遇。建材行业应抓住机遇，紧跟国际发展潮流，密切结合我国国情和企业实际，脚踏实地、扎扎实实，开展好有关电子商务的各种关键工作。这种以电子技术为技术支撑的新型商务活动必将在建材行业不断发展壮大，使建材行业管理更上一个新水平，为企业创造更大的经济效益和社会效益。

（原载于《中国建材报》2001年7月13日第001版）

关于建材工业走新型工业化道路的思考

建材工业是传统的原材料工业，在国民经济发展中占有重要地位。改革开放以来，我国国民经济保持持续、快速、健康的发展，从1978年至2000年我国国内生产总值以每年9.52%的速度增长。与此同时，建材工业也取得令世人瞩目的成就。建材工业的主要产品无论从产量、品种、质量、单位能耗等方面都较之过去取得了明显的提高和改进。基本上满足了国民经济发展、国防建设和人民生活改善的需要。建材行业工业企业的经济运行指标逐年提高和改善。2002年建材规模以上工业企业（全部国有工业企业和年产品销售收入500万元以上的非国有工业企业）实现销售收入3580.16亿元；实现利润137.77亿元；出口商品金额41.7748亿美元，分别比2001年提高16.16%，21.57%，26.5%。建材工业在产业结构调整、技术水平、环境保护等方面都取得了明显的进步。但是，我们应当清醒地看到我国建材工业总体落后的局面尚未得到彻底的改变。技术创新能力不强，技术先进与落后共存；低水平重复建设时有发生；企业规模不尽合理，生产力集中度不够，企业全员劳动生产率有待提高；单位产品的资源、能源消耗与国际先进水平相比仍有一定差距；在产品生产、使用以及丧失使用价值之后处置的生命周期全过程中，环境保护措施虽有改进和加强，但与人们对生态环境的要求仍有较大差距；等等。这些都说明我国建材工业实现发展速度和结构、质量、效益相统一，与资源、环境相协调的任务是任重而道远。

根据党的十六大提出的全面建设小康社会的奋斗目标之一，国内生产总值到2020年力争比2000年翻两番，这就意味着今后20年期间，每年国内生产总值平均以7.1%—7.2%的速度增长。要满足国民经济较快稳定增长，建材工业决不能仅仅靠量的增长，靠低效率、无节制地消耗资源，靠以牺牲环境和生态为代价发展建材工业来满足国民经济发展的需求。我们必须走党的十六大指出的新型工业化道路，用以信息技术为代表的高新技术和先进实用技术改造建材工业，以科技创新、体制创新、机制创新为动力，与环境生态协调发展。使我国建材工业成为产业结构合理、生产工艺和技术装备先进、产品科技含量高、生产力集中度较高、企业竞争力强、经济效益好、资源消耗低、与生态环境友好的新型现代化建材工业。

根据我国经济发展阶段和建材工业现状，我国建材工业走新型工业化道路，应当重点处理好建材工业发展与以下6个方面的关系。

一、发展建材工业与大力推进信息化的关系

我国还是一个发展中国家，工业化的任务尚未完成，又面临着信息化的艰巨任务。江泽民同志在2000年召开的第十六届计算机大会上的讲话中指出：在完成工业化的过程中注重运用信息技术提高工业化水准，在推进信息化的过程中注重运用信息技术改造传统产业，以信息化带动工业化，发挥后发优势，努力实现技术的跨越式发展。我国在20世纪80年代开始，已经在建材工业的主要领域大力推广电子计算机技术和信息网络技术的应用。经过20多年的努力，我们在以下几个方面取得明显的进步：1.产品生产全过程的信息采集和过程控制实现了计算机网络管理和控制（DCS）；2.工业企业的管理机构的办公自动化（OA）；3.工业企业物资流、资金流、人力资源流信息采集和计算机网络化管理（MIS）；4.企业广泛采用B2B和B2C方式的电子商务运行模式（EB）；5.企业网站的建立和有效运营。

通过建材工业企业在生产、管理、商务等各个方面的信息采集、处理和实时控制，为企业提高产品质量、设备运转率、降低原材料和燃料消耗、降低产品和企业运行成本，充分发挥资源、资金、人力的效能，提高企业经济效益和社会环保效益发挥了巨大和不可替代的作用。当前，我国建材工业企业在运用信息技术水平、广度和深度方面总体上虽有进步，但是与发展迅猛的信息技术仍有很大差距。从建材工业本身来看，不论是建材工业内各个行业之间以及各个企业之间，发展也是很不平衡的。因此，我们应当在已有的基础上，继续在上述的五个方面加大用信息化带动建材工业发展的步伐。

根据当前信息技术发展趋势和最新成果，我们今后在用信息技术改造建材工业时应当特别注意以下几个问题：一是，在注重采用硬件产品的先进性、可

靠性、性能价格比的同时，特别要注重对系统所提供的软件的研究，加大对应用软件开发投入的力度，使系统真正发挥其应有的功能。改变某些情况出现的重硬轻软的状况。二是，真正把运用信息技术作为改造建材工业的重要措施。要把采用先进的信息技术与企业的工艺创新和革新，与产品开发、产品质量控制、资源和能源节约、环保设施的投入和控制以及企业运行和改革紧密结合起来。改变某些情况出现的采用信息技术与企业的生产、运行、管理两张皮的状况。三是，高度关注互联网技术的发展与应用，加快企业内部局域网的建设，有条件的企业要建立自己的企业网站，并通过区域宽带网，实现企业与消费者、供应商与合作伙伴之间零距离实时对话与沟通。积极开展电子商务，降低交易和销售成本。改变企业商务经营方式严重滞后于企业生产和运行方式现代化的状况。

二、发展建材工业与发展高新技术产业的关系

20世纪80年代开始，国际上以电子信息在生物技术、新材料、新能源、航空航天、先进制造、环保、海洋等领域掀起一场来势迅猛的新技术革命浪潮。各国特别是发达国家都对把高新技术研究成果转化为现实生产力、实现产业化，投入了大量的人力、物力和财力，以实现他们夺取21世纪竞争制高点的战略目的。我国作为世界上最大的发展中国家，在新技术革命浪潮和经济全球化趋势日益强劲的环境下，必须大力推进高新技术的研究和产业化工作，并用高新技术改造传统产业，促进产业结构调整和产业升级。作为传统产业的建材工业要提高整体技术水平，提高劳动生产率，实现产业升级，必须运用高新技术和先进实用技术来改造。今后应特别注重以下几项高新技术在建材工业的运用：一是电子信息技术在建材工业的全面应用和不断地提高应用水平。二是先进制造技术的创新和应用。三是在建材工业中采用先进的环保技术装备。

在应用高新技术改造和提升建材工业的同时，我们应当注意到建材工业的一些领域里，其本身产品就属于高科技新材料的产品。如：无机非金属材料中的特种玻璃、石英玻璃、特种陶瓷和人工晶体、玻璃纤维及树脂基复合材料等，非金属矿物质材料中的高性能摩擦材料、高性能密封材料、高技术石墨功能材料、高性能环保及废物处置材料等。这些材料除本身研制技术属于高新技

术之外，又为其他高新技术提供必要的高性能材料，如航空航天、电子信息、军工国防高性能武器装备、激光技术等领域。

三、发展建材工业与发展装备制造业的关系

重大技术装备的开发和制造能力是衡量一个国家综合实力的重要标志之一，具有十分重要的战略意义。任何产品制造工艺技术的创新和提高，都需要用能满足工艺要求、高运转率、高效率、高自动化水平的装备来实现。离开了这一重要指导思想，我们国家工业现代化只能建立在由别人给我们提供装备的基础上。这样的现代化其基础将是十分脆弱的，也就谈不上在国际上的竞争力了。“离制造业”可能使我国陷入产业空心化的危险。

在过去的20多年里，我们始终把提高建材产品工艺技术水平和提高相应的技术装备相结合，才使新型干法水泥生产、浮法玻璃生产、建筑和卫生陶瓷、新型建筑材料、非金属材料深加工制品等方面的技术水平取得重大突破和进展。我们要认真总结经验，进一步认清发展装备制造业对发展建材工业的极端重要性，充分利用我国社会主义制度的优越性，集中必要的人力、物力和财力，针对重大技术装备进行攻关。要继续对有关工艺技术和装备研究、开发、设计、制造、销售、安装调试工作体系进行体制创新的探索和实践。

四、发展建材工业与生态和环境保护的关系

建材工业的主要产品如水泥、玻璃、陶瓷、玻璃纤维、砖、瓦、石灰等大宗建材产品的生产过程都需要经过原材料的粉磨、窑炉煅烧这种高耗能的加工过程。因此，建材工业长期以来，成为除电力工业（消耗一次矿物质燃料转化成二次能源）外，在各个工业部门能耗排名中名列前茅，1997年建材工业能源消耗总量已达22380万吨标煤。虽然我国建材工艺技术和装备水平近几年有了长足的进步，一些大型企业的新建或改造的先进生产线，单位产品的综合能耗已经达到或接近国外先进水平。但是就总体而言，我国大多数建材产品的单位综合能耗仍与国外有比较大的差距。节约能源，降低消耗仍然是我国发展建材工业过程中必须解决的重要课题。我们仍要加大在粉磨和窑炉煅烧工艺技术和

装备的科研开发投入的力度，跟踪国外技术发展动向，不断提高建材产品生产全过程的能源的有效利用，降低单位产品的综合能耗。

实施可持续发展战略是我国的基本国策。我们在发展建材工业同时必须高度重视保护环境和合理开发和使用各种自然资源，实现建材工业与资源、环境的协调发展。

根据建材产品生产过程的特点，在环保方面要注意对大气环境排放的粉尘和各种气体成分要达到国家或地方控制标准。要以推行《清洁生产促进法》为契机，大力促进建材工业污染防止从末端治理向污染预防转变。一方面，要积极采用先进技术和装备，减少或防止建材产品生产过程中各种污染物的产生。另一方面，要在建材产品生产流程中安装高性能、高效率、高运转率的收尘设备和防止污染的其他设备。

要充分利用建材产品生产过程的特点，积极推进资源和废弃物的综合利用，促进循环经济的发展。一方面，要继续在利用低品位的原料和燃料工作中进一步加大推广力度，使有限的自然资源得到充分的利用；另一方面，要在过去的基础上进一步促进各种工业和生活废弃物在建材工业中的利用。这种利用不仅仅是把各种类型的废弃物当成生产建材产品的原材料，而且有些还是生产建材产品所需要的燃料。这些废弃物在建材工业中的利用，不但保护了环境，降低了产品成本，而且具有很高的安全性。相信通过上述事业的发展，建材工业将彻底改变过去污染环境、浪费资源、高耗能的发展模式，逐步改造成充分利用自然和社会资源、节省能源、清洁生产与环境友好的新型工业。

五、发展建材工业中速度与结构、质量、效益的关系

随着我国国民经济总量的不断增长，建材工业也必然相应地迅速地发展。但是，在今后的发展过程中不能仅仅关注建材产品总量的增长，而且要根据新型工业化的要求，逐步实现在发展中调整结构，在调整结构中促进发展。通过大力推进建材工业的产业结构的调整，实现建材产品质量的优化升级和发展速度与提高经济效益的协调统一。

当前我国建材工业不论生产能力和产品都存在着结构性的不合理与相对过剩。建材产业生产力集中度不高；生产工艺技术装备总体水平落后，低水平生

产能力在许多建材产品的生产过程中仍占主导地位；建材产品质量与国际先进水平有一定差距，高附加值产品相对短缺。为此，在今后建材工业发展中要把结构调整工作放在突出的位置。优胜劣汰是市场经济最基本的运行法则。我们要继续依法关闭产品质量低劣、污染环境、浪费资源、生产安全得不到保证的企业。大力支持具有先进生产工艺、经济技术指标与环境协调发展的大企业、大集团的发展。只有我们把上述两方面工作都坚持做下去，建材工业产品结构、技术结构、企业规模结构才能得到根本性的调整。

在建材工业结构调整中还应高度重视建材工业自身各产品之间的协调发展。除了要根据国内和国际市场的需求，生产各种性能先进、价格合理的传统建材如水泥、玻璃、陶瓷墙地砖和卫生洁具、各种墙体材料外，还要着重发展技术含量高、功能要求独特、经济效益好的非金属矿深加工和无机非金属材料产品，如：石墨和高岭土的深加工、激光材料、半导体材料、高性能玻璃和陶瓷产品的研制和发展。

六、发展建材工业与虚拟经济的关系

十六大报告首次提出，要正确处理虚拟经济和实体经济的关系。什么是“虚拟经济”？他与建材工业的发展有着什么关系？这些问题是我们在今后发展建材工业中必须好好把握的问题。

虚拟经济是近年来出现的一个新词语，其释义尚未最后定论。据有关资料介绍，比较普遍的解释，是指与虚拟资本以金融系统为主要依托的循环运动有关的经济活动。通俗的解释就是以钱生钱的活动。其实有关“虚拟经济”的概念是马克思首先在他的《资本论》中对此进行了详尽的论述。他认为虚拟资本是在借贷资本（生息资本）和银行信用制度的基础上产生的，包括股票、债券、不动产抵押单等。虚拟资本其本身并不具有价值，这是它和实际资本（货币等）的不同之处；但是它却可以通过循环运动产生利润，这是它与实际资本的共同之处。虚拟经济（包括虚拟资本）虽然是近几年提出的新词语，但是虚拟经济最早可以追溯到私人间的商务借贷行为。随着经济的发展虚拟经济也不断地在总量和交易方式及内容上有着巨大的发展和变化。虚拟经济的发展经历了闲置货币资本化；生息资本社会化；有价证券市场化；金融市场国际化；国际金融集成化的5个发展阶段。随着信息技术的迅速进步，金融自由化程度的提高，从而使得虚拟经济的规模不断增大。目前全球虚拟经济的总规模已经大大超过了实际经济。2000年全球虚拟经济的总量已达160万亿美元，其中股票和债券余额约为65万亿美元，金融衍生工具柜台交易额约为95万亿美元，而当年各国国民生产总值的总和约30万亿美元，即虚拟经济的规模已达实体经济的5倍。全世界虚拟资本日平均流动量高达1.5万亿美元以上，大约是世界日平均实际贸易额的50倍，这就意味着全世界每天流动的资金中只有2%真正用在国际贸易上，其他的都是在金融市场上进行以钱生钱的活动。随着电子商务和电子货币的发展，可以预计，虚拟经济的规模将进一步扩大。

从虚拟经济发展的历程不难看出虚拟经济发展的根本内在动力是不断提高资金使用效率，使有限的资金通过循环运动产生最大的利润。客观上，虚拟资本的流动性，使得资金向预期收益好的产业流动和集中。虚拟经济的这些特性使得我们在进行建材工业产业结构调整和发展中，必须充分利用虚拟经济范畴中的各个有效的金融手段，如：股票、债券等。但是，由于虚拟经济自身存在着复杂性、高风险性、介稳性等特性，在进行虚拟经济各项活动中必须持有谨慎理智的心态，不断提高对市场和环境变化的预测能力，使企业在复杂、变幻莫测的虚拟经济活动中保持决策的科学性。

事实上近年来我国不少建材企业和企业集团，正是有效合理地利用了股票市场、债券市场、货币市场等一系列虚拟经济活动的手段，使企业募集到急需的发展资金，通过新建生产线、对现有生产线进行技术改造、收购兼并其他企业等措施，使企业得到迅速发展，产生更大的经济效益。与此同时，企业也给予投资者以更大的利润回报，形成实体经济与虚拟经济相互依存、相互促进的情况。虚拟经济由实体经济产生，又依附实体经济。虚拟经济的各个经济活动手段，可以促使资金向着预见有效益的实体经济集中，使其得到更大的发展。也只有实体经济通过自身的经济活动产生实实在在的效益，投资者得到投资回报，实体经济的经济活动才能得到虚拟经济的有力支持。

当前建材工业的发展需要大量的资金投入。一方面我们应鼓励和引导各类投资者，按照建材工业结构调整方向，直接投资于建材工业发展；另一方面我们要积极利用虚拟经济的各种经济活动，为建材工业进一步发展募集大量社会资金。通过上述两种渠道为建材工业发展打下必要的资金基础。

上述建材工业在今后发展中必须解决和处理的六大关系，是笔者根据本人对建材工业现状的分析和借鉴国外发达国家的经验及教训，对建材工业走新型工业化道路的思考。当然，建材工业走新型工业化道路要解决的问题不仅仅局限于上述六个方面，但是根据我国建材工业的实际，只要在今后的发展过程中坚持把握处理好上述六个方面的关系，把工作落实到现实各项工作中去，那么将对建材工业走出一条科技含量高、经济效益好、资源消耗低、环境污染少、人力资源优势得到充分发挥的新型工业化路子的目标的实现起到积极的推动作用。

（原载于《中国建材》2003年第3期）

高度重视建材重大技术装备发展的动力和基础

党的十六大提出了用高新技术和先进适用技术改造传统产业，大力振兴装备制造业，走新型工业化道路的发展战略。在我们党的代表大会的报告中，明确提出振兴装备制造业，突出它在发展我国国民经济中的基础性作用，这还是第一次。纵览当前世界工业强国，无一不是重大技术装备制造的强国。认真分析我国50多年，特别是改革开放20多年来建材行业发展的实践，也充分说明只有建材重大技术装备的技术水平的不断提高，才能为建材行业提供技术先进、运行可靠、节能降耗、清洁生产的成套设备，为产业升级和结构调整创造条件。前一阶段社会各界和新闻媒体对加快重大装备发展的重要性，尽快改变在重大技术装备制造方面出现的“引进—落后—再引进—再落后”的局面的必要性，普遍形成了共识，并对怎样才能加快重大技术装备工业的发展，进行了热烈而广泛的研讨。现就这一问题简要提出我的一点思考和建议，并期待着对这一问题的深入研讨。

振兴建材重大技术装备制造业，加快建材重大技术装备工业发展，不能单就装备制造业来观察和思考如何加快建材重大技术装备工业发展，更不能把振兴建材重大技术装备制造业简单等同于加快建材机械加工业的发展，增加加工能力，投资技改几个建材机械厂，或者买一些我们所缺乏的大型、精密、数控机加工设备，热处理设备和检验设备就能解决振兴建材装备制造业的问题。当然这些设备对于我们来说也是非常需要的，但是它却不能解决大力振兴建材重大技术装备制造业发展动力和基础的问题。这样做，虽然可以满足对一些已有设备制造加工图纸，却因加工设备满足不了技术要求的重要装备的制造要求，但是从不断地根据科技进步，为建材行业提供技术经济指标更先进的重要装备这一点来看，显然仅仅依靠建材装备制造业本身是不够的。

根据我本人长期的工作实践和近期的调研，我认为，建材工业各行业生产工艺的技术进步和创新是重大装备工业发展的动力基础，是建材重大技术装备发展的巨大推动力。建材工业各个主要行业，不论是水泥、玻璃、玻璃纤维、建筑陶瓷和卫生洁具等行业和部门，都要根据国民经济发展和国防建设的总体要求及国际科技进步的趋势，不断地进行生产工艺技术的进步和创新，来满足不断提高生产效率、提高产品和服务质量、降低能源资源消耗、与生态环境更加友好、走可持续发展的新型工业化道路。重大装备尽管十分重要，但它仅仅是实现先进生产工艺技术的手段、途径和载体。生产工艺技术的进步和创新对行业的发展才是具有根本性的推动力。生产工艺技术是各行业的“魂”。以水泥工业的发展为例，正是由于过去20多年来，全行业的科研、设计、生产企业与装备制造企业紧密合作，共同攻关，对水泥生产工艺进行改进和创新，使以窑外分解为核心技术的新型干法水泥生产技术取得成功，才提出和促进了水泥装备的大型化、高效化、智能化、环保化的实现。像各种新型大型化的分解炉、预热器、高效冷却机、大型的滑履轴承球磨机、大型高效辊磨、大型高效辊压机、大型高温风机、大型高效破碎机、大型预均化堆场所用的堆取料机以及它们的控制设备等，这种生产工艺技术和装备的进步和创新，大大地促进了水泥行业的产业结构调整的步伐，生产效率和产品质量大幅度提高，能耗降低，环境友好。平板玻璃工业也是一样，正是由于研究和开发了浮法玻璃生产工艺技术，才促进了玻璃熔窑设备和技术产生了根本性的改变和发展。生产效率和玻璃产品质量大幅度提高，产业结构发生根本变化。玻璃纤维工业方面，过去是以坩埚拉丝为主，现在纤维拉制工艺上研究和开发了池窑拉制工艺，玻璃纤维这种新型无机非金属材料，无论是生产效率、品种还是质量都有根本的变化。同样，在建筑陶瓷和卫生洁具生产工艺方面，正是由于研究和开发了高中压注浆脱模技术、机械手使釉、大吨位压坯、高效宽口径隧道窑煅烧技术，使建筑陶瓷和卫生洁具在产量、质量、花色品种和节能环保方面发生了巨大的变化。建材工业其他产品的情况也大致如此。在此不一一列举。国民经济其他各个行业也是一样。如电力工业，从改革开放时我国可以制造12.5万千瓦、20万千瓦火电机组，220千伏、330千伏交流输变电线路和设备。随着发电工艺不断提出节能、降耗、高效的要求，通过引进、消化、吸收和科技攻关，成功研制开发出30万千瓦、60万千瓦临界机组、500千伏交流输变电线路和设备。当前正在研制和开发大型百万千瓦级的超临界机组、超超临界机组、循环流态化床发电机组、500千伏直流输变电线路和设备。这些设备工艺更先进，技术更优越。钢铁工业也是一样，从平炉到转炉纯氧顶吹炼钢，从铸钢和轧钢工艺分段进行，到研究开发连铸连轧工艺，进而对钢铁工业的主要冶炼和轧制装备进行新的研制和开发。

世界各工业强国在各主要工业和服务业领域，正在兴起的“四化”进程。即生产工艺高效化、机电设备大型化、操作管理智能化、环保措施生态化。通过这些技术进步和创新，使他们在国际市场激烈竞争中具有更强的竞争力。不难看出，各行业工艺技术是起决定性作用的。重大装备仅仅是实现先进工艺技术的手段和载体。但是没有重大装备制造对各个行业的支撑，也不可能有各行业的技术进步和产业升级。建材行业生产工艺技术进步和创新，给建材行业重大技术装备不断提出新的、更高的要求，并提供了源源不断的发展动力和基础。

因此，关于大力振兴建材装备制造，加快建材重大技术装备发展的工作，建议从三个层面做好三项工作：一是在总体思路上，在考虑问题的系统上，一定不能仅就建材装备制造业来讨论建材装备制造业的振兴和发展。应当高度重视建材行业生产工艺技术进步和创新工作，把它纳入加快建材重大技术装备业发展的工作范畴和规划。二是在具体策略上，要充分发挥社会主义制度能集中力量办大事的优越性，在加快建材重大技术装备的工作中体现国家意志。通过政府引导、促进和支持，在市场经济的环境下，利用市场经济规律，把行业中已转制的科研设计单位的工艺技术开发力量有机地组织起来，通过各企业之间的利益和风险共担，优势互补，共同为建材行业重大技术装备的发展，发挥优势，协同攻关。三是在组织领导方面，建议国家成立重大技术装备工作领导小组和负责具体工作的办公室。负责领导协调有关部委，在各自的职权范围内，共同实现加快发展重大技术装备的任务。要特别重视发挥各个国家级行业协会的作用。他们对各个行业的生产工艺技术的现状和未来发展趋势有着比较深刻的了解，并能够很好地起到政府和企业之间的纽带和桥梁的作用。由于此项工作技术性、政策性很强，应当成立重大技术装备专家咨询委员会，对此项工作的规划、计划、投资和技术措施等进行科技咨询。专家咨询委员会的组成人员，不仅仅有装备设计、制造专家，也应当有行业高水平的工艺技术的科技专家以及金融、外贸、法律、知识产权等方面的专家学者。

（原载于《建材发展导向》2003年第5期）

在加强应对气候变化能力建设中建材行业应有所作为

气候变化是当前国际社会普遍关注的重大的全球性问题，事关各国的可持续发展，是当今全世界面临的重大挑战。我国是一个经济高速增长的发展中国家，气候变化也是我们面临和必须应对的问题，也是落实科学发展观、坚持走可持续发展道路不可回避的重大问题。党中央和国务院高度重视应对气候变化问题。在中国共产党第十七次代表大会胡锦涛总书记所做的报告中就明确提出要“加强应对气候变化能力建设，为保护全球气候做出新贡献”。国务院专门成立了国家应对气候变化及节能减排工作领导小组，根据国家可持续发展战略的总体要求，为减缓和适应气候变化，制定了一系列应对气候变化相关的政策和措施。

建材工业是国民经济的重要的原材料工业。我国已经成为世界最大的建材的生产和消费国。建材工业的能耗总量居我国工业部门的第三位。气候变化在很大程度上与温室气体排放总量有关，而温室气体（主要指CO_2等气体）的排放量主要来自煤炭、石油产品等化石能源的燃烧和消费。因此，在建材产品生产过程中降低化石能源的消耗，减少温室气体的排放，是建材工业可持续发展的重要任务，也是应对气候变化的重要举措。在开发建筑节能材料及部件，提供开发新能源和可再生能源所需材料等方面建材工业也是大有可为的。这些都充分说明建材工业在应对气候变化方面是应当有所作为的。

本文试从世界气候变化的现状，世界各国应对气候变化的政策措施，简介我国应对气候变化的立场和所采取的举措，建材工业应对气候变化应做的工作等几个方面，使读者从宏观到具体，从政策到技术几个层面，对应对全球气候变化问题有一个较为系统的了解，提高思想认识，提高执行应对气候变化政策和措施的自觉性，并以此来推动建材工业的结构调整、技术进步和可持续发展。

一、气候变化和CO_2减排问题的提出

第一次世界气候大会于1979年在瑞士日内瓦召开。当时就有科学家提出了地球气温变暖和大气CO_2浓度增加是导致地球气温升高的原因的报告。随后在1988年，联合国专门成立了一个旨在评价气候变化及其影响的“政府间气候变化专门委员会”（IPCC）。该委员会在2007年发表的评价报告中提出，全球气温上升由人类活动导致的可能性超过90%。这份报告指出，自1750年以来，全球大气温室气体浓度由于人类活动而显著上升，其中CO_2达到最高值。而未来20年全球气温将以平均每10年至少0.2摄氏度的速度上升。这份权威性报告还指出，随着地球气温变暖，21世纪，发生的热浪、暴风雨、干旱、热带气旋等气象灾害将会更加频繁，并在更大范围内以更强的形式危害人类。而与此同时，由此造成的水资源短缺、洪水对农业生产和家园的破坏将更加严重。报告指出如果不改变目前的温室气体的排放增加的状况，到2020年，非洲一些国家依靠降雨的农作物产量可能减少50%，将会有7500万至2.5亿非洲人面临严重缺水问题。有报道称，随着地球气温变暖，北极北冰洋和南极地区海面的冰山和冰盖，在不断破裂和消融，海水温度上升，造成全球海平面的不断升高。一些海洋岛屿因此消失和面积缩小，大陆海岸线内浸。由于上述原因可能造成一些物种面临灭绝的危险。一些由小海岛和礁石组成的岛国存在国土面积的急剧减少，甚至整体消亡的危险。

在我国，我们也明显感到气候变化给我们带来的影响。近20年来，我国平均气温升高了0.65±0.15摄氏度，比全球平均增温幅度（0.6±0.2摄氏度）略高。2006年，我国平均气温达9.92摄氏度，成为1951年以来最高纪录。气候变化还表现在我国北方大部分地区的降水量的持续减少和全国一部分地区极端天气情况如暴雨、沙尘暴、雨雪冰冻灾害等发生频次的增加。这些气候变化都给我国的国民经济和人民生活带来严重影响。

近50年来，东北地区气候变暖趋势十分明显，增温幅度达到1.5摄氏度，是我国增温最显著、增温速度最快的地区之一。特别是自1988年以来为近50年

来最暖的时期。气候变暖对东北地区森林、湿地、草场等生态系统以及农业生产都产生了深刻影响。

温度上升和降水减少是东北地区气候变暖的集中特征。冬季增温最为显著，近50年冬季气温升温率达到0.45摄氏度/10年。其次是春季升温率为0.4摄氏度/10年，夏秋季增温幅度较小。与此相对应，年降雨量呈略减少趋势，从20世纪90年代末至今，已进入降水持续偏少时期。从1995—1999年，三江平原大部分地区降水量平均以每年2—2.5毫米的速度减少，致使许多湿地干枯，生态系统严重退化，其中许多退化过程是不可逆的。

农业是气候变化反应最为敏感的行业之一。近几十年来，东北农作物品种的选择和种植结构都受到气候变化的影响。极端气候事件频发对农业可持续发展的影响日益显著。目前，气候变化对于东北农业的影响是利弊并存。一方面，气候变暖使农业种植带北移，为作物种植制度、种植结构、种植品种的调整提供了可能，也有效促进了农业增产。另一方面，由于降水变率加大使目前的春旱和洪涝更加频繁，灾害损失程度严重。农业生产不稳定性增加，粮食产量波动大。

针对近50年河南省内气候变化的连续监测显示，在全球气候变化的大背景下，人口大省和农业大省河南的平均气温明显上升，其中冬季平均气温上升尤为明显，给河南省带来极端天气事件频发、水资源矛盾加剧和农业生产的不确定性增加三大挑战。

极端灾害性天气频发。河南省气象局气候中心日前发布的监测数据表明，1956—2005年，全省年平均气温上升了0.63摄氏度，上升速率为0.126摄氏度/10年。在此50年间，全省冬季年平均气温升幅和上升速率分别达到1.6摄氏度和0.319摄氏度/10年，上升更为明显。由于气候变暖和极端灾害性天气频发，相应气象灾害发生的概率加大。主要是干旱频率增加、强对流天气增多、雷电、强降水以及洪涝灾害等。

水资源短缺矛盾加剧。从1961—2007年，干旱呈增多趋势，雨涝呈减少趋势，而且干旱增多的幅度大于雨涝减少的幅度。干旱增多一方面是因为气温升高，蒸发增多；另一方面，最主要的则是降水日数显著减少。20世纪80年代，河南省的年降水日数各站平均为131.7天；从2001—2007年，这一数据减少为118.5天，平均每10年减少5.8天。在降水日数减少的同时，降雨量却呈现比较弱的增加的趋势。降水日数的减少和降水强度的增加，说明降水越来越集中，势必增加水资源利用和调度的难度，对于一个农业大省和人口大省而言，无疑会加剧其水资源短缺的矛盾。

农业生产不确定性增加。中国气象局观测表明，气候变化对农业的影响因地而异，但总体而言以负面影响为主，主要包括农作物产量波动加大、作物习性和种植制度发生变动、农业病虫害频繁发生以及农业成本和投资大幅度增加等。

全球气候变化对于世界各国的发展和人类的生活带来严重的影响。面临这一严重挑战，早在1992年6月，在巴西里约热内卢，联合国环境和发展大会（地球首脑会议）通过了一个《联合国气候变化框架公约》。这个公约被看作世界第一个主张控制温室气体排放，遏制全球气候变暖的国际公约。之后，在1997年，公约第三次缔约方大会又在日本京都通过了《京都议定书》，对减排温室气体的种类、主要发达国家的减排时间表和额度等都做出了具体的规定。当前，气候变化已经远远超过它本身的自然科学的含义，而且被越来越多地赋予了更多的社会、经济和政治内涵。

二、有关国家应对气候变化政策措施

当前尽管对于有关全球气候变化问题，世界各国在是适应还是减缓变暖的认识上还有分歧，但各国根据在《京都议定书》的承诺，从政府层面上制定了本国的减排规划和落实规划的具体政策措施。

1. 欧盟

根据欧盟2007年3月通过的欧盟能源战略计划，欧盟到2020年将温室气体排放量在1990年的基础上至少减少20%，将可再生能源占总能源消耗的比例提高到20%，将生物燃料在交通能源消耗中所占比例提高到10%；到2050年将温室气体排放量在1990年的基础上至少减少60%。为了实现这一战略计划，欧盟委员会今年公布了欧盟有关能源和应对气候变化的一揽子方案。方案包括扩大和加强欧盟排放交易机制，为每个成员国制定可再生能源利用目标和温室气体排放上限，建议制定有关二氧化碳收集和储存的法律法规等。这一揽子方案，仍需欧盟各国谈判达成一致才能执行。

2. 德国

德国在气候变化问题上，保持积极的态度，采取了一系列行之有效的措施。

进行生态税改革。1999年新增了电力税，同时提高了石油税，2000—2003年，电力税和石油税逐年提高，同时针对化石燃料中硫含量的增税要求也逐年严格。与此同时，如果使用风能、太阳能、地热能、水能、生物质能等可再生能源发电则可免征电力税。这项税收改革，有利于能源结构调整，减少温室气体的排放，改善环境，促进就业。政府承诺将改革增加的税收用于降低政府和个人支付的养老金数额，以及投资提高能源转化效率，扩大再生能源使用范围等环境项目。

实施《可再生能源法》。2000年开始实施的《可再生能源法》，一方面规定总电网优先连接合作可再生能源发电的机组，并优先购买和传输其所生产的电力，并要求电网运行商与使用可再生能源发电的公司、机构签订长期供电合约。另一方面，在全国范围内分摊可再生能源发电的较高成本。由于实施了这一法律，已使德国可再生能源发电量占德国总发电量的比例从2000年的6.3%提高到2007年的约13%。提前实现了原计划到2010年可再生能源发电比例提高到至少12.5%的指标。同时，由于可再生能源发电相比传统化石燃料发电所占比例依然很低，因此德国全国电价并未出现大幅波动。《可再生能源法》的实施还创造了在可再生能源领域的大量的就业、投资和出口机会。

严格执行《节约能源法》。该法律旨在提高新建筑物的节能标准和对已建成房屋的能源利用率，来达到节能减排的作用。新建房屋将被强制贴上能源标签。法律将采用新的计算方法和标准，对房屋的热传导损失和全年主要能耗进行核算，提出节能目标和所采取的最有效措施。同时，法律规定，如果房屋超过70%的供热需求由可再生能源等环保能源供应，建造该房屋将获得补贴。对于已建房屋，法律则规定了相应的更换供暖锅炉以及隔热设施的具体办法和时间要求，从而实现已建成房屋的节能减排。法律的贯彻还增加了相关领域的投资和就业机会。

3. 英国

2007年，英国政府颁布《气候变化法案》草案，规定到2020年，英国二氧化碳排放量必须在1990年的基础上减排26%—32%，从而成为全球首个通过立法寻求强制限定温室气体排放的国家。为此，英国政府制定了一系列政策和措施。

征收气候变化税。该税种实际上是一种能源使用税，计税依据是煤炭、天然气和电能的消耗量，消费者使用石油产品、热电联产和可再生能源可享受税收减免政策。这项税收收入，政府用于通过减免社会保险税的方式返还给企业，部分作为节能投资的补贴，一部分拨给政府投资、市场运作的碳基金公司。

成立碳基金公司。该公司成立于2001年，目标是通过帮助商业和公共部门减少二氧化碳排放，争取低碳技术的商业机会，从而帮助英国走向低碳经济。

建立温室气体排放贸易机制。这个贸易机制启动于2002年，是英国政府控制气候变化的重要组成部分。从2007年开始，这一机制正式与欧盟温室气体排放贸易机制实现对接。

据统计，在英国通过温室气体排放贸易机制计划的实施，到2005年累计减排量已经超过700万吨二氧化碳当量。

4. **法国**

根据欧盟在《京都议定书》中的承诺，法国2008—2020年期间温室气体减排目标是保持不超过1990年的水平，即限制在1.44亿吨当量碳以下。为了完成这一控制指标和2010年以后的后续行动，法国政府推出三类减排政策和措施。

第一类政策措施主要是指与资助、法规、标准、培训、信息提供和宣传等有关的政策措施。主要在工业领域、交通领域、建筑领域、农林领域、能源领域、废气物处理领域、制冷剂管理领域等七个温室气体排放大户。上述七个领域的温室气体排放量的总和占总排放量的91.78%，计划在2008—2010年期间通过贯彻第一类政策措施，减排1275万吨碳当量。减排量的前三位的领域是：交通领域、建筑领域和能源领域。

第二类政策措施主要围绕生态税展开。法国在征收生态税的同时，建议欧盟降低高能源性能的电子设备、可再生能源热力出售，以及建筑物内某些节能设施和服务的增值税率。此外，还建议将电力领域作为高耗能行业处理，限制其气体排放总量，同时采用交易机制减排。

第三类政策措施着眼于长期目标，从产业结构和基础建设入手，达到温室气体减排的目的。特别是针对交通、建筑、能源等领域采用具有中长期效果的有效政策。在交通领域采取控制城市空间发展、调整有利于交通发展的城市规划、发展客货混用的交通设施等。在建筑领域主要采取利用地热、改造公共建筑物、节约能源等。在能源领域主要是利用生态税以及工业生产规模化，降低相对成本，大力发展风电等。

5. 日本

日本政府十分重视气候变化问题，将应对气候变化问题列为各项环境战略之首。确立了比较清晰地应对气候变化的战略方针。主要政策措施如下：

环境和经济协调、可持续发展，努力建成为环保国家。在社会发展模式上谋求在21世纪实现从“大量生产、大量消费、大量废弃”的社会向“可持续、节能、注重质量”的社会转变。

加强法制建设。日本制定了世界上第一部应对气候变暖的法律《全球变暖对策推进法》，据此制订并实施了综合应对气候变化的对策计划。

加强新技术开发。重点研究温室气体储存和固定技术（二氧化碳海洋固定技术、地下固定技术等）及温室气体吸收化学法、生物法、电化学法，研究开发有利于应对气候变化的环保新技术。

加强绿化工作。重视森林吸收二氧化碳的作用，大力提倡植树造林，加强森林保护，提高木材利用率。加强城市楼顶种花、种草等绿化工作。

全民参与，加强宣传。日本确立了全民参与应对气候变化的机制，从意识和技术层面推动节能、新能源开发等计划，大力宣传、培训、教育、普及应对气候变化意识，加强有关知识的宣传、教育，学校开设环保课。

日本政府还进一步将措施细化，多管齐下，应对气候变化问题。着重从节约能源、使用清洁再生能源、引进《京都议定书》减排温室气体贸易机制、征收环境税及加强科研基础工作几个方面开展有效工作。此外，日本政府还提倡有利于减缓气候变化的消费方式和生活方式。

6. 美国

美国是世界上温室气体排放最多的国家，但却是发达国家中唯一拒不签署《京都议定书》的国家。美国政府一直以保护美国经济、保障民众就业为由，不同意强制减少本国温室气体排放。实际上，美国在应对气候变化问题上推行的是“内外有别”的政策，即在国际上为维护本国利益不惜遭到其他国家的批评坚持强硬立场，而在国内依托强大的科研优势，大力推进新能源的开发和利用。

在保护现阶段经济利益的前提下，美国投入巨资开发新能源技术。目前美国在开发推广可再生能源方面，主要体现在改变汽车能源供应和改变国家电力供应上。美国政府设定目标在未来10年内把汽油消耗量降低20%。2007年，美国共生产生物柴油4.5亿加仑，与2006年相比增幅达80%；乙醇产量达64亿加仑，比2000年增加了4倍。美国政府还为购买混合动力车的消费者提供税收优惠。在国家供电方面，美国从现在开始将全面推进核电。在可再生能源发电方面，从2001年至今，美国风力发电规模已增长300%以上。2007年，美国新增发电能力的20%来自风力发电，太阳能发电新装机容量增长了32%以上。

三、我国应对气候变化的立场和措施

我国高度重视应对气候变化问题的重要性和紧迫性，并采取了一系列有效的政策措施加以积极应对，取得了重要进展。

地球是我们人类共同的家园，气候变化问题既有自然界变化的规律的影响，更重要是与人类活动，特别是自工业革命以来，大量化石燃料的燃烧和消费，而造成的大量温室气体的排放有着密切的关系。因此，世界各国都应从自身的经济社会发展的实际情况出发，切实做好应对气候变化及节能减排工作。我们坚持《联合国气候变化框架公约》及其《京都议定书》确定的共同但有区别的责任原则，经济发达国家要率先承担减排义务，履行《京都议定书》确定的减排的目标，在2012年以后的后京都议定书时代也应继续率先减排。包括中国在内的发展中国家也应当根据自身应对气候变化能力建设的情况，积极采取有效措施，为全人类应对气候变化做出力所能及的贡献。发达国家应当向发展中国家提供技术转让和资金援助，切实提高发展中国家对于气候变化的应对和适应能力。

我国是世界上人口最多的国家，是一个经济快速发展，但仍是一个人均收入较低，且中低收入者占大多数的发展中的国家。我国农村仍有2000多万贫困人口，在城镇还有2200多万最低生活保障人口。我国城乡和区域经济社会发展还很不平衡。因此，发展仍是我们的第一要务，并且是在科学发展观指导下的科学、协调和可持续发展。为了改善和提高13亿中国人民的生活水平和生活质量，中国的“发展排放”在一定时期难免会有所增加。作为一个制造业大国，中国生产的商品为世界各国享用，但却承受着“转移排放”带来的越来越大的压力。

为加强对应对气候变化工作的领导，国务院成立了以温家宝总理为组长的“国家应对气候变化及节能减排工作领导小组”。根据《联合国气候变化框架公约》的规定，结合我国的经济社会发展规划和可持续发展战略，制定并公布了《中国应对气候变化国家方案》，明确提出了控制温室气体排放的具体任务。其中包括到2010年实现单位国内生产总值能耗比2005年降低20%左右、可再生能源在一次能源供应结构中的比重提高到10%、将工业氧化亚氮排放稳定在2005年水平，同时努力实现森林覆盖率达到20%、新增改良草地2400万公顷、治理退化和沙化及碱化草地5200万公顷、自然保护区面积占国土总面积比例达到16%、治理荒漠化土地面积2200万公顷等。这些任务非常艰巨，但我们有决心经过艰苦努力，一定要实现这些目标。

四、建材工业应有的作为

根据国民经济和社会发展第十一个五年规划纲要总体要求而制定的建材工业“十一五”发展规划纲要明确提出：建材工业要树立和落实科学发展观，按照建设资源节约型、环境友好型社会的要求和循环经济的发展模式，转变经济增长方式，加快产业结构调整，加大节能型、环境型技术、装备和产品的开发力度，积极推进企业和行业的信息化建设，大力发展循环经济，增强自主创新能力和竞争力，提高经济效益和社会效益，将建材工业建成与经济、社会、环境协调发展的资源节约型和环境友好型产业。

应对气候变化问题，从实质上讲是发展问题，是人与自然的协调的问题，从方法上讲是节能降耗的问题，是保护生态环境问题。由此，我们可以认识到建材工业的发展对于应对全球气候变化问题是应当有所作为的。

1. 建材产品生产过程中的节能减排潜力巨大，任务艰巨

2005年建材工业总能耗约为2亿吨标准煤，占全国能耗总量的9%左右，位居我国各工业部门的第三位。原煤和电力消耗折合标准煤占建材能耗总量的87%左右。尽管“十五”期间建材工业通过加快产业结构调整，推广节能新技术、新工艺、新装备，使建材工业的节能工作取得了明显的效果，但由于我国建材工业的产业结构、企业结构、技术结构的调整还没有完成，加之在企业管理、节能意识还有不少薄弱环节，因此与世界发达国家的先进水平相比仍

有较大的差距。水泥工业是建材工业的第一耗能大户，其能源消耗占建材耗能总量的57.5%，墙体材料工业为第二耗能大户，其能源消耗占建材耗能总量的23%，两者之和超过建材耗能总量的80%。因此，抓好水泥工业和墙体材料工业的节能减排和资源循环再利用是我们工作的重点。

根据建材工业“十一五”发展规划纲要，从应对气候变化能力建设的角度出发，应当重点抓好以下几项工作。一是继续加大产业结构调整的力度。这项工作，一方面要建立淘汰落后产能退出机制，完善和落实关闭落后企业的配套政策措施，落实水泥、墙体材料为重点的行业淘汰落后生产能力的计划。同时，按照规划和市场需求加强这些行业的先进生产能力的建设。按照规划，水泥工业到“十一五”末期，五年累计淘汰落后水泥生产能力2.5亿吨，新型干法水泥比重提高到70%，水泥散装率达到60%；墙体材料工业方面，逐步扩大禁止生产和使用实心黏土砖的范围，到“十一五”末，所有城市禁止使用实心黏土砖，新型墙体材料产量占到墙体材料总量的比重达到60%。二是加快技术进步，推广节能环保新技术、新装备的应用。我们要继续推进先进生产力的发展，大力加快产业技术进步，把各种工作重点放在产品生产过程的节能降耗、环境保护和质量提高上，积极研制开发节能环保的新技术、新产品，并加以推广运用。水泥工业要在现有的基础上，开发和应用高效粉磨、高效冷却、高效收尘，长寿命耐火材料，进一步做好降低单位产品的热耗、电耗，进一步降低废气有害污染物和温室气体排放的工作。大规模推广节能粉磨设备和水泥窑纯低温余热发电技术。墙体材料工业要减少外燃煤，加大内燃煤矸石、炉底渣、烟道灰、粉煤灰等掺量，积极推广节能、省土的烧结空心制品的生产与使用，逐步禁止生产和使用实心黏土砖。研发工业化生产的成套技术装备。三是全面推进资源节约，发展循环经济。建材工业要充分发挥行业自身优势，在矿产开采及产品生产的整个流程中加大资源节约和综合利用的工作力度，推进和规范各类工业废弃物和社会废弃物的循环应用。为发展循环经济做出积极贡献。水泥工业继续在提高矿产利用率、重视低品位原料应用的同时，积极扩大各类可利用的工业废物作为生产水泥原料的综合利用。有序发展磨细矿渣、磨细粉煤灰等替代物，使单位混凝土中的水泥用量降低。积极开发应用工业废弃物和城市社会废弃物作为生产水泥的替代燃料的技术和装备。降低使用化石燃料的数量和解决废弃物的处置难题。必须本着“政府推动、企业为主、公众参与”

的基本方针，在法规、政策的规范和指引下，积极而有序地开展，才能取得良好的经济效益、社会效益和环境效益。墙体材料工业要继续发挥其自身行业优势，大力发展以煤矸石、粉煤灰、页岩为原料的烧结墙体材料，重视利用工业废石膏生产石膏制品，使我国工业废石膏的综合利用率在“十一五”末达到60%以上。四是充分利用“清洁发展机制（CDM）”，开展节能减排工作。“清洁发展机制”是《京都议定书》规定了发达国家应当个别地或共同地确保其温室气体排放总量在2008年至2012年的承诺期内比1990年至少减少5.2%。《京都议定书》确定了“联合履行”“清洁发展机制（CDM）”“国际排放交易”三种灵活的方式帮助这些国家（发达国家）完成减排任务。其中“清洁发展机制”是通过发达国家和发展中国家参与实施的。清洁发展机制是希望通过发达国家提供资金和/或技术转让，帮助发展中国家实现温室气体的减排，实现可持续发展，而发达国家以较小的成本完成其本身的减排任务。从而实现真正意义上的国际合作双赢。建材工业要充分认识自身节能减排的潜力，积极开展国际间的合作，利用“清洁发展机制”所带来的机会，根据我国制定的《清洁发展机制项目运行管理办法》，把建材工业的节能减排工作向前推进。在这方面水泥行业余热发电项目，具有巨大的潜力。新汶矿业集团泰山水泥废热回收项目和安徽海螺水泥有限公司宁国水泥厂余热发电项目联合国执行理事会（EB）注册。CDM的实施对于余热发电项目带来了良好的发展机遇，能给项目带来投资和收益。但是CDM并不是从天上掉下的馅饼，CDM也有很大的风险：需要的前期投资、若不能按合同提交的经核证的减排量的赔偿。但这些风险只要我们有充分的准备和规范的执行是完全可以避免的。因此CDM的实施需要对CDM有很深的了解，严格按照CDM的规定和我国制定的《清洁发展机制项目运行管理办法》实施。

2. 加强节能降耗的建筑材料产品和部件的开发和生产，为建筑节能提供基础支撑

当前我国建筑能耗已占到全社会总能耗28%以上，“十一五”期间，建筑节能需要完成1.1亿吨标准煤的节能任务，占到全社会节能量的20%，建筑节能已成为节能减排的重点领域。

针对建筑节能的紧迫形势，我国政府通过完善建筑节能法律体系，切实做好建筑节能标准定额工作（节能标准提高到节能65%），加大建筑节能产品和

先进技术的推广应用力度，加紧制定建筑节能产品在建筑中应用的财税优惠政策等一系列政策措施来推动建筑节能降耗工作的开展。

在建筑节能工作中建筑材料和部件的节能性能是起到基础性作用的。我们的重点应放在以下几个方面。一是大力开发应用节能环保的新型墙体材料。发展各种具有轻质、保温、隔音、装饰功能的复合型墙体材料和建筑砌块，以节省资源、减轻建筑自重、提高建筑保温性能，适应建筑节能要求。二是大力开发应用建筑节能和多功能门窗。建筑物的能源消耗与建筑物门窗的保温性有着密切的关系。为此，必须大力发展化学建材、高性能玻璃和节能门窗制造技术，并在建筑物中加以广泛地应用。要在门窗的生产中除了注重装饰性外，更加重视其保温性、气密性、水密性、抗风压性、隔音性等指标，使建筑物的门窗赋予更多的功能。三是大力开发应用隔热防渗多功能的屋顶材料和系统。在这个领域我们过去重视不够。近年来，虽然我们在这方面给予了必要的关注，做了不少的改进，取得一些进步；但不论是屋顶系统的设计，还是屋顶建筑材料性能的开发和保证，与节能环保的要求，与国际先进水平都有着不小的差距。当前，屋顶材料和系统的开发是有着巨大潜力的工作，特别是把屋顶系统与太阳能利用装置一并考虑，成为建筑物的一个重要部件来开发利用，是今后的节能减排工作的一个重要组成部分。

3. 积极研发生产清洁能源和可再生能源的所需材料和部件

随着世界对能源需求量的不断增加，化石燃料的价格不断上涨，给世界各国的经济发展带来严重的制约。同时，由于化石燃料的燃烧和消费，也带来温室气体排放量的增大，对全球气候变化形成强烈的影响。为此世界各国都把应对气候变化的重点放到减少化石燃料的消费，提高能源效率、开发利用新能源和可再生能源领域。

改革开放以来，我国能源工业有了长足的发展，以年平均5.6%的增长速度支撑了9.6%的经济增长，已经成为世界第二能源生产国和消费国。但是我国资源人均占有量较少，煤炭、耕地、水、天然气、石油人均资源量分别是世界平均水平的70%、40%、25%、6.5%、6.1%。我国是以煤为主要能源的国家，2006年其总消费量占总能源消费量的70.2%。其次石油为20.6%、水电为5.5%、天然气为2.9%、核电为0.7%，还有很少的风能、太阳能、地热能和生物质能等可再生能源。（资料来源：2007年BP能源统计）我国能源利用效率相对较低，能源生产和使用仍比较粗放、生态环境压力明显；尚未形成化石能源的优质化，清洁能源、可再生能源开发利用不充分，风能、太阳能、生物质能发展尚处于起步阶段。

在发展可再生能源方面，风能、太阳能和生物质能显示出良好的前景。我国风能资源开发潜力巨大。据统计，全国陆地（不含青藏高原）风能资源技术可开发面积约为53.6万平方公里，离岸20公里近海区域约为3.7万平方公里，技术可开发量约为28.6亿千瓦时。按目前风电力发电技术水平，这些风能资源如全部开发利用，年发电量理论值约为57000亿千瓦时。2006年我国风电装机容量快速增长，比上年新增100万千瓦时，增长率超过80%。到2006年底，全国已建成约80个风电场，装机容量达到约230万千瓦。

据有关专业人士介绍，我国2/3以上的国土面积年平均日照时间在2000小时以上，属于特别适宜发展太阳能的国家。到2005年底，我国太阳能集热器总保有量达7500万平方米，覆盖约4000万个家庭的1.5亿人口，相当于电力装机3000万kW；年替代常规能源达1.75亿吨标准煤，减少各类污染物排放1.7万吨。我国目前太阳能电池产业发展迅猛。太阳能电池产能已接近2000兆瓦时，预计到2010年将达到4500兆瓦时。我国已是全球第三大光伏制造基地，但产品95%用于出口。我国本身的光伏发电量还很少。

在生物质能源方面，我国目前仍处于起步阶段。主要在用生物质原料制作乙醇燃料、垃圾发电、农作物秸秆气化、生物质原料做替代燃料等方面均有不同程度的应用。运用最为广泛的是农村沼气的运用，取得了很好的成效。

建材工业近年来积极利用自身的产业特点，为推动我国的可再生能源的发展做出努力。主要在集中在以下几个方面：一是为发展风力发电机组配套大型风叶装置。目前已能为国内外风力发电机组配套。最大机组容量为1.5兆瓦。中国建材、中国中材两大集团的下属企业在这方面均有较快的发展。下一步应在为更大容量的风力发电机组配套和在风叶材质上更加轻质高强方面优化。二是在为太阳能利用的两个方面，太阳能集热器和太阳能光伏发电提供节能高效的玻璃质部件。这些玻璃质部件要求我国玻璃及制品的材质和深加工的技术要有较大的提高。用于太阳能光伏发电的硅原料目前我们还主要依靠进口，且价格在不断上涨，使太阳能电池的成本上升，毛利下降。为此，我们应当集中力量对太阳能的硅原料的国产化做出努力。三是利用水泥工业烧成工艺的特点，积极探索用工业废弃物和社会废弃物做替代燃料的工作。这方面近十几年来有了一定的进步，但目前还基本处于研究开发技术和国家制定具体指导性政策的阶段。真正投入生产实践的生产线还很少。这方面工作一定要在总结国内外经验的基础上，稳步有序地开展。本人在“水泥工业处置和利用可燃废弃物技术与政策研究”一文（中国水泥2002年10期）已有论述。在此不再赘述。

应对气候变化问题已是客观摆在全人类面前必须共同面对的严重挑战。全人类有着一个共同的家园。由于各国的历史发展阶段不同，发达国家和发展中国家之间负有“共同但有区别的责任”。发达国家应当正视自己的历史责任和当前人均排放水平仍然较高的现实，严格履行《京都议定书》确定的减排的目标，在2012年后继续率先减排。发展中国家应当根据自身的能力积极采取有效措施，为应对气候变化做出力所能及的贡献。我国是世界上人口最多的国家，是一个中低收入的发展中大国，是遭受气候变化不利影响较为严重的国家。我们要本着对我国人民负责、对全人类负责、对子孙后代负责的精神，主动采取节能减排的政策措施，为应对全球气候变化做出积极贡献。建材工业在加强应对气候变化能力的建设中，利用行业的自身特点，在生产过程的节能减排、提供建筑节能产品和部件以及在发展清洁能源、可再生能源等方面是有巨大潜力的，是可以大有作为的。

2008年9月2日

跨世纪发展战略引领建材产业科学发展

今年是实施“十一五”的最后一年，五年来我国经济社会发展取得了巨大成就。在党中央、国务院的正确领导下，建材产业在以邓小平理论和三个代表重要思想为指导，贯彻落实科学发展观，调整发展理念，从外延扩张型向内涵质量效益型转变。深化改革和扩大对外交流合作，以技术进步和创新为重要支撑，应用先进技术提升和改造传统产业，调整产业结构，积极发展新技术、新材料、新装备，已经建立起门类比较齐全，生产技术总体先进和产品质量总体良好的建材产业体系，为建设资源节约型、环境友好型社会，满足国民经济社会发展需求做出了积极的贡献。

面对当前我国建材产业发展取得的巨大成就，我们不仅回想起近十几年建材产业发展历程中的风风雨雨，回想起全体建材产业大军在发展建材产业中所做出的巨大努力，更回想起十五年来“由大变强、靠新出强”中国建材工业跨世纪发展战略的引领作用。

十五年前，当我国国民经济第八个五年计划即将结束，进入国民经济第九个五年计划之时国家建材局党组面对跨世纪的新形势、新任务，经过广泛深入的调查研究，以邓小平同志有关经济工作的一系列重要论述和党的十四大精神为指导，在总结我国建材工业发展历史经验和教训的基础上，认真分析了国内、国际经济社会和建材行业发展的形势，依据国家长远发展需求和邓小平同志“三步走”的伟大战略构想，制定了一部建材工业跨世纪发展战略，以适应到21世纪头30年国民经济发展要求。

时光荏苒，在我们即将全面完成“十一五”发展规划各项任务，满怀信心在新的起点上去迎接新挑战、争取新胜利，为全面建成小康社会打下具有决定性意义的基础的新任务之时，回顾总结跨世纪发展战略在建材产业发展实践中的引领作用，并根据形势发展变化，不断发展完善发展战略，使建材产业在今后20年更好地加快转变发展方式，调整产业结构，促进产业升级，真正使建材产业做到“由大变强、靠新出强”为国民经济社会发展，建设两型社会起到重要作用。

刚刚闭幕的党的十七届五中全会通过的“中共中央关于制定国民经济和社会发展‘十二五’规划的建议”中明确提出，以科学发展为主线，以加快转变经济发展方式为主线，深化改革开放，保障和改善民生，巩固和扩大应对国际金融危机冲击成果，促进经济长期平稳较快发展和社会和谐稳定，为全面建成小康社会打下具有决定性意义的基础。按照党中央对于下一个五年国民经济和社会发展规划建议的重要指示精神，回顾近十几年建材产业发展实践，对照“战略”的总体战略、战略目标、战略步骤、战略重点、阶段目标和战略对策，我们不难得出这样的结论：“战略”的制定和实践，对于建材产业的健康可持续发展起到重要的指导作用，是符合党中央提出的科学发展，加快转变经济发展方式的要求，是与我国经济社会总体发展目标相一致的，是符合建材产业自身发展实际和规律的。根据不断变化的国内、国际经济社会发展的新形势和新要求，根据科技进步的新成果，“战略”也必将进行不断完善、丰富和发展，成为引领建材产业在未来20年科学发展的重要纲领。

根据实践—认识—再实践—再认识的人们认识事物的规律，立足当前，展望建材产业未来的发展，“战略”有哪些内容需要坚持和进一步补充、完善、调整和发展，这是我们需要深入研究和认真解决的问题。是否有以下几个方面的问题，需要我们给予关注。一是关于“战略”的指导思想。我们必须与时俱进，用当代马克思主义中国化的最新成果来丰富“战略”的指导思想。“战略”必须以邓小平理论和三个代表重要思想为指导，深入贯彻落实科学发展观，坚持建材产业的科学发展，可持续发展，加快转变建材产业发展方式，为适应国民经济社会发展和建设资源节约型、环境友好型社会，把建材产业建设成低碳、绿色的初步实现现代化的原材料和制品产业，成为支撑国民经济社会发展的重要产业之一。二是关于总体战略——由大变强、靠新出强，要赋予其更加鲜明的时代特征。“由大变强”是产业发展的总体目标，“靠新出强”是达到总体目标的根本途径。“靠新出强”的核心是“新”。而“新”的内涵是十分丰富的，但起决定性作用的是我们发展建材产业的新思路、新方式。有了发展思路上的“新”，就可以通过我们不懈的努力奋斗，去实现发展建材产业的新技术、新工艺、新装备、新产品、新产业、新体制、新机制等一系列的创新成果。在当前和今后一个时期，我们要坚持把技术进步和创新作为转变建材产业发展方式的重要支撑；要坚持为建设资源节约型、环境友好型社会做贡献作为转变建材产业发展方式的重要着力点；要坚持把调整产业结构作为转变建材产业发展方式的重要任务；要坚持把深化改革扩大开放作为转变建材产业发展方式的强大动力。只有加快转变建材产业的发展方式，才能使建材产业真正实现科学发展，符合我国建材产业的实际，是我国发展阶段性新特征。三是关于战略对策的丰富和调整。要根据国民经济社会发展及建材产业发展战略目标的调整而及时做出必要的调整，进一步明确工作重点。1995年制定的八大战略对策，在过去十五年的发展历程中发挥了重要指导作用，体现了这些对策的针对性和有效性。但随着时代的发展，技术的进步以及人口、资源、环境的制约因素的日益凸显，战略对策的内容和重点必须进一步的完善和调整。建材产业要根据国家发展现代产业体系，提高产业竞争力和建设两型社会的总体要求，坚持走新型工业化道路。重点做好产业结构优化，提高建材产品质量、增强产业配套能力，依规、依法并运用市场机制淘汰落后产能；积极支持企业兼并重组，提高产业集中度，支持大企业、大集团的发展，实施走出去战略，提高企业在国际市场的竞争力；加强建材产业节能减排工作力度，促进建材产业低碳化发展，大幅度降低能源消耗强度，提高能源利用效率，有效降低二氧化碳和其他有害气体排放强度，研发节能环保的新型建材产品，新能源材料，为发展节能建筑和新型可再生能源提供材料支持，为我国应对全球气候变化能力建设做出应有的贡献；大力促进循环经济发展，把建材产业作为发展循环经济产业链条的重要环节，提高资源利用率和产出效率；全面提高运用信息技术的水平，促进信息技术与建材产业的充分融合，进一步提升信息技术在建材产业科研、设计、装备制造、生产管理、物流配送、电子商务、企业管理等方面的应用，提高建材产业的信息化、自动化水平，为建立现代化建材产业奠定基础；按照科教兴国、人才强国的战略，培养和建设一支高素质的建材产业人才大军，以满足建材产业未来发展的需要，这是能否实现未来20年建材产业发展的关键所在。

回顾“战略”实施以来，在党中央、国务院的正确领导下，我们抓住了的发展机遇，克服了在前进道路上的艰难险阻，在“战略”的指引下，建材产业的发展取得了巨大的成就；展望未来，未来20年仍然是我国发展可以大有作为的重要战略机遇期，我们要认真总结经验，坚持和完善建材产业的发展战略，在我国工业化、信息化、城镇化、市场化、国际化的进程中，抓住机遇，迎接挑战，坚持科学发展、可持续发展，为把建材产业建设成结构优化、技术先进、质量优良、节约资源、保护环境的现代原材料和制品产业，为促进我国经济长期平稳较快发展、夺取全面建设小康社会新胜利做出新的更大贡献。

2010年11月

正本清源，坚持余热发电技术和产业的正确发展方向

2006年，随着国家发改委提出“新建新型干法水泥生产线同时配套建设余热发电”的明确要求，“十一五”期间，水泥窑余热发电技术发展迅速，应用广泛，进步明显。截至2010年，预计有近700条生产线上配备了余热发电项目，超过新型干法水泥生产线总量的50%。水泥余热发电技术的应用和推广已经成为水泥行业落实国家节能减排政策的重要着力点。

2010年，在工业和信息化部发布的关于《新型干法水泥窑纯低温余热发电技术推广实施方案》中，进一步提出了在2010年至2013年的四年时间里，“在现有全国日产量2000吨以上的新型干法水泥生产线中推广实施水泥窑纯低温余热发电改造项目，年发电量达120亿千瓦时，形成427万吨标准煤的节能能力，使日产量2000吨以上的新型干法水泥生产线余热发电配套率达到95%以上”的建设目标。

回顾新中国成立以后水泥窑余热发电技术的研究开发及推广应用历程，大致可分为以下四个阶段：

第一阶段大致为新中国成立初期至20世纪80年代中后期，这30多年主要工作是开展了中空窑高温余热发电技术及装备的开发、推广、应用工作。参照20世纪30年代日本引进德国技术在我国东北、华北地区建设的中空窑高温余热发电技术装备，对老厂进行改造，同时在老厂扩建和部分新厂建设中得到应用。共投运了约290条中空窑余热发电系统，形成了不同主蒸汽参数、余热锅炉形式、装机容量的高温余热发电系统。为我国开展水泥窑中低温余热发电技术及装备的研究开发奠定了坚实基础。

第二阶段为1990年至1996年。“八五”期间国家安排了水泥行业科技攻关课题，“带补燃锅炉的中低温余热发电技术及装备的研究开发”，主要内容为采用国产标准系列汽轮发电机组，回收水泥窑烧成系统400摄氏度以下的废气

余热进行发电。该课题在1996年完成了攻关工作，形成了“带补燃锅炉的水泥窑中低温余热发电技术”。这项技术的研究、开发、推广、应用，为我国开发水泥窑纯低温余热发电技术及装备工作积累了丰富的经验。

第三阶段为1996—2005年。推广、改进“带补燃锅炉的水泥窑中低温余热发电技术”。截至2005年底利用“带补燃锅炉的水泥窑中低温余热发电技术”，国内有23个水泥厂36条1000—4000t/d预分解窑生产线上安装了28台带补燃锅炉的中低温余热发电机组总装机为45.36MW。与此同时，针对带补燃炉的水泥窑中低温余热发电技术存在的问题，积极开展了“水泥窑纯低温余热发电工艺及装备技术的研究开发”工作。根据带补燃锅炉的水泥窑中低温余热发电技术应用的经验，以日本KHI公司为宁国水泥厂4000t/d水泥窑提供的6480kW纯低温余热电站的建设为契机，进行消化吸收，基本形成了我国水泥窑纯低温余热发电工艺技术装备体系。分别于2001年、2003年利用我国自主研发的技术和国产设备，在2000t/d、1500t/d水泥窑上投运了装机容量分别为3MW、2.5MW的纯低温余热电站。2001—2005年我国水泥行业利用国产设备和技术在12条新型干法窑上，配套建设了装机容量分别为2.0MW、3.0MW、6.0MW、7.0MW的纯低温余热电站。

第四阶段为2005年以后至今。对于水泥窑纯低温余热发电技术和装备不断进行改进和完善，已经成熟，进入了蓬勃发展阶段。针对不同规模的新型干法水泥生产线，配置不同热力循环系统和不同容量的发电装置。大量的工程实践机会，给技术不断创新提供了最佳的机遇。随着纯低温余热电站投入运行数量的增多，增加了我们实践经验的积累，促进了工艺技术装备的提高，使我国水泥窑纯低温余热发电技术装备更加成熟可靠。

经过六十多年的时间，在从事水泥窑余热发电技术研究开发、推广应用工作的同志们努力下，我国水泥窑余热发电技术取得了令世人瞩目的成绩，技术水平基本达到了国际先进水平并在国内、国际水泥企业得到了广泛的应用，为节能减排、保护环境、提高企业效益做出了重要贡献。

追寻水泥工业的发展路径，我们不难发现，水泥工业的技术进步，都是在不断探索既能生产满足水泥产品质量、数量和环保要求，又能节约能源（热能、电能）的技术、装备（机械、电气、自动化）和管理的过程。水泥生产的工艺和技术装备发展到今天，我们仍在继续为减少热能、电能消耗，提高水泥产品质量、环保质量和劳动生产率等指标做着不懈的努力。水泥窑余热发电技术是在现有水泥工艺和技术装备的条件下，针对“在烧成系统仍然有一定量的可利用的热能废气排出，应如何采取技术手段把这部分多余的热能利用起来”而提出和发展起来的技术，而并非要通过改变水泥工艺热工过程去产生和达到水泥—电能联产的目的。这是因为电能的生产其本身的技术进步是巨大的，路径是多样的（绝非是燃煤蒸汽发电一种，燃气轮机、水电、核电、风电及太阳能发电、生物质能、地热能、潮汐能发电等多种方式），特别是其中可再生能源发电的发展是很快的。即使是燃煤蒸汽发电技术，单位电能的煤耗也在逐步降低。

中国水泥窑余热发电技术发展到了今天，随着运行时间的推进，水泥窑纯低温余热发电技术也暴露出一些问题。其中最主要的问题是，无论是过去的外补燃型或是当前的内补燃型余热发电技术，都是追求在正常水泥烧成系统所需的热能外，通过增加化石燃料的消耗量，加大烧成系统的热能供给，提高废气的品质，从而达到既要满足水泥熟料的煅烧需求，又要使排出的废气所含的热能利用达到更高的效率。最终的目的是在当地煤/电价格比适当的情况下，使本企业获得更好的经济效益。但从国家的角度来看，这种技术在化石能源的利用效率和温室气体排放等方面，就值得进一步商榷。作为中国水泥余热发电技术亲力亲为的开发者和参与者，特在此提出以下观点，与业内专家共同探讨。

一、关于对烟气分流法、过热蒸汽法等内补燃型水泥窑余热发电的认识

烟气分流法——水泥窑余热发电技术，该技术从理论上分析看是内补燃型水泥窑余热发电的技术方案之一，有其一定的特点，在理论上是可以探讨的。但这个技术方案在理论和实践上有两个重要支点，一是预热器高气固比的工艺理论和实践；二是抽取预热器高温度的气体，提高进入余热锅炉（SP炉）的烟气的品质，从而提高余热锅炉的效率。有了这两个技术支持点，就可以既满足正常水泥生产生料预热要求，又能通过热交换效率的提高来达到补燃发电量的煤耗等于或低于国家标准。

值得探讨的问题是，目前无论在理论上还是在实践中，预热器高气固比，

还属于不断的理论研究和实践完善之中。一是在减少温度较高的窑尾气体通过量的情况下（不论是双系列，还是单系列），水泥生料能否达到改造前的预热温度？是否会影响分解炉和窑系统的正常工作？在实践中，据有关设计研究单位反映，在陕西某地按照预热器高气固比理论设计的新型干法水泥生产线生产很不稳定，仍处于试验阶段；二是由于改造后，进入余热锅炉（SP炉）的废气量的减少，尽管废气的温度较之改造前有所提高，换热效率有所提高，废气总热能是否会减少？从而使配套的锅炉和汽轮机装机容量的减少，这需要经过仔细核算拿出科学的数据来。因为从企业的角度看，发电能力的减少，在一定的煤/电比价的前提下，就意味着企业经济效益的降低。如果是这样，推广方面也有一定的局限。

关于采用过热蒸汽法的内补燃的水泥窑余热发电技术，其实质是在已有的水泥窑纯低温余热发电技术的基础上，利用在水泥窑的窑门罩和三次风管分别抽取温度更高的热风，通过过热蒸汽炉的热交换过程，来进一步提高进入发电机组的蒸汽品质，从而提高发电机组的能力。

二、关于水泥窑余热发电技术的发展方向问题

在当前形势下，政府职能部门和水泥行业都要对我国水泥窑余热发电技术发展的现状进行全面分析，肯定所取得的成绩，正视所存在的问题，坚持对的，摈弃和纠正不对之处。我个人对当前水泥窑余热发电技术的发展方向有以下三点意见：

一要正本清源。真正使水泥窑余热发电技术突出“纯余热利用”的概念，走一条科学可持续发展之路。不要为一时企业的经济利益而改变我们发展水泥窑余热发电的基本目的，通过各种补燃方式增加化石燃料的消耗和温室气体的排放量。这样做对国家的全局利益和节能减排工作是不利的。

二要加大科研开发力度。在“纯余热”的概念下，通过加大科研开发，研究新的热能循环流程，提高余热锅炉、汽轮机和整个余热发电的工作效率。要加大对低沸点工质在水泥窑余热发电技术的应用研究，使更低品质的废气得到利用。这方面欧洲几个水泥生产大国已有很好的应用实例。

三要继续加大水泥生产的节能减排工作。人对事物的认识没有终点，水泥

工艺和装备的技术进步没有终结。我们要在现有取得巨大进步的基础上，继续在水泥工艺各个环节和每项技术装备，加大科研开发力度，力争有更大的节能减排的进展和效果。

相信随着水泥科技水平的提高，窑尾和冷却机的废气所带走的热能将会在原有的基础上减少，废气的品质会降低，这将对水泥窑纯低温余热发电技术提出更大的挑战。我们要坚持水泥窑余热发电技术的正确方向，把我国的水泥窑纯低温余热发电技术提高到一个更高的水平，为水泥产业节能减排做出更大的贡献。

2012年5月

科技创新与科技成果产业化

当今世界，科学技术进步比历史上任何时候都更加深刻地影响着经济发展、社会进步和人民生活质量的提高。我国政府制定的“国民经济和社会发展第十二个五年规划纲要”明确提出以科学发展为主题，以转变经济发展方式为主线，坚持把科技进步和创新作为加快转变经济发展方式的重要支撑，对自主创新和创新能力建设提出了更高的要求。

一、科技创新成果产业化是科技创新体系的重要组成部分

要实现国家“十二五”发展规划对自主创新和创新能力建设的新要求，必须拓展我们对创新的认识，将科学研究、技术开发、科技成果商业化和社会推广应用等活动作为一个价值创造、转换并增值循环的统一创新系统来研究和思考。避免将其中的各个子系统，割裂开来，要加强各个子系统之间的耦合和反馈，使整个创新体系产生对经济社会发展产生更大的影响力。实际上，科学研究和技术开发活动主要追求的目标是科学价值和技术价值，科技成果的商业化和社会推广应用活动主要追求的是经济价值和社会价值。只有将这些在科技创新整体活动中既相互独立又相互关联、密不可分的各项活动，在追求统一的价值目标取向的作用下，才能对经济社会发展产生巨大的推动力。

国家自主创新能力就是一个国家在一定的历史发展阶段，从事科学研究、技术开发、工程化、商业化和社会推广应用以促进发展的能力，是如何集聚整合创新资源并将其转化为财富的能力。从根本上讲，就是要解决科技与经济社会发展结合的问题，实现科技成果产业化是实现科技创新总体目标的重要组成部分和关键环节。

二、建立和完善科技创新体制机制是实现科技成果产业化基础

进入21世纪以来，我国已经进入必须依靠科技创新和进步支撑引领社会发展的历史阶段。科技创新和科技成果产业化对我国的经济社会发展发挥了巨大的推动作用，但是我国的科技实力和创新能力，特别是科技成果产业化能力与国际发达国家还有着明显的差距，还难以满足经济社会发展日益增长的科技需求，造成这种状况的原因是多方面的，其中科技创新体系中的体制机制存在的问题是其重要方面。因此，我国近年来着力在以下几个方面推进科技创新体系，促进科技成果的商业化的进程。

1. 加快建立以企业为主体的技术创新体系

在市场经济的体制下，企业的生产经营市场主体地位决定了其是科技与经济结合的核心，决定了其在发展经济，转变经济发展方式，促进经济结构调整中起到关键性作用。我们重点引导和支持创新要素向企业集聚，加快建立以企业为主体、市场为导向、产学研相结合的技术创新体系。通过国家技术创新工程的实施，成长了一批以企业为主导、以产业共性技术攻关为核心的产业技术创新战略联盟，在企业设立的国家重点实验室和工程中心分别达到99个和148个，建立了一批面向企业特别是中小企业的技术中心。通过这些体制机制的创新使企业在战略性新兴产业的发展和传统产业的升级转型中发挥着基础性作用。近年来，我国企业研发支出在全社会研发支出中的比重超过70%，研发人员数量超过190万人，研究开发机构比10年前增长90%，发明专利申请数比10年前提高近10倍。

但总体上，我国企业创新能力还有待进一步提高。主要表现：一是研发能力还较弱。大中型工业企业有研发活动的只有30%，研发投入强度不到1%。二是技术集成能力较弱。企业在整合技术成果形成有市场竞争力的产品能力不够。三是市场开拓能力较弱。产品的技术含量不高，应对市场变化的反应不够快，抗风险能力较差。

针对上述问题，我们将抓好以下工作。

（1）强化和完善以企业为主体的技术研发创新体制机制

一是建立企业牵头产学研联合承担的以重大产品、示范工程和产业化

为目标的国家科技项目的管理机制，引导企业成为技术创新决策、研发投入、科技活动组织和面对市场商业化的主体；二是支持企业研发机构建设国家重点实验室、国家工程（技术）研究中心重点在行业骨干企业布局；三是大力支持中小企业技术创新，充分发挥中小企业“专、精、特、新”的优势，探索引导协调中小企业与大型企业进行协同创新、共同发展之路；四是不断完善产学研合作创新体系的运行机制，充分发挥各自优势，在统一的创新目标下，明确各自在整个创新体系中的位置和作用，清晰科技活动中的投入和成果利益分配和知识产权保护的责任。形成目标一致、分工明确、责权清晰、统一协调的以企业为主体、市场为导向、产学研相结合的技术创新体系。

（2）深入实施国家技术创新工程，增强企业创新能力

一是加强产业技术创新战略联盟建设。以共同培育发展战略性新兴产业和提升改造传统产业为目标，以完善产业技术创新链为核心，组成有关企业、院校、科研院所和事业单位参与的协同创新组织，完善联盟的有效运行机制。二是强化技术创新平台布局和建设。整合创新资源和开放服务，面向行业、地区和企业创新进行开放和服务，避免重复建设，反对相互封锁壁垒。三是大力培育发展创新型企业。在激烈的市场竞争中通过科技创新和创新成果的产业化取得发展的企业，要重点加以培育和扶持，加强企业的创新能力建设，发挥其在行业中引领示范作用。

（3）营造企业技术创新的良好环境，政府在促进企业科技成果商业化的工作中起着关键性作用

一是推进和完善有关支持企业技术创新的财税政策。大力引导金融机构与企业的合作，制定优惠政策加大金融机构对企业科研开发新技术、新产品的支持力度，落实企业研发费用加计扣除的政策，运用财政、税收、金融等政策，鼓励企业提高知识产权创造、保护、管理、运用的能力。二是加强科技法制建设。要贯彻科教兴国与依法治国方略的有机统一，不断提升科技工作规范化管理水平。完善科研项目和经费管理、科研评价和审计监督等制度，健全科技决策、执行和评价相对分开、相互监督的运行机制，注重决策咨询，提升依法科学民主管理水平。三是坚定不移地实施知识产权战略。加强科技创新知识产权政策法规建设和管理能力建设，推进知识产权转化运用

体系建设，促进科技创新知识产权创造和保护。四是促进科研院所、高等院校向企业转移技术成果、加强服务，协助企业将技术成果商业化推向市场。五是鼓励人才合理流动。推动科研院所、高等院校与企业人才双向流动，支持企业吸引集聚更多各类优秀科技人才。六是为企业创新提供优质服务。搭建各领域科技创新信息平台，做好信息服务，发展各类科技领域中介服务机构，开展国内外科技交流活动，科技宏观数据和产业技术发展预测，努力为企业科技创新服务。

2. 深化科技体制改革，促进科技与经济结合

我国科技体制改革紧紧围绕促进科技与经济的结合，以调整结构、转换机制为重点，采取了一系列重大改革措施，取得了重要进展，激发了科技人员的创新活力，使科技活动更加适应市场的需求，促进了科技成果的商业化进程。

（1）推进科研机构管理体制改革，成为企业科技创新中心

根据社会主义市场经济发展的需要，我国在20世纪末将中央政府专业经济部门撤销，与此同时将10个中央政府专业经济部门管理的科研院所（376家）和设计单位（178家）与政府专业经济管理部门脱钩。根据这些科研院所和设计单位的专业特点，分别并入国有大型企业或企业集团，使其在资产、人员和科技业务完全并入企业总体管理之中，成为企业或企业集团的科技研发中心。根据企业的市场需求有针对性地开展科研开发活动，加速科技成果的商业化的步伐。经过10多年的相互融合和促进，这些企业或企业集团在激烈的国内外市场竞争中，凭借着科技实力和优秀的管理体制机制，显现出强大的竞争力和良好的经营业绩。

（2）发展新型科研机构，激发社会创新活力

事物的发展总是在时代的进程中不断发展和变革的。为了适应增强科技创新活力，在实践中产生了新的与传统概念上的国有科研院所、高校和国企研发机构具有明显区别的新型科研机构。它们在萌芽、发展、壮大的过程中具有明显的时代特征，体现在产、学、研相结合；创新、创业、创富相统一；高投入、高产出、高效率相协调；基础应用、技术开发、成果商业化相融合；创新是根本、创业是目的、创富是动力的鲜明特点上。这种新型科研机构遵循市场和科技创新规律，在单位性质、运行机制、创新机制、用人机

制等方面都打破传统的管理理念、方式和体制，成为具有广阔发展前景和巨大成长空间的新型科研机构。这种新型科研机构以多学科知识和技术创新作为其主要生产经营活动，以跨行业产品创造作为主营业务范围，以知识密集的人力资源作为主要资本结构，以多样化的创新服务作为商业模式，在创新实践中显示了强烈的创新活力，在很大程度上为科研体制改革提供了一种路径选择。

3. 充分利用国际科技资源为企业创新活动服务

我国进入改革开放时期以来，在企业发展和科技创新活动中一直坚持“引进来、走出去”相结合的政策。

在全球化的今天，任何国家在解决科技创新问题上都离不开与国际同行的合作。我国是一个发展中的国家，经济基础和科技水平总体还比较薄弱。因此，在科技创新和实现科技创新成果产业化的进程中，始终坚持对外开放和合作，实现互利共赢的政策。

一是积极引进国际先进技术和装备，通过对引进技术和装备的应用推广过程，认真做好消化吸收工作，实现超越和再创新工作。二是人力资源的国际化合作，通过“请进来、走出去”，加强科技人员的双向流动，特别是与国际上有创新实力的大企业合作，经过在市场竞争中的实践和必要的培训，培养一批优秀科技人才，有力提升了我国企业的科技创新能力。三是在经济全球化的今天，我们加大了有条件的企业“走出去”战略实施步伐。其中，不少企业在国际上收购了有科技创新实力、研发的科技成果有较好的市场前景的科技型企业，充分利用国际优秀的科技创新资源，为企业提升产品的国际竞争力服务，取得了很好的效益。四是创造良好的政策环境，吸引国际上大企业或企业集团在我国设立科技和产品研发机构。认真学习国际先进的创新管理机制、人才管理机制、成果商业化推广机制、知识产权保护机制，结合我国国情不断改进和完善我国的科技创新体制机制。

三、我国企业科技成果产业化的路由和措施

由于各行业的专业技术特点和企业的具体情况不同，它们科技成果产业化的路由和采取的措施可能也有所差异，但大体采取如下途径和措施。

1. 按照政府政策导向，坚持市场配置资源

企业紧紧围绕《国家中长期科学和技术发展规划纲要》，充分利用国家相关科技政策，按照市场机制聚集和配置各类科技资源，根据市场需求和技术要求建立重大科技成果转化项目动态管理机制，加强技术创新成果产业化推进。科技成果要注重市场前景，以实现产业化为目标，突出科技成果的技术创新和技术水平，保障企业科技产品的市场的竞争力和控制力。

2. 加强企业科技创新各类平台建设

利用企业的人才和资金优势加强国家工程（技术）研究中心、国家重点实验室、国家认定的企业技术中心、博士后工作站等国家创新资源，进一步明确功能定位、加强动态管理和考评，提高运行水平，充分发挥国家创新资源的高效利用。不少企业还设立和加强了科技成果转化信息平台、孵化平台、融资平台的建设，促进科技成果资源集成与信息共享，构建促进科技成果产业化多元投入体系，加速科技成果的培育孵化。

3. 创新产学研技术战略联盟机制

在充分发挥企业内部各种科技创新资源的基础上，企业联合高等院校、专业科研院所和科技服务机构，以企业发展需求和各方利益为基础，以提升产业技术创新力为目标。以具有法律约束力的契约为保障，建立产学研技术战略联盟，使市场需求成为科技创新的源泉，企业发展成为科技成果产业化的主体。

4. 选择科学的科技成果产业化的途径

按照科技成果的来源和形成过程，产业化是根据自身研发技术还是引进消化吸收技术科技成果，而选择不同的产业化途径，以期达到最佳效果。通常自身研发技术进行产业化的路径是：前期国内外技术和市场需求调研—应用基础机理研究—工程化技术开发研究—中试线的建设和运行—工程建设中的采用和改进—商业化的定型和推广运用。引进技术产品的消化吸收再创新的产业化的路径是：根据市场需求和国内外技术产品的调研—决定引进国际先进技术或产品—与技术拥有方谈判转化技术的有关协议—引进技术的剖析研究消化吸收—根据我国企业具体情况加以提升—优化和创新—经过中试—工程实践改进和严格鉴定，形成拥有知识产权的新的技术和产品在市场中加以推广运用。

5. 重视科技成果商业化的管理工作

企业加强推广具有产业化价值的科技成果，重视推出应用后的后评估工

作，形成后评估报告制度。对后评估发现的问题，进行有针对性的改进和完善，并形成信息供企业所有科技人员共享。加强科技成果商业化中知识产权保护，强化科技成果的专利获取、运用和保护工作。改进科技成果的评价指标体系，制定科学的科技成果的评估办法，依法保护科技成果所有者的合法权益，激发广大科技人员科技创新的积极性和创造力。

2012年6月19日

发展建材行业新兴产业之我见

建材行业是传统的原材料制造业。随着国民经济的快速发展和科技水平的不断提高，建材行业也在不断地进行产业提升与结构优化。为了满足我国经济建设、社会建设和生态文明建设的需求，建材行业必须走新型工业化道路，以创新驱动、“两化”融合为抓手，把建材行业打造成节能环保、清洁生产、发展循环经济重要环节的低碳、绿色、可持续发展的产业。

一、为促进建材行业转型升级目标的实现，发展新兴产业是极为重要的战略举措

我们必须对发展建材行业新兴产业进行认真的谋划、明确发展的理念、途径和着力点。建材行业是国民经济的一个组成部分，同时也是与整个国民经济各行各业紧密相连的。因此，我们思考问题也须站在更加宏观的角度、更加开放的视野来考量。新兴产业的所谓之“新”，就是产业具备新技术、新装备、新领域、新品质等新的特征；新兴产业的所谓之“兴”就是产业具备快速成长性、广阔的市场前景性和对经济社会发展的广泛影响性等潜在品质。由此，各行业新兴产业必须具备上述“新”和“兴”所包含的特征和品质。

二、学习中央重要文件和国家重大规划对新兴产业的有关论述给予我们的启示

在《中共中央关于制定国民经济和社会发展第十二个五年规划的建议》和《国民经济和社会发展第十二个五年规划纲要》中都把培育发展战略性新兴产业作为加快转变经济发展方式和调整经济结构的重要举措。在上述文件中提

出，“科学判断未来市场需求变化和技术发展趋势，加强政策支持和规划引导，强化核心关键技术研发，突破重点领域，积极有序发展新一代信息技术、节能环保、新能源、生物、高端装备制造、新材料、新能源汽车等产业，加快形成先导性、支柱性产业，切实提高产业核心竞争力和经济效益”。

由此我们可以得到以下几点对于发展新兴产业的认识。

一是判断新兴产业要根据对未来市场需求和技术发展趋势，并且这些产业能成为带动整个相关产业发展，提高产业核心竞争力的先导性、支柱性产业。

要充分显示出新兴产业具有的市场适应性、发展的可持续性和经济带动力。

二是发展新兴产业必须要强化核心关键技术的研发，突破产业发展的重点、难点技术和政策的制约，取得快速有序发展。新兴产业的发展必须建立在强大的科研和技术开发工作基础之上，并使之取得了工业化技术和产品，能成为在市场上不断推出的新技术和产品的产业。

要充分显示出新兴产业具有的技术的突破性和产品的高科技含量。

三是人们对自然规律的认识和科技水平的提高是永无止境的，因而，新兴产业的发展也是不断随着科技的发展和市场需求的变化而发展变化的，并非是一成不变的。因而，所谓传统产业和新兴产业也是随着科技发展和市场需求的变化而发生变化的。

要充分显示新兴产业具有的符合国情、时代特点的科技先进性和经济驱动力。

三、建材行业发展的历程和对未来产业发展的思考及对如何发展建材新兴产业的认识

当前我国经济发展正处于转型期，把经济结构战略性调整作为加快转变经济发展方式的主攻方向。建材行业是传统的原材料行业，面临着优化产业结构、提升产业科技含量，提高生产集中度、降低资源能源消耗、减少污染物排放，必须走可持续发展之路的关键时期。因此，我们很好地回顾建材行业发展的历程和对未来发展的思考，对如何发展建材新兴产业可以得出以下认识。

一是建材行业的发展和技术进步必须与国家发展新兴产业的要求和方向相一致。

新兴产业所具有的技术先进性和经济带动力，使得建材行业的新兴产业也得到相应的快速发展。如国家目前确定发展“节能环保”“新能源”“新材料”等战略性新兴产业，为我们建材新兴产业的发展提出和创造了良好的发展空间。近年来我们的水泥、玻璃、陶瓷和玻璃纤维等行业在“节能环保”方面做了大量有效的工作，促进了这些产业的技术进步和行业可持续发展。由此还创办和发展了一批专门从事建材行业节能环保业务的企业，并取得了很好的业绩。我们为“新能源”产业的发展，积极发展了为新能源产业配套的玻璃纤维制品（风电叶片）、玻璃制品（光伏发电的基板和面板、新一代信息技术的手机面板、大型显示器件等）。“生物”技术中的生物陶瓷产业的发展等都说明国家明确和支持的战略性新兴产业带动了建材相应的领域的新兴产业的发展。因此，我们建材新兴产业的发展必须与国家明确和支持的新兴产业的发展方向相一致。

二是国家新兴产业的发展也体现在各个行业的新兴产业的相应的发展。国家的新兴产业的发展并不是脱离国民经济各行业的发展独立而为的，它是需要体现在各行业的新兴产业的发展来实现的。如“新能源”“新材料”“高端装备制造”“节能环保”等都不是孤立的产业，是体现在国民经济各个行业之中的。因此，可以认为建材新兴产业是国家新兴产业的一个十分重要的组成部分，两者不可决然分开。

三是建材行业根据自身发展需求，明确行业新兴产业的发展重点。各个行业虽然是整个国民经济的一个组成部分，但自身都有行业特点和发展需求。建材行业要根据国家总的新兴产业的发展规划，从行业的结构调整，产业优化升级，提高行业产品质量和产业可持续发展提出行业的新兴产业的发展规划。这里可以从两个层面来考虑。

其一，建材行业的组成板块的产业结构调整。我们要重点发展无机非金属新材料、非金属矿深加工业和绿色节能环保性建筑材料等方面的新技术支撑的新兴产业的发展。使这些产业积极为国民经济各个领域的发展提供节能环保的产品，使建材行业产业结构更加合理，对国民经济的贡献更大。

其二，建材行业各组成板块中的产业结构调整和新兴产业的发展。如传统的建筑材料行业水泥、玻璃、陶瓷、墙体材料、玻璃纤维等都要根据优化结构、节能减排、环境保护、提高质量和可持续发展，在强化科技攻关，突破制约产业发展的技术难点的基础上，积极发展新兴产业。

其三，建材行业的新兴产业的发展是一个不断调整和充实的过程。随着人们对自然规律认识的不断发现和深化，科技创新的成果不断丰富，国民经济发展对建材行业的要求不断变化，建材行业新兴产业的发展也是不断调整和充实的。如水泥工艺技术的发展。我们过去把水泥预热分解技术称之为“新型干法技术”是相对于以前的“中空预热”和“半干法”生产工艺而言的，而时至今日，这种“原料悬浮预热、窑外分解技术”已经普及和成熟的时候，再作为“新型干法”技术的时代已经成为过去，应当恢复其原有的含义。我们应当在此基础上，去大胆探索新的更加节能、热效率更高、更加环保的新的工艺技术的突破，并通过装备的研发来实现工业化和产业化的目标，形成崭新的水泥制造的新兴产业。其他产业也有各自的需要突破的难点和问题。

其四，建材行业发展新兴产业必须重视发展循环经济。发展循环经济是发展绿色、环保、可持续发展经济的必由之路。而建材行业的显著特点就是，它在利用废气、废渣、余热等资源综合利用方面有着其他行业无法替代的优势，应当着力培育和推进。当前建材行业各个领域在窑炉废气预热再利用、工业废弃物和生活垃圾、建筑垃圾的资源化处置等方面有了一定的进展，但仍处于起步阶段。我们应当继续提高其利用水平，做到更加节能、更加环保、更加安全的高度，为建设资源节约型、环境友好型社会做出更大贡献。

建材工业在生产过程中将排放大量CO_2等温室气体，对大气环境的改变产生影响。我们要积极研究CO_2气体的捕捉、储存、再利用的技术，使CO_2成为重要的化工原料，发展与之相关的产业。例如：利用水泥企业的回转窑排放的尾气对水质的调节，发展特色的藻类养殖，进行生物制药或生物柴油制备等产业。在国内外均有探索。我们应当引起关注。

在发展建材新兴产业的工作中，我们要认真总结过去成功的经验和不足，认真梳理区分政府、社会、企业各自应当承担的责任，不要错位更不要越位，发展市场机制配置资源的基本规律。政府要少干预、多支持（政策、资金、税收等），多宏观、少微观，搭建发展平台，把新兴产业发展的主体交给企业。要建立以企业为主体，市场为导向，产学研相结合的科技创新体制和目标明确、风险共担、利益共享、责任清晰的运行机制。各种社会组织要积极做好协调、服务工作，为发展行业新兴产业发挥自己的优势贡献力量。

2013年10月

创新驱动与创新文化

综观人类文明发展史，我们历经了农耕文明、工业文明，目前正面临着以信息革命和能源革命为特征的崭新的文明的再创造。每一个经历其中的社会和个人都会感受到面临的严重挑战，又会体会到前所未有的物质文明和精神文明的进步和发展。

21世纪是创新驱动经济社会发展的时代。理论创新、制度创新、科技创新、文化创新以及其他方面的创新层出不穷，风起云涌。创新驱动让一切创新活力竞相迸发，让一切创新活力充分涌流，极大地促进经济社会的发展。因此，任何一个国家如果想在日趋激烈的综合国力竞争中赢得主动，都必须大力倡导创新驱动，积极构建国家创新体系，加快推进创新型国家建设。

党的十八大报告明确提出要“实施创新驱动发展战略”，把建设创新型国家摆在国家发展全局的核心位置，是提高我国国家竞争力的重要举措。

6月9日习近平总书记在2014年两院院士大会上强调，“今天，我们比历史上任何时期都更接近中华民族伟大复兴的目标，比历史上任何时期都更有信心、有能力实现这个目标。而要实现这个目标，我们就必须坚定不移贯彻科教兴国战略和创新驱动发展战略，坚定不移走科技强国之路。”习总书记进一步提出“我国科技发展的方向就是创新、创新、再创新”。

“创新”和“创新驱动”已经成为当今使用最多的词汇。但为什么在当前的世界发展历程中要突出“创新驱动”，以及怎样才能实现“创新驱动”，特别是“创新”与“思想文化”的相互关系谈谈自己的学习体会与大家共同分享。

“创新”从词义上讲就是“抛弃旧的，创造新的”，指的就是“创造性”。“创新理论”最早是美籍奥地利经济学家约瑟夫.熊波特（美国哈佛大学教授）在1912年在研究经济发展时提出的一个经济概念，到1990年被称之为当代“竞争战略之夫”的迈克尔.波特（美国哈佛大学教授）提出了“国家竞争优势理论”。他认为，国家之间的竞争所推动的经济发展分为四个阶段，即生产要素驱动、投资驱动、创新驱动和财富驱动。阐明了创新驱动是相对于要素驱动、投资驱动的更为高级的发展阶段。

当前实施创新驱动发展战略的重要性，可以从以下几个方面来分析。

从国际看，提高我国经济竞争力，迫切需要增强创新能力。当今世界创新驱动发展的特点日益明显。在应对国际金融危机中，可以看出，实体经济扎实，企业创新能力强的国家，经济复苏得比较快，社会就相对稳定。各国都在积极抢占科技和经济发展的制高点，作为恢复和发展经济的重要举措。特别是在能源和信息产业领域取得重大突破。如：页岩气革命、天然冰开采利用、移动互联网、生物技术、航天航空技术、云计算、大数据、智能终端（包括机器人研发制造）、增量制造技术（3D打印技术）等科技创新成果的快速发展，影响经济社会发展，影响人们的生产生活方式。只有增强我国创新能力，我们才能在新一轮国际竞争中表现出应有的实力。

从国内看，解决当前经济发展中的突出问题，实现可持续发展，迫切需要增强创新能力。经过30多年的高速发展，我国经济总量已跃居世界第二，但我们的发展也付出沉重的代价和显现出尖锐的矛盾，能源、生态、环境、淡水、矿产资源约束不断强化，土地和生态环境压力日益增大，粗放的传统发展方式已难以为继。我们必须把我国经济社会发展转到依靠创新驱动的内生增长轨道上来，加快形成“一低一高”、“一少一多”、可持续（即低投入、高产出、少排放、多利用、可持续）的生产和生活模式。我国已经是世界的制造业的大国，但不是制造业强国，“大而不强”的特点十分明显。要突破这一瓶颈，必须加强创新能力建设，形成“中国研制”、“中国设计”、“中国创造”、“中国标准”、“中国品牌”在世界的领先地位，我国的经济和产业格局才能发生根本性的变化。

从企业自身看，提高核心竞争力，迫切需要增强创新能力。企业创新能力不仅仅是指企业技术创新能力、也应当包括企业管理、营销模式、品牌战略等方面的创新能力。在当前新的科学技术成果迅猛涌现的时代，在经济全球化、信息全球化的时代，墨守成规一成不变的企业想长期繁荣发展几乎是不可能的。即便在过去取得过令人注目的辉煌业绩，如果不能跟上时代发展的步伐，不进行主动调整，发展也会陷入困境。这方面的事例在国内外的企业举不胜举。企业只有不断加强创新能力建设，跟上时代发展的步伐，才能在竞争激烈的市场上赢得先机，取得新的发展。可以说，创新能力决定企业的生存和发展、前途和命运。

仅仅了解创新的重要性是必要的，但如何把创新体现在我们的各项工作中更为重要和关键。我们决不能只把“创新”作为时髦的词汇写在文章中，说在口头上而应当落实在我们的思想和行动中。习近平总书记在两院院士大会的重要讲话中就突出强调，“我国能否在未来发展中后来居上，弯道超车，主要就要看我们能否在创新驱动发展上迈出实实在在的步伐。”。我们建材行业也提出“创新提升、超越引领”的发展战略。其核心仍然是创新。

如何提高企业创新能力建设？它的途径和方法是什么？换句话说就是应该如何创新？

20世纪迈克尔·熊波特在提出“创新”概念时就指出，“创新”不是一个技术概念，而是一个经济概念。

而当今世界把“创新”概念扩展为包括理论、科技、经济、社会发展的重要驱动力。

人们的创新活动是由人们的思想理念支配的，是受到他所处的社会环境和文化背景息息相关的。

人在现实生活中每时每刻都面临着两个世界—物质世界和精神世界，我们的每一项活动都在这两个世界中进行，进行着变革。特别是在当前我国经济建设取得巨大成就，物质条件极大改善和丰富的今天，我们共同探讨人的精神层面的问题，探讨思想文化对经济社会发展的作用，具有非常重要的现实性和长远的历史意义。同样，要想在创新驱动发展中迈出实实在在的步伐，也必须首先要树立创新精神和创新环境氛围。

中华民族是富有创新精神的民族。我们的先人们早就提出：“周虽旧邦、其命维新。”“天行健，君子以自强不息。”“苟日新，日日新、又日新。”习总书记指出，创新精神是中华民族最鲜明的禀赋。在过去5000多年文明发展史中，我们有过卓越的发明创造，成就过令世界瞩目的历史辉煌。但明代以后，由于封建统治者的闭关锁国和思想的封闭，固步自封，把世界上的科技进步看成为“奇技淫巧”不消一顾。虽有不少有知之士和有志之士力争变革，学习世界的先进的科技知识，掌握那些被认为是“奇伎淫巧”的先进生产力，但由于没有思想上的解放和制度环境上的变革，也只是一种良好的愿望和憧憬。

时光来到1919年5月4日，爆发了震惊中外的“五四运动”。伟大的“五四运动”，不但是中国人民反对帝国主义列强瓜分中国的抗争，更是一次中国人民伟大的思想解放的运动。这是由于“五四运动”思想解放的深刻影响，使得多少有志之士走上追求真理、追求科学、追求民主自由的道路。为中国人民反封建、反对帝国主义的统治奠定了坚实的基础。

新中国建国初期，为了改变我国经济和科技的落后面貌，党中央发出了“向科学进军”的伟大号召，在科研条件很差，人才匮乏的情况下，经过自力更生、艰苦奋斗，在不长的时间里，我们还是在经济和科技的不少领域获得举世瞩目的成就。

然而，“文革”期间，对形势的判断、指导思想、组织路线等方面，我们背离了正确的路线，国民经济到达即将崩溃的边缘。科技创新活动受到严重的冲击。

粉碎“四人帮”之后，国家百废待兴，邓小平同志和党中央在1978年召开“全国科技大会”，迎来了“科学的春天”。科学技术作为第一生产力，促进了我国经济社会的快速发展。根据世界经济科技的发展趋势党中央及时确定了“科教兴国战略”和“创新驱动发展战略”。从国家战略层面突出了“创新”的重要性。

回顾上述历史发展进程，我们可以得出，思想上的解放是科技创新的基础，没有思想上的飞跃，就不会有创新驱动的发展。古今中外莫过如此。

企业的创新能力是国家创新驱动战略实施的重要基础。因此企业的领导者更应提高对思想文化工作对企业创新能力的影响的认识，高度重视企业文化建设，为提高企业创新能力建设，奠定坚实的创新思想和创新氛围基础。

企业领导者为提高企业创新能力，从思想文化方面，当前要做好以下三项工作：

一是要进行观念更新。要打破惯性思维，勇于探索，敢于克服困难，开创企业新局面。在提高对创新能力建设重要性的认识的同时，要正确把握创新与继承之间的辨证统一的关系。要用辩证唯物主义和历史唯物主义去分析事物的发展规律。要随着时代的发展，大胆抛弃旧的阻碍生产力发展的各种落后的要素，创立和采用促进生产力发展新的先进的要素。要继承经过实践考验的有利于生产力发展的各种因素，并使其在新的历史条件下，得到传承和发扬。

二是要树立全新的人才观。企业要建设创新能力建设，必须把创新人才的发现、培养和使用放在突出位置。企业领导人不可能凭一己之力，全面推进企业的创新工作。他十分需要一个具有创新精神和能力的团队，需要有一支能够完成创新工作的职工队伍。企业领导人要有宽广胸怀、敏锐眼光、大胆重用具有创新才能的人才，鼓励他们在工作中张扬个性、勇于创新，容忍在创新工作中的挫折与失败。并主动承担必要的风险。要特别重视具有创新才能的青年才骏的使用和培养。构建鼓励竞争、鼓励创新、支持创新的良好氛围。

三是牢固树立自力更生、自主创新的思想理念。

尽管目前经济全球化的步伐不断加快，科技国际合作的领域不断扩展，但是我们必须清醒地认识到，中国作为社会主义的发展中的大国，在国家发展中由“跟跑者”向“并行者”、“领跑者”转变，只有立足于自力更生、艰苦奋斗，只有自主创新才能攀登世界科技高峰。我们要重视发明创造、重视原始创新，促进产学研合作的技术创新体系和促进国家知识创新体系建设，并加强两者的协调配合，促进知识到技术到产品的转化。

创新，是人类进步的灵魂，是一个国家兴旺发达的不竭动力，也是一个企业发展壮大的不竭动力。

现代科学开创了一个追求真理勇于创新的时代，而科学技术发展的过程，也正是创新文化生成和发展的过程。我们要高度重视创新文化对创新驱动的巨大影响力，用思想文化的创新引领各项创新工作的发展。

2014年6月21日

经济新常态下的低碳经济发展与产业结构调整

当前大家都十分关注中国经济的发展，特别是在经济下行压力加大的情况下，对我国经济的发展的动力和目标进行深入的研究和探讨。中国低碳经济发展促进会将本次高层论坛主题定为“经济新常态下的低碳新机遇”，我认为是一个非常好的议题，我相信通过本次论坛的研讨一定能获得丰盛的成果，为我国低碳经济的发展提出有见地的意见和建议。

下面我就“经济新常态下的低碳经济发展与产业结构调整”为题谈谈个人在这方面的粗浅看法与各位领导、专家交流，不足之处敬请批评指正。

完成今年的经济工作对全面完成“十二五”规划各项任务和全面建设小康社会的重要意义。今年经济工作的总基调是“稳中求进”，总方针是实施积极的财政政策和稳健的货币政策，总策略是“进一步深化改革、扩大开放”，总要求着眼“双目标”即着眼保持中高速增长和迈向中高端水平；坚持“双结合”即稳预期和促改革调结构的结合；打造“双引擎”即打造大众创业、万众创新和增加公共产品、公共服务的双引擎，实现“经济发展、调整结构、改善民生、防范风险、社会稳定”的目标。

一、新常态下的经济发展的主要特征

要讨论“新常态下的低碳经济发展与产业结构调整”，首先要明确经济新常态有哪些特征？“新常态”一词最先出现是在2014年习近平总书记在河南视察时指出：“中国发展仍处于重要战略机遇期，我们要增强信心，从当前我国经济发展的阶段性特征出发，适应新常态，保持战略上的平常心态。”此后，“新常态”一词就成为讨论中国经济时的关键词。“新常态”从词语上重点是突出两个概念。一曰“新”，二曰“常态”。两者结合起来，所谓“新常态”就是中国经济将在一个较长历史阶段进入明显与过去不同特点的历史发展阶段。

“新常态”的经济发展特征：

（1）经济增长速度放缓。根据国家统计局资料，我国改革开放后（1979—2014年）GDP增长率一直保持年均9.8%，国际金融危机后几年（2009—2014上半年）也达到年均8.7%，2014年全年国内生产总值达到63.6万亿元，同比增长7.3%。继2012年和2013年之后，再次低于8%。今年政府工作报告提出2015年国内生产总值增长预期目标为7%左右。今年一季度、二季度和上半年国内生产总值均增长7%，符合7%左右的年度预期目标。纵向比较，这一增速虽低于前两年，但在我国经济总量已达60多万亿元的情况下有7%的经济增长按不变价增量比2014年的7.4%增量还要多。总体看经济增长从过去的高速增长（7%）转向中高速增长（6%）的趋势是今后一个时期的总趋势。经济下行压力进一步增大。

（2）经济结构调整加快在经济受客观和主观因素增长率降低的情况下，我们经济工作的重点从外延型规模扩大转向内在型经济结构调整，提高经济质量效益。从国家统计局的资料明显看到我国一产（农业）和二产（工业）比重随着经济结构的调整逐年下降，而三产（服务业）的比重逐年上升。第三产业占GDP比重在2013年首次超过了第二产业。2014年服务业增加值比重由46.9%提高到48.2%。特别是第三产业中的生产性服务业发展迅速。今年上半年，服务业继续保持在三大产业中的领跑格局，且增速有所加快，上半年服务业增加值增长8.4%，服务业占比为49.5%，分别比去年同期提高0.5和2.1个百分点；在一、二、三产业本身也在积极调整产业结构。工业传统制造业在“中国制造2025”规划的引导下，深入开展“两化融合”，运用“互联网+”等新技术改造优化调整升级，进一步节能减排，提高产品质量，与此同时积极发展战略性新兴产业，开拓新技术、新产品，创造新的产业增长点。“一产”中现代农业和传统农业的比重加速调整，“三产”中生产型服务业发展迅速。其共同的特点是广泛应用新技术、新材料、新工艺、新业态来解决各个产业的突出问题。力争节约资源、能源，减少对生态环境影响实现低碳发展，降低产品和服务成本，提高生产率、提高产品和服务质量，满足人们更高、更加丰富的物质和精神需求，实现长远的可持续发展。

（3）创新驱动地位凸显。过去我国经济所依仗的生产要素的低价格、低成本、外延扩张发展方式，使我国经济突飞猛进地快速发展，推动中国成为“世界工厂”，但随着经济环境和生态环境的改变，生产要素价格急速上升的影响，过去那种粗放型、扩张型的经济增长方式难以维持，必须从扩大劳动力和资本的投入转向通过创新提高劳动生产率和产品及服务质量来驱动经济的发展。理念创新、科技创新、制度创新、管理创新正在主导着国家、行业、企业和各项事业发展的进程。创新已经成为经济增长和产业升级的原动力。

（4）矛盾凸显风险加大。由于经济增长减速，过去高速增长期所积累下来在一些领域存在的风险隐患正逐步显现。传统制造业领域，许多企业因产能过剩，市场竞争激烈，产品价格持续走低（PPI持续走低），生产要素成本不断上升，企业利润压低，部分企业生产经营困难。

世界经济复苏进程缓慢，国际市场需求不旺，出口产品成本增加和结构不尽合理，竞争力不强，出口对经济的拉动作用减弱。

由于金融改革的滞后，企业特别是中小微企业融资难、融资贵问题突出，严重影响了企业的运行和发展。房地产市场的深度调整，使地方政府的“土地财政”的财源吃紧，地方政府的债务偿还能力存在风险。在这种形势下，如何避免金融风险成为经济发展中需要高度重视的突出问题。

公共环境和生产安全事件的发生，带来的社会群体事件对社会的和谐稳定造成严重挑战。

这些新常态的特征需要我们认真加以分析和研究形成的历史原因和现实表现，有针对性地找到如何应对新常态、适应新常态，并取得新发展。

二、低碳经济发展是经济社会发展的必然要求

能源和气候变化已经成为全人类共同关注的重大而迫切的问题，而这两者都与高碳排放有着密切的关联：碳密集的能源结构和生产方式、能源消费方式，越来越导致全球的能源的巨大消耗，不可再生的化石能源的逐年大量开采和消耗将是不可持续的；而高碳的排放，则对地球生态环境产生严重的破坏，大气污染、温室效应等越来越威胁到世界经济和社会发展，乃至人类的生存。

世界化石能源消费所产生的CO_2等温室气体排放量持续增长，导致全球气候变暖并严重危及生态安全。气候变化带来全球降水的重新分配，自然灾害

频发，全球海平面缓慢上升，影响工农业生产，威胁人类的食物供应和居住环境，破坏自然生态平衡。根据美国国家海洋大气局的数据，2013年世界平均气温为14.52摄氏度，在1880年以来的134年中名列高温榜第4位，并高出20世纪世界平均气温0.62摄氏度。

面对这些危机，以低能耗、低污染、低排放为基本特点的低碳经济应运而生。走低碳发展之路，逐步减少对化石能源等高碳资源的依赖，已成为世界各国促进经济社会和环境可持续发展的重要选择和必然要求。

低碳经济是以碳排放为度量的人类经济活动，是以低能耗、低污染、低排放为基础的经济模式，其中包括低碳能源系统、低碳技术、低碳产业体系、低碳生活方式。低碳经济的实质是提高能源利用效率和创新清洁能源结构，其核心是技术创新、制度创新和发展观的转变。

我国正处于工业化、城镇化不断推进的历史阶段，温室气体排放总量大，国际社会对我国控制温室气体排放，承担更大国际责任的要求和期待不断提高。我国虽然仍是发展中的国家，但我们必须承担共同而有区别的责任，不可能无限制地增加排放温室气体，必须走低碳发展道路，努力减缓温室气体排放的增长速度。

2009年在哥本哈根联合国世界气候变化大会上，我国政府庄严承诺，到2020年我国单位GDP二氧化碳排放强度比2005年减少40%—45%。计划2030年左右二氧化碳排放达到峰值，并力争提前实现。我们已将二氧化碳减排作为约束性指标列入国民经济和社会发展规划中，并采取有力措施在各个年度中加以细化落实。这不仅是我国应对控制温室气体排放所承担的国际责任，同时也是我国在经济新常态下切实转变经济发展方式，实现经济社会可持续发展的必然要求。

从2002年到2011年10年间，中国的能源消费占全世界的比重由12.7%迅速攀升至22.4%，并超过美国成为世界第一大的能源生产和消费国。根据国家统计局公布的数据初步核算，2013年我国能源消费总量达到37.5亿吨标准煤。

我国不但能源消费总量大，并且我国的单位GDP能耗也很高，2010年达到1.034吨标煤（按2005年价格计算），分别是日本的7倍、美国的3.5倍，是印度尼西亚的1.7倍。

2014年，我国全年能源消费总量42.6亿吨标准煤，比2013年增长2.2%。与此同时，2014年我国GDP同比增长7.4%。数字说明我国的能源使用效率不断提高，产业结构调整取得明显进步。在消费的能源结构方面也产生积极变化。煤炭消费量下降2.9%。原油增长5.9%。天然气增长8.6%，电力增长3.8%。水电、核电、天然气等清洁能源消费量占能源消费总量的16.9%。煤炭消费量占能源消费总量的66.0%，有所下降。全国万元GDP能耗同比下降4.8%，完成预定年度目标。

巨大的能源消耗，特别是化石能源的消耗，所带来的排放温室气体、有毒、有害气体，给我们生存的环境带来严重的压力。

因此，我国政府将节能减排工作，作为发展经济的重要前提和内容，贯彻到各项工作中去。国务院制定的《节能减排“十二五”规划》明确，全国万元国内生产总值能耗2015年比2010年下降16%。“十二五”期间将节约能源6.7亿吨标准煤。与此同时到2015年末全国化学需氧量和二氧化硫比2010年下降8%，氮氧化物比2010年下降10%。

通过上述对经济新常态特征分析，可以看出在经济新常态下，走低碳发展道路不仅关系有效推进生态环境保护，更是通过创新驱动开发和使用减碳技术、无碳技术和去碳技术，减少碳排放，有力促进产业结构调整升级、优化我国能源消费结构转型，有益于通过低碳产品的市场竞争力，形成新的经济增长点和内需发展动力。

三、经济新常态下的低碳发展的总思路和实现途径

在经济新常态下，为了克服经济下行的压力，培育新的经济增长点，为了实现经济社会发展与生态环境保护目标的协调一致，为了长远的持续健康可持续发展，我们必须坚定树立低碳发展理念，以转变发展方式为主线，以创新驱动为动力，以调整经济和产业结构为重点，全面提高技术和管理水平，从产品全寿命周期和服务全过程，有效控制和减少碳排放，积极开展循环利用，走低碳绿色发展之路。

在经济新常态下低碳经济发展应重点抓好以下工作。

1. 加强低碳经济发展战略研究，建立完善的法律制度和政策体系。把发展低碳经济发展融入和体现在我国的发展理念和落实到各级政府工作、企业经

营和公众的生活之中。政府应在战略规划、法制建设上，体现低碳发展，用规划和法制的力量促进低碳经济的发展。在政府相关政策制定应着重在发展低碳能源、环境税收、低碳技术、低碳产品、低碳金融和低碳消费方面，采取有效措施推进低碳经济的发展。

2. 采取必要的经济措施促进低碳经济发展。借鉴国外发达国家成功经验，结合我国具体发展国情，可以在税种设置、税率调整方面开展相关工作，鼓励减少碳排放、限制化石能源的过度消耗；可以提高财政补贴和预算拨款等的方式鼓励大力发展可再生能源、循环利用工业和生活废弃物等技术创新，实现低碳发展；制定政府绿色采购导则，建立绿色产品信息数据库，政府率先使用推广低碳产品和服务；研究探索利用市场化机制，推动企业自愿节能减排。制定与国际接轨的“碳交易”市场规则。把“碳排放”作为一种“商品”进行交易，使企业能够在减碳的工作中获得相应的经济利益。

3. 促进能源消费结构转型，大力发展清洁能源和可再生能源。目前，全球能源消费主要是以化石能源为主，人类社会排放的二氧化碳大部分是由于人类消费能源、资源所产生，而这种能源消费结构是不可持续的。走低碳发展道路，迫切需要寻找新的替代能源，转变以化石能源为主的能源消费结构，为今后发展提供新的动力源，将是一次重要的革命和跨越。我国正处在工业化、城镇化的快速发展阶段，我们必须在努力保障能源供给的同时，高度重视和推进能源结构调整。开发无碳技术，积极稳妥地发展水能、风能、太阳能、生物质能、地热能、潮汐能等可再生能源的技术研发和应用配套鼓励政策，实现多能互补，扩大可再生能源在总能源供应中的比重。安全有序地扩大核能供应，从而减少碳排放。同时我们必须面对我国能源禀赋是以煤炭为主的现实，积极开展煤炭的清洁高效利用，作为减碳技术的重要方面。

4. 调整产业结构，提高能效，大力研发和应用减碳技术，促进全社会节能减排。严格控制高耗能、高排放、产能过剩产业的过快增长，严格控制新建项目，加快淘汰落后产能。加快运用高新技术和先进适用技术改造和提升产业水平和产品质量；实施节能重点工程，加强重点用能单位的节能管理，突出抓好工业、建筑、交通、公共机构等领域的能效管理，促进各领域的碳减排及综合污染预防与控制；采取有效措施支持低碳产品与服务的开发与应用，扩大资源综合循环利用。

5. 开展去碳技术的研究与开发，努力增加碳汇。碳捕集、利用与封存技术是一项新兴的具有大规模二氧化碳减排潜力的技术，被广泛认为是应对全球气候变化、控制温室气体排放、资源循环利用的重要措施之一。我国已制定了专项规划。各个行业、企业、科研院所、高等院校要根据规划要求结合自身情况，积极开展政、产、学、研、金、用的合作协同攻关，加强前沿技术研究，做好试验示范项目的可行性研究，创造条件进行工程实践。政府要在科研经费、风险控制、人才培养、国际合作等方面加强支持力度，争取早日有所突破。加快植树造林、城市绿化、湿地保护和积极探索利用藻类、贝类、珊瑚等水生生物进行固碳，多方位增加碳汇。

6. 建立和实施温室气体排放的监测、核查制度体系。政府和企业应按照国家标准指标体系和温室气体排放监测计划，并报有关部门备案。监管部门应按国家核查指南开展碳排放核查工作。根据核查结果和配额清算进行必要的奖惩，促进减排目标的实现。

经济新常态为低碳经济发展提出了更加迫切和严格的要求，同时也提供了良好的发展机遇。只要我们坚持低碳发展理念、落实国家有关发展低碳经济的各项方针政策、创新工作体制和机制、调动各方面的积极性，全力推进低碳发展的各方面工作，我们一定能在经济新常态的环境下实现低碳经济的发展，为我国经济社会可持续发展做出更大的贡献。

2015年9月

经济新常态下建材行业发展动力与目标

当前大家都十分关注中国经济和建材行业的发展，特别是在经济下行压力加大，建材行业今年上半年延续了去年以来的“四低”（低增长、低价格、低投资、低效益）的态势的情况下，对我国建材行业今后将如何发展、发展的动力和目标是什么，进行着广泛而深入的思考。

《中国建材报》作为我国建材行业的主流媒体，开辟“建材行业转型发展大家谈”专栏，为汇聚民智、集中民意搭建广泛交流平台，一定能为政府制定政策和企业发展方向提供有参考价值的意见和建议。

谋事者，必先了解“大势”。研究作为国民经济重要的组成部分的建材行业的发展，必须深入了解我国当前经济总体所处的发展阶段、特点及其发展方向，才能结合行业自身的特点，顺应时代发展潮流，确定今后发展的动力和目标。

我国国民经济，经历改革开放30多年的快速发展，取得了令世人瞩目的辉煌成就。但由于发展方式的粗放和不可持续，也产生了制约进一步发展的深层次问题。随着我国经济总量的快速扩张，世界经济环境的变化和金融危机的冲击，我国进入经济发展新常态的历史阶段。

“新常态”从词语上重点是突出两个概念。一曰“新”，二曰“常态”。两者结合起来，所谓“新常态”就是中国经济将在一个较长历史阶段进入明显与过去不同特点的历史发展新阶段。

新常态的经济发展将有着以下明显特征：

经济增长速度放缓。根据国家统计局资料，我国改革开放后（1979—2014年）GDP增长率一直保持年均9.8%，国际金融危机后几年（2009—2014上半年）也达到年均8.7%，2014年全年国内生产总值达到63.6万亿元，同比增长7.3%。继2012年和2013年之后，再次低于8%。今年政府工作报告提出2015年国内生产总值增长预期目标为7%左右。今年一季度、二季度和上半年国内生产总值均增长7%，符合7%左右的年度预期目标。总体看经济增长从过去的高速增长（>7%）转向中高速增长（6%）的趋势是今后一个时期的总趋势。

经济结构调整加快。在经济受客观和主观因素增长率降低的情况下，我们经济工作的重点将从外延型规模扩张转向内在型经济结构调整，提高经济质量效益，谋求经济从中低端迈向中高端。从国家统计局的资料明显看到我国一产（农业）和二产（工业）比重随着经济结构的调整逐年下降，而三产（服务业）的比重逐年上升。第三产业占GDP比重在2013年首次超过了第二产业。2014年服务业增加值比重由46.9%提高到48.2%。特别是第三产业中的生产性服务业发展迅速。今年上半年，服务业继续保持在三大产业中的领跑格局，且增速有所加快，上半年服务业增加值增长8.4%，服务业占比为49.5%，分别比去年同期提高0.5和2.1个百分点；在一、二、三产业本身也在积极调整产业结构。工业领域中的传统制造业，在“中国制造2025”规划的引导下，深入开展“两化融合”，运用“移动互联网”“云计算”“大数据”等信息技术改造优化调整升级，进一步节能减排，提高劳动生产率和产品质量。与此同时积极发展战略性新兴产业，开拓新技术、新产品，创造新的产业增长点。“一产”中现代农业和传统农业的比重加速调整，“三产”中生产型服务业发展迅速。其共同的特点是广泛应用新技术、新材料、新工艺、新业态来解决各个产业的突出问题。力争节约资源、能源，减少对生态环境影响实现低碳发展，降低产品和服务成本，提高生产率、提高产品和服务质量，满足人们更高、更加丰富的物质和精神需求，实现长远的可持续发展。

创新驱动地位凸显。过去我国经济所依仗的生产要素的低价格、低成本、外延扩张发展方式，使我国经济突飞猛进地快速发展，推动中国成为“世界工厂”。但随着经济环境和生态环境的改变，生产要素价格急速上升的影响，过去那种粗放型、扩张型的经济增长方式难以维持，必须从扩大劳动力和资本的投入，忽视对生态环境的影响，转向通过创新提高劳动生产率和产品及服务质量，在严格生态环境保护、顺应自然规律的条件下驱动经济的发展。理念创新、科技创新、制度创新、管理创新正在主导着国家、行业、企业和各项事业发展的进程。创新已经成为经济增长和产业升级的原动力。

矛盾凸显风险加大。由于经济增长减速，过去高速增长期所积累下来在一些领域存在的风险隐患正逐步显现。传统制造业领域，许多企业因产能过剩，市场竞争激烈，产品价格持续走低（PPI持续走低），生产要素成本不断上升，企业利润压低，部分企业生产经营困难。

世界经济复苏进程缓慢，国际市场需求不旺，出口产品成本增加和结构不尽合理，竞争力不强，出口对经济的拉动作用减弱。

由于金融改革的滞后，企业特别是中小微企业融资难、融资贵问题仍较突出，影响了企业的运行和发展。房地产市场的深度调整，使地方政府的“土地财政”的财源吃紧，地方政府的债务偿还能力存在风险。在这种形势下，如何避免金融风险成为经济发展中的突出需要高度重视的问题。

公共环境和生产安全重特大事件的发生，社会矛盾引起的群体事件对社会的和谐稳定造成严重挑战。

我们要认真分析和研究新常态下经济发展环境和特点，坚信“问题与机遇同在、压力和动力并存”的理念，结合建材行业实际，找到如何应对新常态、适应新常态，发掘新动力、抓住新机遇、取得新发展。

一、以深化改革和创新驱动作为建材行业健康可持续发展的原动力

要在新常态下，实现新发展，必须牢牢抓住深化改革和创新驱动两大动力源。全面深化改革，无疑是当代中国发展进步最强有力的引擎。改革就是要突破一切束缚和障碍生产力发展的体制机制痼疾，使生产力的各个要素在新的环境中得到充分的发挥。当前改革已进入深水区，改革的难度、广度前所未有。改革的重点是政府职能转变、国企改革的深化、金融领域改革、投融资体制改革等重要领域。通过改革，形成一个同市场完全对接、充满内在活力的体制机制。通过改革，形成在市场经济环境中，企业、政府和社会组织等各方职责的正确定位及职责边界，纠正相互错位、越位和不到位的情况，充分发挥各自的作用。建材行业有关政府职能部门、企业、事业单位和社会组织要统一思想认识，紧跟中央部署，结合行业实际，落实改革措施，释放改革动力。

21世纪是创新驱动经济社会发展的时代。党的十八大报告明确提出要“实施创新驱动发展战略”，把建设创新型国家摆在国家发展全局的核心位置，是提高我国国家竞争力的重要举措。转方式调结构促进产业升级，首先是要靠

创新驱动。“创新”不是一个技术概念，而是一个经济概念。当今世界把“创新”概念扩展为推动包括理论、科技、经济、社会发展等各个方面的发展的重要驱动力。

建材行业作为传统的原材料行业，创新驱动尤为重要。要解决建材行业当前存在的问题，真正使建材行业实现由大变强，关键要靠创新。要通过创新形成在国际上有影响力的“中国研制”“中国设计”“中国创造”“中国标准”“中国品牌”和世界级跨国企业集团。推动“大众创业、万众创新”的蓬勃开展，是结构性改革和结构调整的重要内容。“双创”不仅仅是涉及初创者和中小微企业的生存与发展，对于大型企业和企业集团也一样十分关键。“双创”具有明显的“全社会性”和“全产业性”。建材行业一定要在“双创”中获得源源不断的发展动力。

二、以扩大开放、统筹调整作为建材行业健康可持续发展的根本举措

在经济全球化的今天，我们必须从充分利用“两个市场”“两种资源”，把“走出去”和“引进来”统筹起来，进一步扩大对外开放。建材行业在这方面已取得显著成绩。今后我们要在国际产能合作、对外产业对接、构筑“一路一带”经济带的工作中发挥我们的优势，起到引领和示范作用。为了使建材行业迈向产业的中高端，我们要积极提高在研发、设计、咨询、规划等产业前端和流通、销售、服务等产业后端即“微笑曲线”两端开展国际合作，引进新技术、新装备、新思路、新业态和国际人才，努力提高技术水平和服务水平。在产业生产环节要提高智能化制造水平，提高劳动生产率、效益和产品及服务内在质量。

建材行业的产业结构调整任务十分繁重。一方面我们要采取有效措施化解部分产业（水泥、平板玻璃等）严重的产能过剩，另一方面我们要积极发展建材行业中的战略性新型产业和为国家确定的战略性新型产业服务关联的产业（新材料、节能环保、高端制造等）。要进一步调整建材行业的三大组成部分（建筑材料、非金属矿开采和制品、无机非金属新材料）之间的发展。同时在三大组成部分本身的结构调整也是其是否能迈向产业中高端的关键。

三、以低碳、绿色发展为理念，打造建材行业从传统建筑材料产业向中高端材料及制品，新型环保产业转型作为建材行业发展目标

建材行业是资源密集型产业。建材行业多数产品在生产过程中大量消耗化石能源和天然矿物原料。我国的新型工业化和新型城镇化正在加快推进，市场需求数量仍将很多，这种对资源、能源的消耗和温室气体的排放还将继续持增加态势。随着资源能源和生态环境约束日趋强化，建材行业以低碳、绿色发展为理念，提高技术水平、合理利用与节约资源能源，大力促进循环经济，努力降低单位工业增加值能耗和碳排放。

低碳、绿色发展理念，必须要贯彻到建材产品的全生命周期之中。从产品的研发、设计到生产过程，到产品的流通、销售、使用、维护直至产品使用寿命的结束后处置，均需贯彻节能降耗、保护环境，积极推进循环经济发展。以发展绿色建材产品部件，支撑建筑节能和绿色建筑发展需求。

要大力推进政、产、学、研、用、金多方合作创新，研发支撑国家战略性新兴产业发展的关键新材料，积极开发新的建材制品推动我国建筑工业化的进程。

要充分利用建材行业的独特优势，发挥其在循环经济发展中的关键节点和重要链条的特征，大力发展新型环保产业，为工业及农业废弃物、生活垃圾、污泥及建筑垃圾的科学合理的处置和利用发挥积极作用，形成建材行业新的经济增长点。

四、全面落实“依法治国”战略，坚持“依法兴业”是建材行业健康可持续发展的根本保证

党的十八届三中全会做出全面贯彻“依法治国”战略部署，把“依法治国”摆在落实“四个全面”战略任务的突出位置。社会主义市场经济其本质是法制经济，所有的经济活动必须在国家制定的法律、法规和条例下有序开展，它是我们经济活动的行为准则。一方面我们要努力提高法律、法规和条例制定的科学性、体现法律、法规和条例的权威性、准确性和可操作性。另一方面我

们必须严格遵守法律、法规和条例，做到遵法受尊重、守法受鼓励、违法受追究，犯罪受处罚，打造一个公平竞争的市场环境。作为充分竞争性的建材行业，遵法、守法是一个企业能否长期生存发展的关键，必须牢记“依法兴业”的经营准则。

当前，建材行业遇到的困难是经济发展转型和调整中所必然经历的过程。我们要坚定信心，在国家总体战略的部署下、在经济新常态下，激发行业发展的原动力、抓住行业发展的关键举措、照准行业发展的新目标，万众一心、克服困难，凤凰涅槃，浴火重生，实现建材行业的新发展。

2015年9月

贯彻落实“中国制造2025”和“互联网+”发展战略促进建材产业结构调整转型升级

我国经济进入新常态以来，经济发展方式发生巨大变化。过去那种以资本投入、资源投入、劳动力投入为主，忽视生态环境成本方式的外延式扩张发展已经受到巨大制约，且不可持续。新的经济发展将是以创新驱动为特征的历史新阶段。正如习近平总书记所指出，改革开放这30多年，我们更多依靠资源、资本、劳动力等要素投入支撑了经济快速增长和规模扩张。改革开放发展到今天，这些要素条件发生了很大变化，再要像过去那样以这些要素投入为主来发展，既没有当初那样的条件，也是资源环境难以承受的。我们必须加快从要素驱动发展为主向创新驱动发展转变，发挥科技创新的支撑引领作用。这是立足全局、面向未来的重大战略，对实现到2020年全面建成小康社会目标具有十分重要的意义①。

2008年国际金融危机之后，在世界各国积极应对这场金融危机的同时，反思危机的成因，寻找复苏和重振经济的出路。在进一步加强金融监管、去杠杆防止泡沫化的同时，重点是用科技创新成果重振实体经济的发展，防止经济泡沫化、虚拟化、空心化，夯实经济发展基础。这几乎是各国普遍得到的结论。为此美国提出“再工业化”和“第三次工业革命”，德国提出“工业4.0”计划等。通过几年来的实践，美国经济开始复苏，美国结束货币适度宽松政策，美元开始新一轮加息周期。虽然整个欧盟经济复苏迟缓，但德国经济相对稳定，对欧元区经济起到支撑作用。

我国在应对2008年国际金融危机时出台了进一步扩大投资规模的措施，从

① 《在参加全国政协十二届一次会议科协、科技界委员联组讨论时的讲话》，2013年3月4日。

而使当时我国的GDP保持了一定增速，但同时也进一步产生了部分行业的产能严重过剩、资源能源消耗巨大、生态环境难以承受、企业效益下滑、经营困难的局面。我国经济正处于增长换挡期、结构调整期和前期刺激政策消化期的“三期叠加”的新常态时期。

建材行业属于原材料及加工制品业。改革开放30多年来建材行业得到快速发展。“十二五”期间在国内外复杂多变的经济形势下，建材行业克服种种困难依然保持较快发展速度。在产业规模、企业实力、技术装备水平、研发创新能力、企业管理水平明显提高。我国始终保持多种建材产品在产量、出口、消费世界第一的地位。2015年我国建材工业规模以上工业增加值同比增长7%以上；主营业务收入突破5万亿元，同比增长4%左右；利润总额预计达到3000亿元。但是建材工业的传统主要产品的产能严重过剩，严重影响建材产业健康发展，淘汰产能的任务十分艰巨。而新型建材、非金属矿深加工制品、无机非金属材料高端产品发展仍较慢，满足不了市场需求。我们在建材产品内在质量、产品品牌效益、研发创新能力、企业生产自动化、智能化水平、综合竞争力仍与国际先进水平有一定差距。“大而不强”的局面仍未彻底扭转。

但是随着我国经济进入保持中高速增长、产业迈向中高端水平的“双中高”发展阶段和世界经济复苏乏力、增速放缓、需求不旺、国力竞争愈加激烈、生态环境和节能减排压力加大等因素的影响，建材行业也面临着转换新的增长动能，促进建材结构优化转型升级的历史新阶段。

刚刚召开的第十二届全国人民代表大会第四次会议上，李克强总理所做的政府工作报告，全面分析了当前国内国际经济形势，部署2016年的经济工作。会议提出要认识新常态、适应新常态、引领新常态的要求，推进结构性改革，特别是供给侧改革的重点任务，保持经济持续健康发展。

推进建材产业的供给侧改革的中心任务就是要以创新、协调、绿色、开放、共享的五大发展理念为指引，狠抓落实“三去、一降、一补”的各项工作。通过供应侧的改革，解决传统建筑材料产能严重过剩、高品质绿色低碳环保建材产品满足不了市场需求、非金属矿原材料深加工产品和无机非金属材料产品科技含量和附加值低下、新兴产业发展迟缓等突出问题，促进整体建材产业的转型优化升级，从而满足和激发不断变化的市场需求。

面对新形势的严重挑战，我们必须加快转变我们的发展理念，打破以往的经营管理模式，充分发挥科技创新的支撑引领作用，抢占科技创新的制高点，全面提高企业产品和服务的水平，实现产业有质量、有效益、可持续的发展。

2015年国务院已经制定了针对我国制造业结构调整转型升级的“中国制造2025”和“互联网+”战略规划。我们要结合建材产业的实际，制定具体的建材产业的产业发展规划，通过10年的努力使我国建材产业迈向中高端水平，实现在国际市场竞争力、科技创新的影响力、产品的信誉度的全面提升，并处于领先地位，真正实现产业“由大变强”的历史性的转变。

目前我国制造业面临的主要问题是“大”而“不强”。依靠改革开放、巨大的市场和廉价劳动力、相对稳定的国际环境，我国成为世界第二大经济体，已经成为名副其实的制造大国。

据世界银行的数据，2009年，我国制造业工业增加值达到1.6122万亿美元（现价），超过美国1.5982万亿美元（现价），成为全球制造业第一大国。另据美国经济咨询机构HIS环球透视发布的数据，2010年世界制造业产出10.078万亿美元，我国所占比重为19.8%，略高于美国的19.4%。我国22个工业产品大类的7个大类产量位列世界第一，其中包括220种工业品产量居世界第一。2010年，我国制造业产品出口额占世界制造业产品出口额的比重为13.5%，仅次于欧盟。2012年我国36家制造业企业（含香港、台湾地区）进入世界500强，总数居世界第二位。

但是，我们还不是制造强国。突出表现在：

一是自主创新能力不强。表现为具有自主知识产权的产品少，核心技术对外依存度较高，产业发展需要的高端设备、关键零部件和元器件、关键材料等大多依赖进口。由于创新能力不强，我国在国际分工中基本处于技术含量和附加值较低的“制造—加工—组装”环节。

二是产品质量问题突出。表现为产品质量和技术标准整体水平不高；产品质量合格率不高，国家监督抽查不合格率达10%；制造业每年直接质量损失超过2000亿元，间接损失超过1万亿元；“中国制造”质量竞争力不强，多年以来，中国品牌只有极少数进入世界知名品牌的前100位。

三是资源利用率低。表现为我国主要资源产出率、能源产出率、水资源产出率、矿产资源回收率、工业固体废弃物综合利用率、工业用水重复利用率等指标与发达国家相比有较大差距。单纯依靠大规模要素投入获取经济增长速度和经济效益，造成能源资源利用率偏低和环境污染。据有关资料，我国钢铁、建材、化工等行业单位产品能耗比国际先进水平高出10%—20%；同时，高投入、高消耗、高污染、低效益造成的资源大量开采、大量生产、大量排放的粗放发展方式加剧了对生态环境的破坏。

四是产业结构不尽合理。主要表现是一般加工工业和资源密集型产业比重过大，技术密集型产业和生产性服务业比重偏低；部分传统行业集中度相对偏低，产业集聚和集群发展水平不高；空间布局与资源分布不协调，地区产业结构趋同，部分行业重复建设和产能过剩严重；具有较强国际竞争力的大企业偏少，能在细分领域掌握核心技术的“专精特”企业不多。

五是传统行业信息化水平不高。表现为利用信息技术改造传统生产方式和工艺流程的水平亟待提升。发达国家和先进地区已开始步入制造业与信息技术全面综合集成，以数字化、网络化应用为特点的新阶段。我国大部分地区和行业仍处于以初级或局部应用为主的阶段，且不同地区、行业及不同规模企业间信息化水平差距明显。高端核心工业软件（设计、管理、控制、优化等）开发能力不强，主要依赖进口。

实施“中国制造2025”，是我国走向制造强国战略的第一步，是经济新常态下激发转型升级的重大举措，是制造业从着重于“量”到全面提高“质”的跨越。深入实施以提高制造业创新能力和基础能力为重点，促进制造业朝高端、智能、绿色、服务方向发展，培育制造业竞争新优势。

“中国制造2025”提出了实施制造强国战略的九大战略任务：推行数字化、网络化、智能化制造；提高创新设计能力；完善技术创新体系；强化制造业基础；提倡绿色制造；提高产品质量；培育有竞争力的企业和产业集群；发展服务性制造；提高制造业国际化发展水平。

“中国制造2025”战略规划的主线就是数字化、网络化、智能化制造。数字化网络化智能化是新科技革命和产业变革的核心技术，是信息化工业化深度融合的主攻方向和突破口，是对传统产业进行转型升级的主要技术手段。发展数字化、网络化、智能化制造实施两步走：2020年前，广泛推行数字化制造，在优势行业以重点企业为主开展智能制造应用示范；2020年后，全面推广智能制造。近期，国家正在制定“智能制造专项”。我国在技术途径上是实施“两化深度融合”和“互联网+”。它的技术基础就是近年来发展的互联网、移动互联网、物联网、云计算、廉价快捷的存储设备和大数据技术等信息技术的快速发展。

智能制造的内涵是智能技术在制造全生命周期的广泛应用。制造全生命周期包括：产品创新设计、加工制造、装配、测试、管理、营销、售后服务、报废处理、客户关系、仓库物流供应链……目前我国制造业基本实现了生产过程的电气自动化和计算机控制（电气程序控制和计算机分布式控制），而生产管理、财务管理、对外商务管理、人力资源管理、物流管理等管理系统大多是独立运行的。智能制造就是要使这些系统在统一平台上实现共同协调运行。这就要通过建立高度融合的信息物理系统（CPS系统）在现代信息技术的支持下加以实现。今后我们可以通过智能制造实现柔性制造和个性化服务。用新的供给侧的创新和发展，激发和满足需求端的新要求，从而生成新的经济增长动力。

关于强化制造业基础的工作，着重从以下几方面发力。第一是基础材料品质提升和新材料的研发，第二是先进制造基础工艺、产业技术水平的提高和创新，第三是产品技术标准的提升与国际化水平，第四是检验检测手段和装备仪器水平的提高，第五是计量制度创新和精度的提升等。

绿色制造要强调是产品全生命周期的节材、节能、降耗、减排和循环再利用。节能减排是制造业永恒的主题。重点是两个方面。一方面是产品在制造过程中的节资降耗、节能减排，另一方面也要重视产品在使用运行中的节能减排。我们建材企业要认真贯彻落实《促进绿色建材生产和应用行动方案（三年行动计划）》——（工信部联原〔2015〕309号文）有关任务。通过三年的努力将使绿色建材在行业经营业务中占比提高到20%，与2015年相比建材工业单位增加值能耗下降8%、氮氧化物和粉尘排放总量消减8%，绿色建材在新建建筑中应用比例达到30%。要完成上述指标，必须在全行业大力调整产业结构，提高工艺技术水平，着力推行清洁生产、强化综合利用和发展循环经济、促进两化深入融合与智能制造。政府要加强对能耗、污染物排放和产品质量的监管执法力度，制定绿色建材评定标准，支持企业和企业联盟、行业协会推出高标准的绿色建材产品标准。

我们要大力推进以技术创新为引导的全面创新，实现理念创新、管理制度创新。积极建立以企业为主导、市场为导向、产学研合作的创新体系。广泛组织各类技术创新联盟。有效推动创新联盟，积极有效地促进创新活动的进行。政府职能部门和行业协会要积极支持产学研合作创新组织和创新联盟的各项工作。

进一步延伸和优化制造业的产业链。从过去的“制造—产品—销售”的模式，向“咨询—研发—设计—制造—销售—服务—品牌建设”全产业链转化。集中各种生产要素重点向发展研发、设计和咨询服务等生产性服务业倾斜。利用互联网等现代信息技术，发展虚拟制造、集成制造、柔性制造。

要在新的起点上，进一步对外开放。在实施“一带一路”对外经济发展战略的大背景下，积极开展更加广泛的国际合作。积极引进我们需要的先进技术、关键设备、关键零部件、优秀技术研发人才，为提高我们制造业的总体水平服务，提高制造业国际化发展能力。

2016年我们已经开启了实施“十三五”和完成“四个全面”战略部署的历史新征程。2016年也是建材行业调整结构转型升级的关键一年。建材行业改革发展任务极为繁重，面临着经济下行压力和各种风险挑战。我们要以“创新、协调、绿色、开放、共享”五大发展理念为指引，坚定信心、锐意创新、深化改革、扎实工作，一定能在经济新常态下的新征程中取得更大更加辉煌的新成就。为实现我国建材行业成为世界建材强国的“建材梦”迈出坚实步伐。

2016年3月

辑二

水泥工业发展研究

坚持技术进步，搞好技术服务
加速我国新型干法水泥生产的发展

一、形势和任务

改革开放以来，我国水泥工业飞速发展。经过“六五”“七五”“八五”，三个五年计划，水泥总产量大幅度提高，1994年已达4亿吨，居世界第一位，同时产品质量不断提高，总产量中，大中型厂水泥产量已近1亿吨。通过十几年的努力，我们在新型干法水泥生产工艺及技术装备的科研开发方面取得了巨大成就，一大批大中型新型干法水泥工厂已经建成投产，还有一大批不同规模的新型干法水泥生产线正在建设，它们已经成为或即将成为大中型水泥厂的骨干力量，为水泥工业成为高效、高质、低耗、无污染的现代化企业作出了榜样。优先发展新型干法水泥生产工艺已经成为我国水泥工业发展的主要技术路线和策略。

天津院在国家建材局领导下，坚决贯彻局制定的产业政策，调整本院的设计和科研开发力量，对新型干法水泥生产工艺和技术装备的科研开发投入了大量的人力和物力，取得了丰硕的成果，为我国新型干法水泥生产提供了一大批技术先进、生产可靠、给工厂带来显著经济效益的新技术新装备。据不完全统计，从1985—1995年（截止到5月底）10年间，天津院为新型干法工艺线配套新开发设计设备为：机械装备511台（套），共计约26000吨；环保设备291台（套），共计约19000吨；合计802台（套），总计约为45000吨。

在此期间天津院为全国各地设计各种规模（700t/d以上）的新型干法水泥生产线41条，合计形成水泥2515万t/d的生产能力（详见附表）。

在这些工艺线的建设中，天津院不仅作为工程设计者，而且还以工程建设者的姿态参加驻厂、安装监理、设备监造、生产调试、达标验收，有的还参与了工厂的达产工作，为工程的建设做到了全过程、全方位的技术服务。

尽管我国的新型干法水泥生产线建设和生产取得了有目共睹的成就，但是也应清醒地看到，我国新型干法水泥生产的发展仅有十几年的历史，不论设计技术水平、设备制造、安装质量、管理经验与国际先进水平相比还有不少差距。我国的新型干法水泥生产在建设过程中周期较长，真正达到设计生产能力的时间普遍较长，投资指标普遍较高，尚未使新型干法水泥生产线的优越性得到充分发挥。国家建材局党组就如何克服建材工业普遍存在的“四大”“五低”的状况，提出跨世纪发展战略问题：“建材工业要从以产量增长为主转移到大力提高集约化生产程度，提高工艺技术装备水平，提高质量和配套能力，即提高经济运行质量和效益，使建材工业逐步成为有国际竞争能力的现代化原材料工业。”这些指标就是今后新型干法水泥发展的纲和目，天津院将紧紧以此为中心进一步调整本院的工作，为适应这个跨世纪的战略目标而努力工作。

二、建设和生产

天津院设计700t/d以上规模新型干法水泥生产线统计表

项目	生产线规模（条）								生产能力（万t/d）	
	700t/d	1000t/d	2000t/d	2500t/d	3200t/d	4000t/d	7200t/d	合计	熟料	水泥
已竣工验收	5	1	7		1	2		16	891	1063
已建成投产	3	2	4	1				10	438	522
合计	8	3	11	1	1	2		26	1329	1585
正在施工或正在做施工图		4	7			3	1	15	780	930
正在做前期工作	1	11	20			9			41	

*在生产能力中，未计入韩国大宇厂2条（2000t/d和7200t/d）全外销的生产线。

我国在确立社会主义市场经济之后，每一项工程项目的建设都是要以市场需求为导向，按照客观经济规律办事，使工程投产以后能取得最好的经济效益、社会效益和环境效益。工程建设为项目投产奠定物质基础。项目投产之后能否达到立项和建设时所预期的目标，很大程度上取决于建设的好坏。因此我们应当本着对国家和项目业主负责的精神，深入地研究和总结我国建设新型干法水泥生产线的经验和教训，从中找出一些带有普遍性的规律来，以指导和改进我们的基本建设工作。

工程建设是一个十分庞大的系统工程，它包含规划、设计、设备制造和成套采购、施工、安装、调试等许多子系统。需要通过几十个单位，成千上万名职工，通过几年的共同努力和相互配合去完成这个总任务。

尽管这个系统工程十分庞大，但其主体就是项目的业主。而其他规划，设计、设备制造和设备成套、施工和安装部门，都是为业主服务的。因此，我国在基本建设工作中提出的“项目业主负责制”是在社会主义市场经济条件下总结了我们工程建设的经验后提出来的，是符合事物的客观规律的。凡是工程建设搞得比较好的项目都会发现那里的业主（甲方）有一个懂技术、善管理、务实、实干的筹建班子。目前我国法制建设刚刚起步尚不健全，如何从法制的角度规范参加工程建设项目方方面面应遵守的行为、各方的权利和义务，如何正确全面理解“项目业主负责制”是一个很严肃的问题。有时由于缺乏正确的引导，以致在某些方面引入误区，给工程建设带来不应有的损失。当前十分迫切需要制定“工程建设法”来规范我们的行为。

在整个工程项目建设中，设计工作是基础和灵魂。设计工作的质量直接影响工程建设项目的好坏和成败，因此我们必须认真总结和研究十几年来新型干法水泥生产线建设和生产中取得的经验和出现的问题，为下一步水泥工业的发展奠定基础。

当前要着重抓好以下两项主要工作：

（1）进一步开展对新型干法水泥生产线主要工艺和技术装备的研究和开发，提高技术指标和生产运行的可靠性，使其耗能指标、单位产品的设备重量和设备运转率都逐步赶上国际20世纪80年代末的先进水平。但在设备价格上要低于国际市场价格，从而降低整个水泥工业生产线的基建投资，并为其打入国际市场提供竞争优势。

（2）用系统工程的方法来研究如何进一步降低新型干法水泥生产线单位产品投资额，创立和发展“经济型”新型干法工艺线。近年来新型干法水泥线的建设投资逐年升高，每吨水泥投资普遍在900—1100元。加之贷款利息的提高，使贷款偿还期加长。这种状况对新型干法水泥线的推广极为不利。因此我们要从工程项目的布点、厂址和矿山选择、工艺流程、总图方案、土建设计、自动化水平、合理的收费标准等逐项加以研究，应特别注意工程建设附加费用逐年增长的趋势。工程项目所在各地政府应当支持该项目的建设，为他们创造宽松的环境。从而真正使新型干法水泥生产线成为节能降耗，劳动生产率高，产品质量高，具有显著经济效益、环境效益和社会效益的生产线。

三、达标和达产

在工程进行试生产阶段，一项重要的工作就是要进行整个工艺线的生产考核工作，即所谓系统达标工作。这项工作对考核生产线工艺流程、设备选型以及制造和安装质量、操作和管理水平有很大意义。它是今后实现正常连续生产的基本前提之一。从1985年起天津院按照设计改革的基本思路实行设计工作的两头延伸，至今已先后承担了不同类型窑型的24条水泥工艺线的调试工作，其中属于新型干法水泥生产线20条。目前已完成达标考核任务的有16条生产线。通过这些工作扩大了天津院对用户技术服务的范围和深度，同时，参加调试和生产线达标工作对进一步弥补和完善设计、设备制造和安装工作的不足，以及帮助工厂较快地掌握整个生产线的技术装备的状况，改革工艺操作，加速推进工程项目尽快形成生产力具有重要的意义。十年来天津院先后派出调试人员将近300人到现场进行技术服务，通过现场实践的锻炼，已经形成一支思想作风好、技术水平高的调试工作队伍，为今后本院设计工作改革走以设计院为龙头的工程总承包的道路奠定了基础。

如果说水泥生产线的达标工作是生产线实现正常连续生产的前提条件，那么真正使生产线发挥其应有的投资效益的应当是生产线的达产工作。达标和达产两项工作是在不同阶段针对不同内容要求的两项工作。它们之间既有联系又有区别。达标是达产的基本条件；但生产线能达标不一定能达产。因为达产意味着整个生产线必须全面完成设计指标，实现设计时提出的生产线的年生产能力和消耗指标。这里面除去达标工作必须要求的工艺流程设计、设备制造和安装质量、生产线的操作水平之外，还需进一步考核设备运转的长期可靠性、工艺质量管理水平、设备检修制度的执行和生产线备品备件的供应情况、产品的市场销售状况、原燃材料的供应，以及电力供应、交通运输、工厂的财务会计管理等诸多因素。可以说整个生产线能否达产才是对生产技术、装备、管理、外部环境的全面和最终的考核，才是工厂效益能否发挥的落脚点。从实践情况看，已经达标的生产工艺线能否达产的关键要看工厂的管理水平以及市场的机遇等外部条件是否具备。

四、科技和管理

在发展我国新型干法水泥生产过程中，我们要牢牢地抓住科技和管理两个关键环节。如果我们把新型水泥生产比作一列飞速向前的列车，那么科技和管理就是支持列车飞驰向前的两根轨道，缺一不可。

在科技工作方面。我国从“六五”“七五”“八五”期间以来对新型干法水泥生产工艺技术，机电装备的研制开发，技术引进、消化、吸收投入了大量的人力、物力和财力，取得了明显的成效，使我国在十几年的时间内走完了国外几十年走过的路程，缩短了与国际先进水平的差距，形成了我国的新型干法水泥生产的一定规模；基本掌握了新型干法水泥生产的工艺技术，可以自行设计、制造、安装大中型生产线的主要机电装备；基本摸清了在科技方面我们与国际先进水平的差距，明确了下一阶段前进的目标。

实践证明，要搞好新型干法水泥生产工作仅仅有科技工作一个环节是不够的。现代化的新型干法水泥生产必须在新的机制下形成现代化的管理才能实现。在管理水平方面我们与国际先进水平相比差距仍十分之大。许多实例已经明显地看出抓好企业管理是搞好一个企业的生命线。河北冀东水泥厂营销始终不衰、效益不减，它靠什么？靠的就是抓两个文明，抓管理、抓科技进步，从而成为全国水泥行业领先企业。以国产化设备为主的鲁南水泥厂从1991年两条生产线分别达标之后生产迟迟不能摆脱被动局面。厂长在分析该厂的形势时说：“鲁南水泥厂迟迟上不去的主要矛盾是现代化先进技术和装备的大型企业与陈旧落后的管理严重不相适应，其次才是技术。”由于在这一问题上取得了共识，厂院密切配合，共同努力，分工负责，经过两年的努力，到1993年全年生产水泥95万吨，1994年年产水泥130.3万吨，实现了全面达产，从而使以国产化设备为主的新型干法水泥生产线能够以崭新的姿态出现在全国水泥行业之中。

国家建材局局长张人为同志在1995年全国建材工作会议的总结发言中要求全国建材企业认真贯彻全国企业管理工作会议精神，从加强管理出效益。在全行业开展“转机制、练内功、抓管理、增效益”的活动。我们要以此为契机，深入研究建立现代化企业制度的内涵，针对每个生产厂的不同情况，吸收国外水泥企业先进的管理办法，结合我国国情和每个厂的厂情加以运用，一定要使我国新型干法水泥生产线的管理跃上一个新台阶。

五、改革和发展

要想实现建材工业“九五”发展规划，使跨世纪的我国建材工业逐步成为具有国际竞争能力的现代原材料工业，完成由“大”变“强”、由“新”出“强”的战略任务，就必须以邓小平同志建设有中国特色的社会主义理论为指针，进一步深化改革，以改革促发展。加速发展新型干法水泥生产也不例外。

第一，已经建成的新型干法水泥生产企业要真正发挥其效能，就必须深化企业改革，以建立现代企业制度为契机，转换企业经营机制，进一步加强科学管理。使企业真正成为社会主义市场经济的主体。成为“产权明晰、责权分明、政企分开、科学管理”的现代化企业。

第二，为了加速调整我国水泥工业的结构，必须优先发展新型干法水泥生产。除了国家有计划地从平衡全国水泥工业布局出发新建一部分新型干法水泥生产线之外，现有企业要走技术改造之路：淘汰落后的水泥生产工艺，建设现代化生产工艺线，走内涵发展之路。技改工程的实现，建设资金是最重要的一环。近期内只靠国家出资建设或投入技改工程难度较大，我们必须以深化投资体制改革为突破口，实现投资主体多元化，实现资产的合理流动，盘活现有资金，促进资产增值，扩大吸引外资渠道，嫁接改造老企业是发展新型干法水泥生产行之有效的办法。

第三，加快推进设计和科研工作的改革步伐，创建设计、科研单位研制和开发新工艺、新技术、新装备和对引进国际先进技术消化、吸收、创新的内在机制。集中现有的人力、物力、财力，发挥我国社会主义制度可以分工协作、集中力量打歼灭战的优势。制定具体规划，进一步分析当前我国新型干法水泥生产在工艺技术、机电装备和自动化控制技术诸多方面存在的主要问题，加以认真研究，逐个予以解决；进而开发出一批新工艺和新装备，使新型干法水泥生产从节能降耗、设备大型化和控制水平、企业管理现代化方面缩小与国际先进水平的差距。

第四，积极开展对创建“经济型”新型干法水泥生产线的研究，要使新型干法水泥生产线的建设投资明显下降，以利于新型干法水泥生产的推广和水泥工业结构的调整。

要从已经建成的新型干法水泥生产线中确定出若干个不同规模、不同建设方式（新建或改扩建）、不同装备水平（国产化设备为主和以国外进口设备为主）的生产线，深入分析其概算、调概和竣工决算的差距，分析投资构成的差别及其原因，从中找出降低投资的途径。从目前掌握的材料看，普遍存在以下的规律：老厂技改工程比新建工程建设同等规模、同等水平的生产线要省；采用以国产化设备的生产线比大部分采用进口装备的生产线要省；土建费用与工艺机电设备费用相比，前者比例愈低，则总投资愈高；建设周期短的工程决算比建设周期长的工程决算要省。

当然制约一个工程投资高低的因素很多，如原燃材料的情况、工程地质条件、电源和水源的状况、交通运输的难易等等，这些都需要在项目前期工作方案比较中加以认真的选择和对比，优选出最可行的、最经济的方案。

综上所述，笔者概括了当前我国新型干法水泥生产发展的主要问题，提出了下一步促进新型干法水泥生产发展的主要思路。由于提出了诸多方面的问题，命题较大，内容十分广泛，涉及的面较宽，很难将每一个问题都论述得十分深透。因此，还须各位同人共同探讨，共商良计，为加速我国新型干法水泥生产的发展贡献我们的力量。

（原载于《水泥技术》1996年第1期）

“由大变强　靠新出强”为把我国建成水泥工业强国而努力

一、成就与差距

改革开放以来，我国水泥工业飞速发展，水泥总产量连续十二年居世界首位，产品质量不断提高，品种增加，基本上满足了我国国民经济建设和城乡人民生活水平提高的需要。特别是“八五”期间，不仅水泥产量仍雄踞首位，而且特种水泥品种达60多种，已跨入了世界先进行列；水泥质量逐年提高，代表国际先进水平的新型干法工艺技术在我国飞速发展，且业已成熟。水泥工业技术改造成绩斐然，11个列入待救活的老企业已全部完成技术改造，获得新生。水泥装备特别是2000t/d一条龙引进、消化、吸收示范线——双阳水泥厂的顺利投产并迅速达标达产，标志着我国水泥装备水平迈上了新台阶，为打入国际市场创造了条件。我们承接了马来西亚、巴基斯坦2000t/d新型干法生产线的工程项目，立窑成套、700t/d、1000t/d成套设备也在国外落户，我国水泥的扩大出口和外资在我国的积极投入，大大推动了我国水泥工业的发展，使我国成为名副其实的水泥大国。

“八五”期间，虽然我国水泥工业得到了巨大的发展，但我们应清醒地认识到我国水泥工业当前水平与国际先进水平相比，仍有很大的差距，主要表现在如下几个方面：

（1）水泥总产量虽遥居世界首位，但其中80%是立窑生产的，且水泥产品总体实物质量较低。其中以1994年为例，525号以上的硅酸盐水泥仅占9%（625号以上仅为0.1%），因此我国每年尚需外汇进口高标号水泥，以补充缺口。而低标号水泥只能用作一般建筑和砌筑用材。

（2）虽然我国有关特种水泥理论研究和批量生产品种进入世界先进行列，但其产量还满足不了国民经济发展的需要。1990年我国特种水泥产量占水泥总产量的1.7%，仅350万吨；1995年增加到1200万吨，达60多个品种，占水泥总产量的2.7%，而一般发达国家，特种水泥的产量一般占6%—10%，可见我国特种水泥产量比例小，特别是快硬、早强、低碱水泥的缺口较大。

（3）虽然我国水泥工业的技术改造和技术进步卓有成效，特别是"八五"以来我国水泥工业产品产量开始从以小水泥增长为主转向以大中型水泥厂增产为主的良性发展轨道，但我国水泥工业结构不合理的问题仍积重难返，以小厂为主的企业结构难以形成规模效益。1993年全世界水泥厂的平均规模为年产91.6万吨，而我国水泥厂的平均规模仅为年产5.3万吨，差距之大有目共睹。这种企业结构自然导致了水泥工业的"四大五低"：低标号水泥产量大，小企业数量大，职工队伍大，能源消耗大；劳动生产率低，集约化程度低，科技含量低，市场应变能力低，经济效益低。这种粗放型的生产经营和不合理的企业结构势必会对环境造成严重污染和能源的浪费。低下的水泥质量和非常规的营销手段严重干扰了我国水泥市场的健康运作和发展。

（4）虽然我国新型干法生产工艺业已成熟，生产线的配套成龙在国内推广，并出口国外，但国产化设备的配套率和装备水平不高，特别是一些辅机的设备配套质量差，如减速机、控制设备、提升和输送设备；还有些国外先进高效节能设备尚待引进吸收开发，如辊筒磨，新型高效节能冷却机，高均化率、高运转率、低耗的均化库，球形库……今后有待从提高设备国产化率、设备运转率、劳动生产率，以及降低投资和生产成本入手，来完善和提高新型干法生产线的技术水平和经济效益。

二、"九五"计划和2010年远景目标

综上所述，我国水泥工业获得了飞快发展，特别是"八五"以来．水泥产量翻了一番，在水泥装备和技术进步等方面取得了重大进展。但是我们应清醒地看到：水泥工业的飞速发展很大程度上是受"投资热"的拉动而形成的。总体说来，我国水泥工业仍面临着总体基础薄弱、产品结构和企业结构不合理、能源浪费和环境污染严重、劳动者素质和企业管理水平较低的严峻现实。因

此，实现党中央提出的“两个根本性转变”和建材工业“九五”计划及2010年远景目标的任务相当繁重。

国家建材局根据中央精神制订的建材工业“九五”计划和2010年远景目标，为我国水泥工业今后的发展确定了近远期目标。

按照“九五”计划安排，到2000年发展目标，我国水泥工业应达到：

（1）工业总产值达到4000亿—4500亿元，平均年增长速度为10%—12%；

（2）力争年新增4500万吨旋窑生产能力（即年总产量达到1.2亿—1.4亿吨）；力争年新增7000万吨立窑改造升级及回转窑改造生产能力；使水泥年总产量达到5.5亿吨左右；

（3）企业平均规模由5.3万吨/年提高到10万吨/年；

（4）水泥综合能耗达到140kg标煤/t熟料；

（5）水泥综合电耗达到100kWh熟料（回转窑），85kWh/t熟料（立窑）；

（6）优质水泥由20%，提高到40%；

（7）新型干法设备国产化率达到85%—90%（2000t/d及以下）；新型干法设备国产化率达到65%（2000t/d以上）；

（8）2000年底水泥出口创汇达到总产值的10%；

（9）水泥散装率达到20%—25%。

三、对策和任务

建材工业“九五”计划和2010年远景目标为发展我国水泥工业规定了具体的指标。要实现这些目标，还需要我们广大水泥工作者不懈的努力，并从以下几方面采取相应对策：

1. 优先发展新型干法生产工艺是发展我国水泥工业的既定方针

“八五”期间，代表国际水平的新型干法生产技术已渐成熟，通过引进、吸收、开发使2000t/d生产线水泥装备国产化率达到85%以上，技术指标达到国际20世纪80年代先进水平。现正在开发设计和建设4000t/d生产线。“九五”期间，优先发展新型干法生产线仍然是发展我国水泥工业的既定方针。

（1）用新技术、新装备设计新一代2000t/d新型干法生产工艺线，完善4000t/d工艺线，使设计指标和生产指标达到20世纪90年代的国际先进水平。

为技术出口创造条件，使2000t/d新工艺线达到：

水泥综合热耗：3182—3140kJ/kg熟料；

电耗：100kWh/t熟料；

劳动生产率：1700t/人·年以上；

设备国产化率：85%—90%；

建设周期：20—22个月（指有效建设工期）。

（2）为创建低投资型新型干法生产线以适应社会主义市场经济的需要。我国的投资体制进行了改革。但我国目前总体单位投资偏高，新型干法生产线的每吨投资高达1000—1200元，建设一个2000t/d新型干法生产线的总投资高达7亿—8亿元。借贷投资建厂每年要付高额利息，这对企业无疑是一个沉重的负担。例如，鲁南水泥厂达产达标后，生产经营走上正轨，但由于每年要还高额借贷利息，使工厂负债经营。这种局面大大影响了新型干法技术的进一步推广应用。

为了进一步发展和普及新型干法生产工艺线，创建“低投资型”新型干法生产线是非常必要的，我们要从工程项目布点、厂址选择、工艺流程、总图布置、土建设计、设备选型、自动化控制水平等方面逐项加以研究，使工程建设的投资成本降到800—850元/t，以使企业获得更大的经济效益。

2. 调整优化企业结构，加大技术改造的力度，使企业向规模效益型转移

据统计，1994年我国水泥企业达8300多家，其中乡镇以上企业6200家（村办2100家），其平均规模仅为5.3万t/年。为完成“九五”计划目标，到2000年企业平均规模要达到10万t/年。可见，“九五”期间技术改造的任务相当繁重。

除了采用新型干法生产技术对老厂进行技术改造外，还要：

——完善中低温余热发电技术，对中空干法窑进行节能技术改造；

——加强对机立窑新技术的开发研究，开发配套先进技术的机立窑示范生产线，作为今后机立窑改造和提高、支援发展中国家的低投资经济型的生产线；

——探索湿法窑、立波窑、立筒窑和SP窑节能技术改造的最佳方案，如湿改干、加装高效预热器等。

3. 提高水泥产品质量

全国水泥平均质量的高低是我国水泥工业由大变强的重要标志之一，也是我国水泥工业的生产水平和技术水平的重要标志之一。总体说来，我国水泥平

均质量较低（见附表）。

从附表可以看出，我国525号及以上的水泥仅占全国水泥产量的9%。1995年，我国水泥总产量达4.4亿吨，由于销路和成本利润问题，许多厂的生产能力没能充分发挥，特别是低标号水泥滞销；另一方面，国家建设每年需要花外汇从国外进口国内缺口较大的高标号和特种水泥。

一般来说，立窑熟料质量不稳定，其水泥质量也不高。今后应严格把好水泥质量关，限制低标号水泥的生产、销售和应用；严格制止不合格水泥的出厂和流通。无论是大厂还是小厂应一视同仁。

1994年我国水泥的平均标号和产量表

标号	625号以上	525号	425号	325号	总计
产量（万吨）	26.16	3763.68	25270.68	13054.43	42114.95
比例（%）	0.1	8.9	60	31	100

当前，提高我国水泥质量仍应从提高回转窑水泥产量的比例入手，通过调整和优化水泥企业的结构，到2010年使我国优质水泥的产量达到40%。

4. 面向国内外两个市场，建设“产、运、销”一条龙的销售体系，走集约外销发展之路

当前，世界水泥市场主要被瑞士Holderbank、法国LafargeCoppee、意大利水泥公司、墨西哥Cemex集团、芬兰Aker水泥生产商和英国兰圈集团等十几个跨国公司所垄断。我国每年仅有近千万吨水泥出口，这在世界水泥市场上的所占份额是很小的。

按照“九五”计划，2000年底我国水泥出口创汇要达到总产值的10%，约5500万吨，到2010年水泥出口创汇要达到总产值的15%。届时，我国将成为世界最大的水泥出口国。看来要完成上述计划，任务是相当艰巨的。这就要求我们直接参与世界水泥市场的激烈竞争，因此，需要建立我国自己的“产、运、销”一条龙的销售体系和相应的出口装运设施：

——建立高标号水泥或熟料的生产基地；

——建设水泥或熟料的运输设施：散运设施、大袋装运设施、码头、运输

船只等；

——建设配套的粉磨站或储库等设施；

——建立广泛高效的水泥销售网络。

所有这些设施的建设都需要及早做好前期准备和可行性研究。

5. 逐步建立工程建设的总承包制

工程建设是一个十分庞大的系统工程，它包括前期工作（勘察、可行性研究……）、设计、设备制造和成套采购、施工、安装、调试，最后完成达产达标，正式投产。这期间需要几十个单位，成千上万人几年的努力，密切配合才能够顺利完成。

协调和组织这几十个单位，密切配合完成工程建设可以有两种方式：一种是组建一个临时的工程建设指挥部或筹建机构，协调各单位工作，统一规划工程进度……即所谓项目业主筹建制；另一种是全部工程由一个专业化集团总公司承担，即从前期工作到达产达标，正式投产后，再将工厂交给业主管理进行生产，即所谓工程总承包制或交钥匙工程。

我国水泥建设工程一般都采用第一种方式。由于建设指挥部或筹建机构并非专业化组织，人员是从四面八方抽调来的，多数没有丰富的基本建设经验，互相之间难以密切配合，管理水平和工作效率较低，难以在较短的时间内协调、高效工作。当有了一定的工作经验后，往往又随着工程告竣而改做生产管理工作。最近，国家提出实施业主责任制，把建设责任和投产后的经营责任统一起来，并且实施工程监理配合工作，这是社会主义市场经济条件下总结我国多年工程建设经验提出来的，向专业化集团总公司实施工程总承包制大大迈进了一步。

工程总承包制是以设计单位为主体，将设计前期工作、可行性研究、施工图设计、土建施工、设备制造和成套采购、安装调试、达标达产等各项工作，统一由一个工程总公司或集团总公司承担。各项工作由工程公司内部统筹安排，协调一致，可以比较彻底地解决各项工作之间的分歧与矛盾，责任明确、各司其职。由于这些工程公司有较丰富的基本建设经验，并且是一支专业化的队伍，能够保证较好的工程建设质量和获得较高的经济效益。当前，全球水泥技术市场仅由几个跨国公司或全球性的集团公司所垄断，如丹麦史密斯公司、德国洪堡公司等。这些公司承接的水泥工程项目多采用这种方式，实施多年，收到较好的效果。

随着我国国民经济由指令性计划经济向社会主义市场经济转轨，不可避免地要面对国内外两个市场，实施大集团、大公司发展战略、建立工程建设的总承包机构，提高水泥工业技术市场的竞争能力，已成为我国水泥工业技术发展的迫切任务。

四、深化改革再创佳绩

天津水泥工业设计研究院根据我国水泥工业的发展形势和国家建材局的要求，对新型干法水泥生产工艺和技术，投入了大量的设计和科研开发力量，取得了丰硕的成果，新建和改扩建了一大批新型干法生产线，并为其提供了一大批技术先进、生产可靠的新技术装备。据不完全统计，天津院自1985—1995年5月底，为新型干法生产线开发配套了511台（套）机械设备、291台（套）环保设备，新建扩建新型干法生产线41条，其中已投产26条生产线，形成1585万吨设计生产能力。据统计，同期我国共投产了71条新型干法生产线，合计形成生产能力3100万吨。这期间，天津院设计投产的新型干法生产线形成的生产能力占全国总生产能力的51.1%。这些企业已成为大中型水泥企业的技术骨干，为把我国水泥工业建成为高效、优质、无污染的现代化企业做出了贡献。

国家建材局制订了“九五”计划和2010年远景目标，为我国水泥工业规定了具体的发展目标和实施对策。天津院作为水泥工业的主要设计研究院将一如既往，在国家建材局的领导下，深化改革，将工作重点迅速转移到提高集约化生产程度、提高工艺技术装备水平、提高设计质量和配套能力上，即以提高经济运行质量和经济效益为中心，为把我国逐步建成具有国际竞争能力的现代化水泥强国贡献力量。

当前，按照国家建材局“由大变强、靠新出强”的跨世纪发展战略的部署，加快“上大改小”“低投资、提高国产化率”政策的实施步伐，应从如下几方面多做贡献，把天津院工作提高到一个崭新水平：

（1）坚持“上大改小”，加快企业结构调整步伐

所谓“上大”就是以新建和改扩建为主，大力发展新型干法生产线和具有经济规模效益的水泥工程项目；“改小”就是改造以立窑生产线为主的地方水

泥工业。为此，我们在完成2000t/d成套设备达到技术成熟、性能可靠，完善4000t/d成套设备的引进、消化、吸收、技术改进和提高工作的基础上，着手开发以6000t/d、7000t/d级的新型干法装备的设计和制造技术。总之，要进一步开展新一代新型干法工艺和技术装备的研究和开发，提高其生产技术指标和生产运行的可靠性，使其在能耗、单位产品的设备重量、设备运转率、设备价格和投资成本等方面逐步赶上国际20世纪80年代末和20世纪90年代初的先进水平，为水泥技术打入国际市场提供竞争优势。

立窑生产虽然在技术上有它落后的一面，但多年来在水泥市场的巨大需求下，受“投资热”的拉动和利润的驱使得到了超常规的发展，成为我国水泥工业不容忽视的力量。1997年初，在北京召开的全国地方水泥技术进步会议提出了“限制、淘汰、改造、提高”的发展方针，即限制新的立窑生产线的建设，淘汰产品质量差的普立窑和热耗高的中空干法窑，改造产品质量不稳定和经济效益差的机立窑和立筒窑，提高和发展那些具有规模效益和产品质量高的机立窑和SP窑，引导地方水泥工业健康发展。

为此，天津院在主要抓新型干法工艺技术的同时，要投入一定力量，开发和研究机立窑新技术、新工艺和新装备，设计和建设配套先进技术的机立窑示范生产线。

（2）研究开发适合我国国情、单位产品投资低、设备国产化率高的新型干法生产线

制约新型干法水泥生产工艺线发展的重要原因是单位产品的投资高（一般为1000—1200元/吨，它比机立窑生产线的单位产品投资高1—2倍），因此，其工程建设总投资也高。一座2000t/d新型干法生产线的工程建设总投资高达7亿—8亿元。在我国投资体制改革的今天，如此高的投资，每年需付相当高的利息，这对企业无疑是一个沉重负担，因此，开发低投资型新干法生产线具有重要意义。

我们要用系统工程的方法来研究进一步降低新型干法水泥生产线的单位产品投资额，使其降到800—850元/吨。为此，要从工厂的布点、厂址和矿山流程布置、生产自动化、土建设计和施工、设备制造配套选型上逐项加以研究，使新型干法生产线成为劳动生产率、设备国产化率、运转率和产品质量高，能耗、生产成本低的具有显著经济效益、社会效益和环境效益的低投资型生产线。

（3）深化改革、逐步建立承担工程总承包的集团化经营公司

1989年，天津院按照设计改革的基本思路，本着设计工作向两头延伸的精神，一方面向承担设计调试和生产达标的方向延伸，另一方面向设计前期工作延伸，进一步加大了设计工作的深度和广度，这对提高设计质量、改进设备设计、加快工程进度、尽快达产达标起到了很大的作用。

过去，一些建材企业曾组建过北方水泥公司。这种松散的集合体由于种种原因没有形成集团化经营模式。今后，我们将本着“九五”计划和远景目标的精神，加快设计工作的改革步伐，以勘察设计单位改企、建立现代化企业制度为契机，逐步推行以设计院为龙头的工程总承包制，顺应国际水泥工程设计的承包潮流，实施交钥匙工程。首先，从扩大我院设备制造厂的规模和经营范围入手，组建或联合土建施工和设备安装队伍，为全面实施工程总承包制作准备，走规模化集团化经营的发展之路。

（4）抓好科研设计开发，靠新出强

无论是水泥工业产业结构的调整，还是完善新型干法生产工艺线，都离不开研究开发工作。当前，我们一方面对引进、消化吸收的二十几项国外先进技术进行完善和提高，重点结合我国国情，加快设计研究开发的步伐，逐步提高设备的国产化率和技术经济指标。“九五”计划和远景目标中，研制和开发将集中在如下几方面：

1）进一步完善中低温余热发电技术和装备；

2）4000t/d的单段锤式破碎机、新一代收尘环保设备、第三代篦式冷却机、新型均化设备研制开发；

3）DCS软件的开发和应用；

4）低质煤和低质原料的开发利用。

在研究开发新技术的同时，对国外成熟的先进技术，仍可采用引进的方式，以便更快地消化吸收，提高我们的技术装备和生产技术水平。这些装备有：大型减速机、球形库、高效节能粉磨装置等。

五、抓住机遇　迎接挑战

综上所述，我国水泥工业得到了很大的发展，同时也存在着不少的问题。针对当前发展形势，国家建材局提出了“九五”计划和2010年远景目标，为把我国建成水泥强国规定了具体奋斗目标。

当前，我国广大水泥工作者面临着两个转移：

——由大变强，靠新出强，实现跨世纪发展战略，完成由水泥大国向水泥强国的转移；

——面向国内外两个市场，实现由社会主义指令性计划经济向以质量效益为中心的社会主义市场经济转移。

在这个历史变革时期，对我们每位水泥工作者，每个单位既是一种机遇，又是一种挑战，只有抓住机遇，迎接挑战，其他别无选择。

我国作为最大的发展中国家，具有发展水泥工业的得天独厚的条件：丰富的原、燃料资源和廉价的人力资源，广阔的水泥消费市场，优厚宽松的发展环境，还有强大的设备配套和机械加工能力，勤劳智慧的科研设计技术队伍，这些都是我们发展水泥工业的优势。我们深信，在国家建材局的正确领导下，努力贯彻党中央提出的“两个根本转变”和认真执行国家建材局提出的“由大变强，靠新出强”，以及“上大改小”的发展战略，理顺关系，练好内功，积蓄力量，抓住机遇，迎接挑战，届时，我们将以优质的水泥产品、先进可靠的技术装备、经济实惠的工程设计，积极参与激烈的国际水泥市场竞争，在竞争中求发展，一定能够把我国建设成现代化水泥工业强国！

（原载于《水泥技术》1997年第2期）

把我国建成水泥工业强国

建材工业“九五”计划和2010年远景目标为发展我国水泥工业规定了具体的指标。应从以下几方面采取相应对策：

1. 优先发展新型干法生产工艺是发展我国水泥工业的既定方针。

“八五”期间，代表国际先进水平的新型干法生产技术已渐成熟，通过引进、吸收、开发，使2000吨/日生产线水泥装备国产化率达到85%以上，技术指标达到国际20世纪80年代先进水平，现正在开发、设计和建设4000吨/日生产线。

（1）首先用新技术、新装备设计新一代2000吨/日新型干法生产工艺线，完善4000吨/日工艺线，使设计指标和生产指标达到20世纪90年代的国际先进水平，为技术出口创造条件。

（2）创建经济型新型干法生产线。

我国目前总体单位投资偏高，新型干法生产线的每吨投资高达1000—1200元，建设一个2000吨/日新型干法生产线的总投资高达6亿—7.2亿元。借贷投资建厂每年要付高额利息，这对企业无疑是一个沉重的负担。例如，鲁南水泥厂达产达标后，生产经营走向正规，但由于每年要还高额借贷利息，使工厂负债经营。这种局面大大影响了新型干法技术的进一步推广应用。

为了进一步发展和普及新型干法生产工艺线，创建“经济型”新型干法生产线是非常必要的。

2. 调整优化企业结构，加大技术改造的力度，使企业向规模效益型转移。

我国水泥企业平均规模仅为5.3万吨/年，到2000年企业平均规模要达到10万吨/年，即约需减少50%的小厂，特别是村办小厂，可见，“九五”期间技术改造的任务相当繁重。

除了采用新型干法生产技术对老厂进行技术改造外，还要：

——完善中低温余热发电技术，对中空干法窑进行节能技术改造；

——加强对机立窑新技术的开发研究，开发配套先进技术的机立窑示范生产线，作为今后机立窑改造和提高、支援发展中国家的低投资经济型的生产线。

——探索湿法窑和立波窑、立筒窑和SP窑的节能技术改造的最佳方案，如湿改干、加装高效预热器等。

3. 提高水泥产品质量。

全国水泥平均质量的高低是水泥工业由大变强的重要标志，也是生产水平和技术水平的重要标志。总体来说，我国水泥平均质量较低（见附表）。

1994年我国水泥的平均标号和产量表

标号	625以上	525号	425号	325号	总计
产量（万吨）	26.16	3763.68	25270.68	13054.43	42114.95
比例（%）	0.1	8.9	60	31	100

从附表可以看出，我国525号及以上的水泥仅占全国水泥总产量的9%。

今后应按统一质量要求进行控制并制定有关法规进行统一规划、限制和遏制落后技术；从严把好水泥质量关和从优质优价入手，限制和规范低标号水泥的生产、销售和应用；严格制止不合格水泥的出厂和流通。无论是大厂还是小厂应一视同仁。

4. 面向国内外两个市场，建设“产运销”一条龙的销售体系，走集约外销发展之路。

当前，世界水泥市场主要为瑞士Holderbank、法国Lafarge Coppee、意大利水泥公司、墨西哥Cewex集团、芬兰Aker水泥生产商和英国兰圈集团等十几个跨国公司所垄断。我国每年仅有近千万吨水泥出口，扣除每年进口的几百万吨，我国出口水泥比例无足轻重。

按“九五”计划，2000年底我国水泥出口要达到总产量的10%，约5500万吨，到2010年水泥出口要达到总产量的15%。届时，我国将成为世界最大的水泥出口国。要完成上述计划、任务是相当艰巨的，要求我们直接参与世界水泥市场的激烈竞争，需要建立我国自己的“产运销”一条龙的销售体系和相应的出口装运设施。

5. 逐步建立工程建设的总承包制。

工程建设是一个十分庞大的系统工程，它包括前期工作（勘察，可行性研究……）、设计、设备制造和成套采购、施工、安装、调试、最后完成达产达标，正式投产。这期间需要几十个单位，成千上万人几年的努力，密切配合才能够顺利完成。

如何协调和组织这几十个单位，密切配合完成工程建设可以有两种方式：

一种是组建一个临时的工程建设指挥部或筹建机构，协调各单位工作，统一规划工程进度，即所谓项目业主筹建制，我国水泥建设工程一般都采用这种方式。

另一种是全部工程由一个专业化集团总公司承担，即从前期工作到达产达标，正式投产后，再将工厂交给业主管理进行生产，即所谓工程总承包制或交钥匙工程。

随着我国国民经济由指令性计划经济向社会主义市场经济转轨，不可避免地要面对国内外两个市场，实施大集团、大公司发展战略建立工程建设的总承包机构，提高水泥工业技术市场的竞争能力，已成为我国水泥工业技术发展的迫切任务。

（原载于《中国建材》1997年第4期）

中国和世界水泥工业现状与发展趋势

一、引言

水泥作为发展国民经济的主要的原材料，世界各国都根据本国的经济、资源等各方面不同的条件和情况，而采用不同的发展策略。近二十年来由于水泥工业技术的巨大进步，国际跨国公司的出现，水泥成品包装形式（散装）的推广以及运输方式和费用的降低等因素的影响，世界各国水泥工业的发展无不从整个世界经济的发展的角度来调整自己的发展战略。

我国在近二十年来的改革开放的形势下，水泥工业不论从技术，产品总量、装备方面都得到巨大发展，特别是水泥生产总量1996年达到4.8亿吨，连续五年居世界首位。但是我国水泥工业在工业结构、产品品种、技术装备水平方面与世界先进水平尚有较大差距。为了使我国水泥工业更好地适应我国国民经济的发展和改革开放参与国际市场竞争的需要，国家建材局提出了建材工业“由大变强，靠新出强”的跨世纪战略，为把我国建成水泥工业强国而努力奋斗。

本文试图就我国和世界水泥工业的现状及发展趋势做一粗浅的分析，找出两者的差距，并根据世界水泥工业未来总的发展趋势，结合我国国情，提出了为实现“由大变强，靠新出强”的跨世纪战略方针，在技术装备的研究和开发方面应当确定的工作目标和方向。

二、世界水泥工业的现状和发展趋势

1. 总量及分布

1995年世界水泥产量已突破14亿吨。在20世纪90年代以来世界水泥产量平均每年以4%的速度连续增长，这种发展趋势今后仍将保持下去。有资料预测到2000年世界总消费量将突破17亿吨。

近十年来发达国家由于各国经济发展速度减缓，生产成本增高和能源消耗，环保要求等各方面原因水泥生产呈现饱和和缩减态势。而与此同时，一些经济迅速发展的发展中国家，水泥需求量不断增大，带动了那里的水泥工业的迅猛发展，特别是东亚、东南亚地区。1995年亚洲国家生产的水泥几乎占到了世界水泥总产量的60%。

在此期间发达国家的跨国公司和集团，利用它们在水泥生产技术和装备制造方面的优势以及在国际资本运作方面的实力，利用发展中国家丰富的原料和燃料资源、相对廉价的劳动力以及资金的相对短缺，采取在发展中国家投资或合资建厂以及购买股权的办法，在国外发展自己的水泥生产基地，发展国际水泥贸易取得比在本国更大的经济利益，甚至返销本国，满足本国的水泥消费需求。在这方面日本、韩国表现得最为明显。欧洲一些大水泥公司半数以上产量是在国外生产的。这种世界水泥生产的消费重心的改变趋势，将是今后一个时期的显著特点。

2. 技术与装备

近十年代表当代水泥生产技术水平的新型干法生产技术和装备，由于追求高效率、低能耗、“零污染”的环保要求使水泥装备大型化、生产工艺节能化、操作管理自动化、环保措施生态化等方面都取得了显著的成就和进步。

（1）水泥装备大型化

设备大型化是实现先进工艺技术的手段和途径。为实现此目的必须提高设备制造技术和与之相配套的原材料（耐热、耐磨、耐火材料）的质量，提高必要的检测，保护装置的灵敏可靠性。

当前国际上已出现10000t/d的水泥熟料烧成系统。用于生料粉磨的600t/h辊式磨正在制造。与这些主机相配套的其他工艺环节的机械装备（如大型破碎机、预均化设备、输送设备、收尘设备等）也要相应进行大型化和现代化，以减化流程，提高效率。

由于水泥装备大型化的成果，使得水泥企业规模不断扩大，形成年产达数百万吨，甚至达到1000万吨以上的企业成为可能，从而大大提高了水泥生产效率，也为水泥进入国际市场创造条件。

（2）生产工艺节能化

为了降低水泥生产工艺中所消耗的能源以降低成本，提高水泥产品的竞争能力，近十几年来，在水泥工艺的主要工艺过程烧成和粉磨环节，做了大量的技术改进，取得了巨大的进步。

采用低压损的旋悬预热器，在不增加总的预热器压力损失（或略有增加）的前提下采用6级旋风预热器使系统热耗降到3000kJ/kg熟料以下，热效率提高到60%左右。

改进分解炉结构或采取各种措施提高物料在炉中的停留时间，确保燃料在炉中的充分燃烧，以便在不提高炉温的前提下，提高人窑物料的分解率。

在回转窑的结构方面，为了减轻窑体重量，简化结构，两支承长径比达11左右的短窑，已经在工业生产中显示出其优越性。另一种取消大齿圈传动的由托辊支持点直接进行传动的窑已经问世，从而使回转窑运行更平稳，耐火砖的使用寿命更长。

为了适应低性能的燃料条件，各国竞相开发新型的多通道燃烧器（窑头和分解炉两个方面）以进一步强化和控制煅烧。

近十几年来“可控气流”式的第三代篦式冷却机的研制和应用可以称得上在新型干法烧成工艺上的最重要的成就。第三代篦冷机全面考虑从回转窑进入篦冷机之后料层纵向、横向的阻力和料温的分布规律，既沿纵向又沿横向将篦床划分成足够小的区域，并有针对性地分配适量的冷却风。实现以最少的冷却风高效冷却一定量的熟料并高效热回收的目的。采用第三代可控气流篦冷机可使篦式冷却机单位篦床面积产量提高，单位冷却风量减小，二次风温、三次风温、热回收效率提高。当前一些大型第三代篦冷机进一步采取在热端的阶梯式布置的喷流环缝式预冷篦板，在二段和三段篦床之间加装辊式破碎机的篦冷机，可进一步改善篦冷机的工作效率和提高热回收效率。

尽管我们在烧成系统中采用了一系列降低热耗和热损失的措施，但从预热器和冷却机排出的废气，仍有大量可以利用的热焓（一般为1200kJ/kg・熟料）。这些废气除去用于原料和燃料（煤）的烘干之外，还可以利用中、低温余热发电技术，变成二次能源加以利用。这种余热发电系统可由煅烧熟料废热发电30kWh/t・熟料以上。这种技术在能源短缺的日本发展和利用得较好。

水泥生产电耗中有50%—60%是用于生料、水泥和煤的粉磨功率消耗中，因此如何降低粉磨电耗是降低成本、提高产品竞争力的重要途径。

近20年来以料层挤压粉磨机理在现代技术的装备下，开发出现代的辊式磨、辊压机和辊筒磨三种新型挤压粉磨装备，显示了巨大的节能潜力以及比传统的翻滚式磨机实现概率破碎的粉磨技术更大的优越性。在生料粉磨中采用带磨外循环的辊式磨已成为首选方案。它具有流程简单、充分利用窑所排出的余热、占地面积小、土建费用省、电耗低的优越性。

在水泥粉磨工艺中采用料间挤压粉磨设备，逐步取代直到完全取代球磨机已经成为一种必然的趋势。为配合辊压机在粉磨家族中的应用，各国相继开发出集打散和选粉功能于一身的各种高效节能的新型选粉机，它可使生产效率提高，系统电耗进一步降低。

由于机械输送装置性能的改善，使得过去对于粉状物料在长距离、高提升的一些场合用气力输送改为应用各种类型的机械提升机和皮带输送机成为可能，从而降低了电耗。

对一条水泥生产线其中有25%—30%的电耗是用于拖动各种类型的风机上。因此国际上对于风机的风量、风压调节普遍由过去的靠调整配套的阀门开度，而采用变速的电气传动装置，从而达到节能之目的。

（3）操作管理自动化

由于近年来计算机控制技术、通信技术和图形显示技术的飞速发展，DCS这种分散控制、集中管理的集散型控制系统已经在世界水泥工业中得到广泛地应用。采用这种系统可以实现电动机成组程序控制；过程量的采集、处理、显示和调节。由于网络技术的广泛应用，在水泥厂中也广泛推广应用管理信息系统（MIS），作为全厂的生产、财务、营销、节资，备品备件、预检修计划制订和实施的管理。控制和生产管理的DCS系统作为一个生产子系统纳入全厂的MIS系统之中，从而形成了自下而上的过程控制层、系统监控层、调度协调层、计划管理层和经营决策层。全厂MIS系统的建立，大大提高了劳动生产率，提高了工厂的管理和经营水平。

世界各大水泥制造商和计算机公司除了注重DCS系统在水泥生产线的应用之外，还特别开发了运用于水泥工艺生产各主要环节的优化控制软件。主要有：生料质量控制系统、回转窑优化控制系统、磨机负荷控制系统、回转窑筒体温度和窑衬测量控制系统等。其目的试图通过这些在总结长期运行经验基础上开发出来的专用优化软件，来进一步稳定工艺操作，优化操作参数，达到节能降耗，提高运转率之目的。

随着水泥装备大型化和专业化的进程，为了达到设备的安全高效运转，并适应DCS控制系统的应用。世界各国在水泥装备机电一体化方面的进程大大加快。各主要水泥设备制造商所提供的水泥生产机械装备都配备有相应的完整的电气传动，自动检测和控制的控制装置。而这些装置本身就是由单片机或小型PLC或专用控制器来进行控制的。这些控制系统设有对外的通信接口以便可以十分方便地纳入整个水泥生产系统的DCS系统之中。形成分散控制，集中监控管理的控制方式。如：大型破碎机、预均化堆取料机、计量和喂料设备、燃烧控制、辊式磨、辊压机、包装机、收尘器等。

（4）环保措施生态化

随着世界经济为快速发展而造成的环境问题，以及人们对于自身生存环境和条件要求的日益提高，世界各国均对水泥工业对环境的污染和有效的治理予以极大的关注，投入大量的人力、物力和财力加以汇总而有效的解决。

对于水泥生产各工艺环节所产生的常温含尘气体和高温含尘烟气进行处理方面，近十几年来世界先进国家粉尘排放量可以控制在0.01％以下。各种运行可靠、收尘效率在99.9%以上的电收尘器和袋收尘器及其附属设备（包括电控装置）已经普遍采用。

先进国家对废气粉尘的排放标准要求愈来愈严。一般规定在50—30毫克/标准立方米以下，并且制定了严格的惩罚措施。

对于水泥煅烧工艺产生高温废气中的SO_2、CO、NO_x气体的含量以及重金属的排放量，世界先进国家也采取严格的限制措施，全面进行控制。不仅是从排放浓度，而且从全年的排放总量上加以控制，保持人类生活环境的质量不致因此引起破坏。

当前世界水泥工业的环保工作已开始从被动治理转向主动治理，从单项指标控制到综合指标和总量控制的阶段。与此同时世界水泥工业从考虑可持续发展战略出发，利用水泥工艺其自身可以大量处理其他工业产生的废料（粉煤灰、矿渣、破碎渣、废轮胎、城市垃圾、危险性废料）作为其可利用的原料、燃料的特点，积极进行废料的再加工和再利用的研制和开发工作，取得了可喜的进步。可以展望，过去对环境曾造成严重污染的水泥工业，在不久的未来，通过采用一系列新技术和新装备成为在原材料工业中最清洁，对生态环境保护最好的工业之一。水泥工业也将从仅仅给人们提供建筑材料，发展和过渡到不仅为人类提供低价、高性能的建筑材料而且成为保持人类生态环境有力的环保措施之一。

在未来的新材料、新技术和电子信息技术广泛采用的新技术浪潮中，水泥工业这一传统产业，必将发生深刻的变革。水泥工业将以高效能、低消耗、“零污染”、充分展现现代文明的新面貌进入21世纪。

三、中国水泥工业的现状与发展趋势

1. 现状与特点

改革开放以来，随着我国国民经济建设的快速发展，水泥工业经过“六五”“七五”“八五”三个五年计划也得到了前所未有的大发展，为国民经济快速、持续、健康的发展做出了贡献。

中国水泥工业当前拥有最庞大的生产企业群体。多种生产工艺，即立窑生产、湿法生产、半干法生产、普通干法、湿磨干烧，新型干法生产技术并存发展的生产格局。在生产技术装备方面既有我国自行研制开发的技术成果，又有引进国外多项水泥生产专有技术及装备。在品种方面我国在特种水泥理论研究和批量生产方面也取得一定成就。

我国已经成为名副其实的水泥生产大国，但总体水平不高，不是水泥工业强国，其表现有以下的基本特点：

（1）总产量的生产能力世界第一

我国水泥工业从1978年到1985年水泥产量由6000万吨发展到1.45亿吨，七年增长约8500万吨，平均年增长1200万吨；从1985年到1990年水泥产量由1.45亿吨到2.1亿吨，五年增长6500万吨，平均年增长1300万吨；从1990年到1995年水泥产量由2.1亿吨发展到4.7亿吨，五年增长了2.6亿吨，平均年增长5000多万吨。

从改革开放开始时的1978年到“八五”结束的1995年十七年间水泥产量增长了7倍。这在世界水泥发展史上是罕见的。

（2）水泥工业的快速发展主要依靠以立窑生产技术为主的小型水泥生产线来实现的

从1985年到1995年期间水泥产量增加了3.25亿吨，但其间以新型干法为主要生产技术的大中型水泥生产线的产量，从3158万吨发展到4765万吨，年均增长4.2%。而同时期，以立窑生产技术为主的小型水泥生产线则由1.14亿吨发展到4.28亿吨，年均增长14.1%。地方水泥工业的发展在我国水泥工业的发展中占有绝对重要的地位。

（3）技术进步步伐加快，但总体技术水平与世界先进水平差距较大

新型干法生产技术装备的科研、开发工作，改革开放以来飞速发展，以自行研制开发、自行设计、自行制造、自行施工安装的江西水泥厂扩建工程的建成投产，标志着我国水泥工业进入了一个新的里程。通过“六五”“七五”期间对20项水泥生产技术和装备的引进和消化、吸收，使我国在新型干法生产技术和装备的水平有了更大的提高。2000t/d一条龙引进消化吸收示范线——吉林省长春市双阳水泥厂的顺利建成投产并迅速达标达产，标志着我国水泥技术和装备、建设和生产管理水平迈上了新台阶。“八五”期间4000t/d水泥生产线技术和装备开发迈出了新的步伐。河北省冀东水泥厂扩建工程是以国产设备为主的第1条4000t/d熟料示范生产线，设备国产化率近70%，1996年10月份已经开始了熟料库以前的生产系统的调试工作。预示着4000t/d的新型干法水泥生产线技术和装备的国产化已经进入工程应用阶段。

我们的新型干法生产工艺技术和装备的研制开发一直紧跟世界发展动向，并结合本国国情做了一系列卓有成效的工作，取得可喜成果。

简化流程、高效、大破碎比的单段单转子或双转子锤式破碎机的系列开发和应用（最大能产量1200t/h）；黏湿物料的齿辊式破碎机的开发；大型长型和圆形预均化堆场、堆料机机电一体化的引进技术的消化吸收开发工作；以挤压粉磨机理进行高效节能粉磨的新型辊式磨、辊压机，已经完成开发和引进消化工作，在工业生产中已被广泛采用。生料系统辊式磨产量可达160t/h，辊压机和球磨机组成混合粉磨和半终结粉磨产量达110t/h。新型的辊筒磨的研制开发已取得阶段性成果。多种结合引进外国技术，加以消化吸收研制开发的低压损预热器和分解炉（RSP、DD、NSF、SLC、KSV等）。在多条新型干法工艺线上采用，取得良好的效果。烧成系统的重要装备，篦式冷却机在引进消化富乐型第二代篦式冷却机的基础上，自行研制具有“可控气流”型的第三代高效篦式冷却机，并已投入工业运行。在消化吸收鲁奇公司电收尘器技术和富乐袋

收尘器技术的基础上，各种高效、实用、可靠的电收尘器和袋收尘器相继开发并投入使用，为水泥工业的粉尘治理做出了贡献。在电气自动化领域中我国自行研制开发了一大批适用于水泥工业高温、高粉尘工艺流程的专用测示计量和控制仪器、仪表。开发研制了具有适合于本国国情的自动化控制系统的应用软件。与上述技术和装备相配套的制造技术、安装技术、调试技术都得到了相应的进步和发展。

到“八五”末期我国国产化的新型干法工艺线（2000t/d）基本达到预期的奋斗目标：

热耗：低于3300kJ/kg·熟料（即小于800kcal/kg·熟料）

热料标号：大于525号

电耗：低于110kWh/t·水泥

设备运转率：大于82%

装机容量：小于12. 5kg/t·水泥

设备国产化率（按投资）：大于85%

虽然在上述的各个领域我们自身纵向比较有了长足的进步和发展，但与世界水泥工业先进水平相比差距仍然是明显的。不论在设备的大型化方面，还是在技术性能，特别是能耗指标以及机电一体化水平，设备的材质和结构、成套性、可靠性方面都有较大的差距。

在重点促进新型干法水泥生产技术和装备开发的同时，近十几年来，我国对以立窑生产技术为主的地方中小型水泥生产线，进行了以节能降耗，稳定质量，减少粉尘污染为中心的综合技改工程。特别是运用电子计算机的控制技术使得这些生产线面貌有了明显的改观。能耗降低，质量稳定，污染减轻。一些先进的机立窑生产线，热耗可降至120kg·标煤/t·熟料，电耗为85kWh/t·水泥，成为自动化程度高、劳动生产率高的清洁文明的花园式工厂。

但就全国范围来讲，以立窑为主的地方水泥企业由于技术改造投入不足和管理上的问题，以及由于立窑结构和工作机理不能适应水泥熟料煅烧的特点，仍然存在着能源消耗高，粉尘和废气污染严重，产品质量不够稳定，产品中高标号水泥少，劳动生产率低等问题。这些问题亟待认真加以解决。

产业结构急需调整。水泥工业的企业规模普遍偏小，形成不了规模经济。我国有6000座以上的水泥厂（乡以上）但稍具规模达到20万吨/年的只有300座左右，平均规模约年产5万吨。而国外近几年200家新建和扩建的生产线均在2000—4000t/d，甚至更大，平均工厂规模在年产100万吨左右。我国在1996年，产量超过100万吨的只有十几家水泥企业，单条生产线目前最大产量是日产4000吨熟料。这种企业结构必然导致了我国水泥工业“四大五低”的情况。即低标号水泥产量大，生产工艺线数量大，职工队伍大，能源消耗大；劳动生产率低，集约化程度低，科技进步贡献率低，市场应变能力低，经济效益低。

2. 任务和对策

根据对未来15年我国国民经济和社会发展的预测表明，未来15年我国水泥需求仍将保持较高的增长速度，特别是对高标号优质水泥需求较大，预计平均增长速度在4.5%左右。

人均水泥消费量将从当前的约360kg/人·年发展到2010年的600kg/人·年的水平。

根据对世界水泥生产和贸易格局变化形势的分析，可以预计我国水泥出口量将从1996年的1100万吨发展到2010年的2500万—3000万吨。

这样一种发展需求和我国水泥工业发展现状形成明显的反差。我们决不能以牺牲巨大能源、人力消耗和环境条件恶化为代价来走低水平、重复建设的老路。因此国家建材局针对我国水泥工业的实际提出了“由大变强，靠新出强”“上大改小”以及引导地方水泥工业健康发展的“限制、淘汰、改造、提高”的八字方针。只有这些战略决策的实施，才有可能使我国水泥工业适应我国国民经济“快速、持续、健康”发展的需要。

要完成这一艰巨的任务必须要有相应的对策，不少水泥工作者都发表了不少很好的意见。笔者也曾在“水泥技术”1997年2月期中发表的“由大变强，靠新出强，为把我国建成水泥工业强国而努力”的文章有过论述，现提出五条相应对策：

（1）优先发展新型干法生产工艺是发展我国水泥工业的既定方针；

（2）调整优化企业结构，加大技术改造力度，使企业向规模效益型转变；

（3）采取有力措施提高水泥产品实物质量；

（4）而向国内、国际两个市场，建立“产、运、销”一条龙的销售体系，走集约销售促生产之路；

（5）逐步建立符合市场经济条件下的工程建设总承包制。确实把水泥工程造价控制在一个合理水平，并把工程质量搞上去。

限于篇幅，本文试就今后中国水泥工业技术发展方向提出笔者的一些看法，供行业同人考虑。

（1）深入开展对低品位原料、燃料开发利用的研究工作。这是一个系统工程，它涉及到水泥原料工作、矿山开采、预均化技术、原料配制、煤的粉磨和煅烧技术，这样可以避免大量矸石的剔除和资源的浪费，变废为宝。同时扩大无烟煤或低挥发分、高灰分煤的利用。对降低成本，提高经济效益起到积极作用。

（2）单段锤式破碎机和长距离、大运量的输送装备的研究和开发要进一步深化。

（3）适应各种物料硬度和磨蚀性的辊式磨、辊压机的研制、开发工作。积极推广节能粉磨工艺对原料制备、水泥粉磨和煤粉制备均应如此，使水泥成品综合电耗降至100kWh/t·水泥以下。与此同时对新型辊筒磨的研制也要予以关注。

（4）烧成工艺应向新型干法工艺发展。着重对低压损的旋风预热器和适应不同燃料条件、有较高的燃料燃尽率和较高分解率的分解炉的研究和改进。与此同时对采用流态化床技术和喷腾炉技术的研究予以关注。

对两支承的短窑技术要进一步加大研究开发工作力度，力争近一两年中投入工程应用。

提高冷却机的运行可靠性和提高热回收率仍是今后我们降低热耗的重点。采用“可控气流”式新型篦式冷却机技术，改造现有的篦冷机已成为今后必然的趋势。

为了适应各种性能的煤，保证燃料的充分燃烧，减少助燃空气量，降低热耗，开发我国自己专有技术的多通道燃烧器已成为当务之急。

（5）各种类型的收尘装置要适应不断提高的环保排放标准的要求。对于立窑废气除尘装置的研制开发要进一步在运行可靠，寿命长，不发生二次污染，价格相对较低上下功夫，以期较为彻底地解决立窑收尘的难点问题。

（6）水泥厂的生产控制要进一步加强优化软件的开发和应用，要为进一步稳定操作参数、降低能耗、提高产品质量服务。

要大力发展水泥厂信息管理系统的开发和推广应用工作。实现整个工厂的信息化，智能化，全方位的管理。

（7）加大对于粘湿物料的存储、运输、处理过程中防止堵塞措施的研制，进一步提高整条工艺线运转率。

（8）积极开展利用各种工业废渣、废弃物做煅烧水泥燃料的研究开发工作，使得水泥工业能与环境保护协调发展。

（9）积极开展对水泥生产装备机电一体化的研究开发工作，特别是要注意广泛采用机—液—电的联合装置来有效、可靠地控制设备运行。

（10）随着水泥生产工艺线能力的不断扩大与之相配套的大型物料储库（长形、圆形、帐篷形、球形）的规格也日趋增大。预热器塔架、粉磨车间的厂房也相应增大，因而我们应加强对这些大型结构设计和施工技术的研究和改进，以期结构新颖，施工便捷，使用性能良好的各种构筑物的出现。

四、结语

通过对中国和世界水泥工业现状和发展趋势的简要论述，不难看出水泥这种在建筑工程中的重要建筑材料，对于世界经济和我国国民经济的发展做出了重要贡献，并且对今后和下一个世纪世界经济和社会发展继续发挥其他材料所不能替代的作用。水泥工业是一个耗能工业，并且在水泥熟料煅烧过程中所产生的、随废气排放的CO_2、SO_2、NO_x、CO等气体对大气环境的破坏是一个极大的威胁。因此世界水泥工业和中国水泥工业都在节能降耗、减少对生态环境的污染方面做了大量的卓有成效的工作。中国水泥工业自改革开放以来，达到前所未有的水平，不论在总产量、产品质量，还是在技术和装备方面都有了很大的进步和发展。但是由于我国经济基础比较薄弱，新型干法生产技术和装备虽有较大发展，与世界先进水平的差距虽在缩小，但我国水泥工业的80%以上的产品是由从立窑生产技术为主的小型水泥生产线生产的，因此总体水平与世界水平差距仍较大。因而我们应当面对中国水泥工业的实际，贯彻国家建材局对水泥工业提出的“上大改小”的方针。“上大”就是要大力发展新型干法窑外分解工艺，提高其工艺技术和装备水平，以改扩建为主形成具有经济规模的大中型水泥项目；“改小”就是要贯彻“限制、淘汰、改造、提高”的方针，使以立窑生产技术为主的小型水泥企业走上健康发展之路。应当说我国水泥工作者今后的工作任务是繁重和艰巨的，真可谓“任重而道远”。

由于当前水泥工业主要生产方法仍然是以石灰石为主的碳酸钙原料辅以硅质、铝质、铁质等辅助原料，经粉磨后采取各种燃料和煅烧方式经高温煅烧形成具有水凝性的新的化学融溶体，因而其能源的消耗高和排出废气中的各种气体成分对生态环境的影响是客观存在的。世界和中国的水泥工作者必须从水泥工业可持续发展战略的角度来思考这些问题。在今后要充分考虑在设备大型化、工艺过程节能化、操作管理自动化、环保措施生态化方面下气力，不断提高水平，进一步降低能耗和物耗，并通过建立环保的内循环和三废自净化系统，形成“零污染”的绿色水泥工业。

同时我们也应积极开展新工艺和新材料的研究开发工作。在不降低产品性能甚至改进产品性能的前提下，以各种工业废料为原料，通过工艺处理代替水泥熟料的用量。水泥仅仅是人们用于建筑工程的中间产品，它只有形成混凝土制品才能发挥其功效，因而人们开始把注意力集中到如何从提高混凝土性能的角度来协调发展水泥工业。这种与生态环境保护相适应的水泥工业在下一个世纪必将得到实现。

（原载于《水泥技术》1997年第5期）

宏观经济调控与水泥工业发展

在党的十六大提出的"全面建设小康社会，加快推进社会主义现代化"的精神鼓舞下，近两年，全国人民在党中央、国务院的领导下，面对重重困难，迎难而上，顽强拼搏，开拓创新，取得了改革开放和现代化建设的新成就，在全面建设小康社会的道路上迈出了新步伐。但是在经济领域中也出现了一些不稳定、不健康的因素，一些矛盾和突出问题严重制约着我国经济和社会全面、健康和可持续发展。党中央、国务院审时度势、果断决策，从去年下半年开始，陆续采取了一系列有针对性的宏观经济调控措施，现在已取得明显成效。保证了经济平稳较快发展。水泥行业是这次宏观经济调控工作目标之一。在这样的经济环境下，水泥行业如何积极贯彻中央的宏观调控措施，落实科学发展观，走新型工业化道路，已经成为普遍关心的问题。本文就上述问题分三个方面进行阐述，以探讨水泥工业科学、健康和可持续发展的内在规律。

一、成绩斐然，存有隐患

国民经济保持持续快速健康发展。2003年国内生产总值比上年增长9.1%，达到11.67万亿元，人均国内生产总值突破1000美元。今年上半年，国内生产总值58773亿元，同比增长9.7%，比去年同期提高0.9个百分点。

国内需求增长较快。2003年，全社会固定资产投资55118亿元，增长26.7%。今年上半年，全社会固定资产投资26082亿元，同比增长28.6%。一批国家重点工程和项目相继开工和投产。

经济效益同步增长。规模以上工业企业实现利润8152亿元，增长42.7%，提高22个百分点。今年上半年，规模以上工业企业实现利润5199.4亿元，同比增长41.6%。

其他经济和社会发展指标，如：财政收入、进出口总额、居民收入、就业指标等，去年和今年上半年都比历史同期有较大的增长。我国经济保持了较快增长，呈现出速度快、效益比较好、活力比较强的发展态势。经济和社会发展取得了显著的成就。

在经济加快发展的过程中，由于体制性和机制性问题尚未得到有效解决，特别是部分同志，在思想和行动上尚没有真正树立起正确的科学发展观和正确的政绩观，在实际经济工作中又出现一些新的矛盾和一些不稳定、不健康的因素。突出表现之一就是固定资产增长过猛，规模过大，部分行业和地区投资过度扩展，货币信贷投放过快，低水平重复建设比较严重；能源、交通和部分原材料供应紧张，生产资料价格大幅上涨。这些问题的出现，反过来又严重影响着国民经济和社会的全面、协调和可持续发展。

水泥工业是国民经济中的重要的原材料行业，它在国民经济发展中占有重要的地位和作用。由于受宏观经济持续快速增长的影响，全社会固定投资的拉动，从20世纪80年代开始，我国水泥工业显现强烈的发展势头，水泥产量年平均增速高于同期国民经济发展速度。20世纪80年代为10.2%，20世纪90年代为10.63%，进入21世纪后水泥产量增长速度依然惊人，平均年增加7233万吨，平均年增速为10.86%，2003年水泥产量达到81400万吨，比2002年产量增加8900万吨，增幅为12.28%。我国水泥产品产量从1985年起已连续19年居世界第一位。水泥产品的产销率始终保持在97%—98%的较高水平。

从20世纪90年代，建材行业提出“由大变强　靠新出强”的战略方针和水泥工业“控制总量调整结构”，“降低投资、设备国产、优化设计、强化管理大力发展新型干法水泥”的一系列的方针政策，近年来，水泥工业在产量快速增长的同时，在产业结构调整和技术进步方面也取得了令人鼓舞的成绩。

新型干法水泥生产能力和在水泥总产量的比例大幅度地提高。2003年投产的新型干法水泥生产线有98条，新增熟料生产能力6372万吨。2003年新型干法水泥生产能力已占全部水泥的25%左右，比上一年提高8个百分点。2004年预计新型干法水泥将会进一步快速发展，据有关资料统计，今年即将投产和正在建设的新型干法水泥生产线预计将达到204条。若条件允许预计将有150条以上新型干法水泥生产线投产，届时将新增近2亿吨产能。新型干法水泥在水泥总产量中的比例将进一步提高。

我国新型干法水泥工艺技术的研究、开发和装备的开发、设计、制造取得了重大进展。在过去开发和研制2000t/d、4000t/d成套技术装备的基础上，近年来，我们采取自行研制与引进消化吸收相结合，进一步开发和研制了5000t/d、8000t/d、10000t/d级的大型新型干法水泥生产成套技术装备。这些大型水泥生产线均已相继投入生产或试生产，技术经济指标均达到国际上同类型生产线的水平，产生了良好的经济效益、社会效益和环境效益，大大增强了企业的竞争力。我国的新型干法水泥生产工艺和装备在“工艺过程节能化、技术装备大型化、生产环境清洁化、控制管理信息化”的各个方面成绩斐然。安徽海螺集团在今年相继投产的10000t/d新型干法水泥生产线，就是这方面的集中体现。其主要技术经济指标达到国际同类型生产线的先进水平。

熟料热耗：≤2950kJ/kg；熟料标号：≥60Mpa；平均游离氧化钙：≤1.0%；粉尘排放浓度：≤50mg/Nm^3；熟料电耗：56kWh/t（自矿山至熟料库）。

大型企业或企业集团在竞争中不断增强自身实力，竞争力明显增强。由于深化国有企业改革，进一步发挥市场在配置资源的机制，积极采用先进技术，大力发展新型干法水泥生产，充分发挥了大企业的生产规模效益，一批大型水泥企业集团在市场的竞争中不断发展壮大。安徽海螺集团、山东山水集团、湖北华新集团、河北渤海集团、浙江三狮集团等2003年水泥产量都超过了1000万吨。它们在我国水泥行业产业结构调整和促进技术进步发挥着巨大的带动和示范作用。

在我国水泥工业快速发展的同时，也存在着突出的问题亟待解决。一是水泥工业结构的严重失衡。虽然，近年来，新型干法水泥占总产量的比重不断提高。但是，2003年以立窑等陈旧落后的生产方式生产的水泥仍占我国水泥总产量的75%以上。少数地区又出现新建落后立窑、扩建改造及一些已淘汰的小水泥厂“死灰复燃”等现象。二是由于市场拉动、融资多元、利益引导等原因，近年来，在对水泥工业的投资方面表现出前所未有的积极性和热情。但是由于体制上和机制上的原因，造成在2003年全社会对水泥的投资同比增加了133%。局部地区不顾资源和市场情况，投资扩张过猛，过于集中，造成能源供应、交通运力高度紧张，资源消耗过快，难以保证企业的长期稳定生产。市场出现过度竞争，企业的经济效益难以保证。三是大量落后水泥生产企业的存在，使得大量的宝贵的石灰石、硅质原料及辅助原料和燃料得不到充分利用，严重浪费资源，加大了环境的负担。四是落后水泥生产工艺在我国水泥生产中仍占较大比重，使得我国水泥产品中高质量、高标号的产品比重比较少，且质量不够稳定，对混凝土和建筑结构的质量和耐久性，造成不良的影响。

上述矛盾和问题严重制约和影响着水泥工业的健康和可持续发展。

二、果断调控，成效明显

针对国民经济发展中出现的新矛盾、新问题，党中央、国务院见微知著、果断决策，从2003年下半年开始，陆续采取了一系列有针对性的调控措施，适时、适度、有力、有效地实施政府对宏观经济的调节。根据建立社会主义市场经济和政府职能转变的要求，主要是通过经济的、法律的和必要的行政手段来对经济进行调节。宏观调控的一个重要方面，就是紧紧抓住投资膨胀这个突出矛盾，严格控制货币信贷和土地使用两个重要环节，遏制固定资产投资过快增长，遏制一些行业，包括水泥行业的盲目投资和低水平扩张。提高商业银行存款准备金率，由现行的7%提高到7.5%；实行差别准备金制度，将资本充足率低于一定水平的金融机构存款准备金率提高0.5个百分点；扩大贷款利率浮动区间；提高部分行业固定资产投资的资本金比例，其中水泥行业由20%及以上提高到35%以上；加强信贷政策与产业政策的协调配合，限制低水平和产业政策非鼓励的项目的投资行为，对产业政策鼓励的，有资源、有市场前景的项目给予信贷支持。实行最严格的土地政策，整顿土地市场秩序，暂停审批农用地转非农用建设用地。与此同时，依据法律和国家政策，认真清理固定资产投资项目，水泥的在建和拟建项目是这次清理的行业之一，区别不同情况慎重加以处理；加强经济运行调节，强化能源需求管理，对水泥行业等6个高耗能行业，按照国家产业政策的要求，分为淘汰类、限制类、允许类和鼓励类企业试行差别电价。增加有效供给，努力缓解能源和交通的紧张状态。

今年以来特别是第二季度的经济运行情况表明，宏观调控各项措施逐步落实已见成效，国民经济正朝着预期的方向发展。

今年上半年国民经济运行态势良好。农业生产特别是粮食生产得到加强，出现转机。国内生产总值增长9.7%，同比提高0.9个百分点。工业继续保持较快增长，规模以上工业增加值24682亿元，增长17.7%。对外贸易继续快速增长，进出口总额5320亿美元，同比增长39.1%。居民收入和消费增加加快，物价基本稳定。社会就业人数同比增加。经济和各项社会事业全面取得发展。

在经济运行中的不稳定、不健康因素受到抑制，宏观调控已见成效。其中，固定资产投资过快的势头得到初步遏制。上半年，全社会固定资产增幅由一季度的43%回落到28.6%。一些投资扩张过快的行业投资增幅明显回落，其中水泥投资增幅回落44.9个百分点。货币信贷增势减缓。土地市场治理整顿取得重要进展。生产资料价格涨势趋缓。流通环节生产资料价格同比连续上涨17个月后出现回跌，5、6月环比分别下降1.4%和0.3%。水泥价格稳中有降，7月中旬比上旬下降0.1%。上半年，规模以上工业实现利润5199.4亿元，比上年同期增长41.6%，但增幅比1—5月份回落2.1个百分点。受宏观调控的影响，多数行业利润增幅呈回落态势。一些重点调控的行业，回落显著。水泥行业上半年实现利润77.6亿元，比上年同期增长2.98倍，而1—5月份增幅高达4.97倍，6月份当月利润仅增长57.6%，呈快速回落趋势。利润的下降趋势也进一步抑制了投资的冲动和盲目性。

实践充分证明，中央关于加强宏观调控的决策是及时、正确、有效的。宏观调控政策之所以取得明显成效，关键是党中央、国务院判断准，果断决策，主动调控；坚持一切从实际出发，突出重点，区别对待，不搞“一刀切”，不搞“急刹车”，按照适时、适度、有力、有效的基本原则进行调控工作；坚持改进和完善政府经济调节的职能，主要运用经济和法律的手段，辅之以适当的行政手段，注重实效；坚持标本兼治，推进和深化改革，注意解决体制、机制上存在的问题。坚持用科学发展观和正确的政绩观教育广大干部和群众，认真总结经验教训，积极调整发展思路，进一步增强了可持续发展和走新型工业化道路的自觉性。

三、宏观调控任务繁重，科学发展任重道远

虽然宏观经济调控已经取得明显成效，但是我们应当清醒地看到我国经济运行中的突出问题虽有缓解，但基础还不稳固，深层次的矛盾和问题尚未得到彻底解决。因此，宏观调控取得的成效只是初步的、阶段性的，宏观调控的任务仍然十分繁重。

具体反映是投资扩张的压力仍然较大。去年底全国在建项目规模已达16万亿元，今年上半年又新开工项目6.8万个，计划总投资2.4万亿元，同比增长30.8%，各地拟建项目还有2万多个。地方项目投资增幅仍然较高，上半年达到38.5%，高出中央项目投资37.2个百分点。中长期贷款增速回落缓慢。水泥行业上半年投资增速仍然偏高，增长了56.5%，虽然低于去年全年的1.3倍的增长速度，也低于一季度增长一倍左右的水平，但是50%以上的增长速度还是偏高。

煤电油运供求紧张的矛盾没有得到有效缓解。能源、交通的瓶颈制约作用依然突出。高峰时电力将出现约3000万千瓦的缺口。局部地区用电供需矛盾突出，出现拉闸限电的情况。铁路主要干线运输能力一直处于饱和状态。这些情况对于水泥企业的生产造成不同程度的影响，使企业正常生产能力不能发挥，生产成本提高，利润下降。

部分行业盲目投资和低水平扩张的一些不良后果开始显现。6月末规模以上工业企业产成品资金占用增幅达到19.9%，同比提高9.5个百分点，工业企业应收账款净额同比增长18.7%，增幅提高9个百分点。由于从需求端压制了对部分高耗能产品的供给量，部分企业出现经营困难。

部分企业流动资金偏紧。上半年，短期贷款和票据融资同比下降。在金融机构具体操作上也出现某些偏差，使一些该支持的项目和企业的合理贷款受到影响。不利于企业的正常生产和产业结构调整。

我国经济发展中多次出现投资盲目扩张和片面追求经济增长速度的问题，根本原因是体制不完善，法制不健全，增长方式粗放，经济发展地区不平衡，中央提出的科学发展观没有真正落实造成的。当前，宏观调控仍处于关键阶段，如稍有放松可能出现反弹，甚至前功尽弃，造成更大的困难。我们要贯彻落实国务院提出的“稳定政策，冷静观察；巩固成果，防止反复；区别对待，调整结构；深化改革，加强法治；统筹兼顾，远近结合；统一思想，形成合力”的方针，稳定和落实中央已经确定的政策措施，并根据经济运行的变化适时加以完善。切实把经济发展的着力点放在调整结构、深化改革、转变经济增长方式上面来。

如何认清和对待当前的经济发展形势和国家宏观经济调控政策是十分重要的问题。我们必须站在国家和全局的高度，正确积极地理解和贯彻中央宏观调控的决策。确实通过宏观经济调控，促进水泥行业的产业结构调整和产业技术进步，进一步增强大型企业或企业集团的市场竞争力，努力使水泥工业成为技术含量高、资源消耗低、与环境友好、经济效益佳、人力资源优势得到充分发挥的新型的原材料工业。

为此建议从以下几个方面做好下一步水泥工业发展工作。

1. 抓紧做好固定资产投资项目清理和后续工作

政府有关职能部门应区别不同情况，认真加以处理。凡属于国家法律法规命令禁止的，应淘汰的落后水泥工艺、技术和产品的项目，应坚决予以停止建设，并做好已征土地的复耕、贷款保全和回收工作；对于属于暂停建设限期整改的项目，各项目建设单位要积极及时做好有关土地征用、环境保护、生产安全等市场准入的各项手续工作；对于符合国家产业政策和市场准入条件的项目，政府有关部门要在土地使用、银行贷款等方面给予支持。这些工作将对水泥工业的结构调整产生积极的促进作用。

2. 贯彻落实“国务院关于投资体制改革的决定”

根据刚公布的“国务院关于投资体制改革的决定”的要求，在国家宏观调控下更大限度地发挥市场配置资源的基础性作用，最终建立市场引导投资、企业自主决策、银行独立审贷、融资方式多样、中介服务规范、宏观调控有效的新型投资体制。在2004年度的“政府核准的投资项目目录”中，水泥项目被列为，“除禁止类项目外，由省政府投资主管部门核准”。因此，抓紧制定并出台《产业结构调整指导目录》，就显得十分重要和迫切。以此明确国家鼓励、限制和禁止投资的项目，规范企业投资方向。

3. 抓紧制定、修改和完善水泥行业的市场准入制度，重点抓好以下几个标准的制定和修改工作

关于“水泥工业大气污染物排放标准”的制定和实施。根据我国环境保护的要求和推进水泥工业产业结构调整的需要，重新修订的“水泥工业大气污染物排放标准”已通过了国家环保局组织的审议，上报国务院批准后拟在2006年正式实施。企业应及早动手学习新标准，贯彻新标准，更新改进水泥工艺过程和各个生产环节收尘设施，并保证正常运行，真正使水泥工业对环境的污染大幅度地下降。很多业内人士对制定和贯彻新的“水泥工业大气污染物排放标准”寄予厚望，称之为水泥行业的一场革命。而新标准贯彻的最终成功与否，

关键在于人们对于可持续发展的认识和政府环境监管部门的监管力度。

修订和完善水泥产品质量标准和使用标准的工作应尽快提上日程。水泥这种材料从其使用特性上来讲，仍然是一种半成品。我们应从混凝土和建筑结构的质量性能来研究水泥质量标准。特别是要提高我国混凝土的耐久性已经成为极为迫切的要求。

其他如水泥工业能耗标准、水泥工业生产安全标准、矿山环境保护等行业准入标准，都要根据国家有关方针政策抓紧制定或修改，以推动水泥工业的产业结构调整和技术进步。

4. 大力推进水泥工业技术进步，用高新技术和先进实用技术，不断提高我国水泥工业技术水平

科学技术是第一生产力，也是我国水泥工业之所以在近20年取得巨大发展和进步的根本原因。尽管我们已经能够自行研制开发、自行设计、制造大型新型干法水泥技术和装备，但是已清醒地看到，我们在总体技术水平上与国际先进水平仍有不少差距。我们要在以下方面不断组织攻关，力争有较大的进步和提高。

节能粉磨技术。水泥生产是高耗电的过程，按传统的球磨粉磨工艺，原料、水泥成品和煤粉的粉磨电耗，要占整个水泥成品电耗的60%—70%以上。今年来，挤压粉磨工艺和装备显示了其节能降耗、减少噪声、维护简单和节省土建费用的优越性。但是我们在挤压粉磨的大型设备的研制开发方面，仍与国际上有较大差距。

节能和热能回收技术。我国新型干法水泥生产的热耗与国际先进水平有一定的差距，并且国内各个企业也有不少的差距。我们应加强烧成工艺以降低热耗和热能回收技术的研究和开发。包括新型预热器、分解炉，高效新型蓖冷机，短窑技术，高档高质耐火材料和纯低温预热发电技术等。

低品位原、燃材料和工业与生活废弃物的使用技术研究和开发。这项工作意义重大。它的成功应用，不但大大降低了水泥企业的生产成本，而且将对资源的充分利用和保护环境起到积极的作用。政府在这方面要从具体政策上特别是在税收政策上，给予必要的支持。同时也要制定相应的技术标准，严格规范准入制度。

5. 大力推进和加快循环经济发展

温家宝总理在今年的十届二次人代会所做的政府工作报告中提出，要“大

力发展循环经济，推行清洁生产”。水泥行业利用其独特的工艺生产特点，已经成为利废大户。已经使大量的工业和生活废弃物成功地运用到水泥生产的过程中去，成为水泥生产的原料和燃料。使这些原本在人们看来是毫无价值和给环境带来严重污染的工业和生活废弃物，通过水泥工艺的处理与应用使它们的价值得到充分的体现，做到“物尽其用”。但是，利用废物与发展循环经济绝不是一个概念。水泥工业利用废物是发展循环经济的一个环节和重要的基础之一，而发展循环经济是对于整个国家或一个区域经济发展模式的概念。发展循环经济要从整体工业布局和社会发展的全方位来策划，根据资源的减量化原则，组成若干个“资源—产品—排除物—另一工艺过程的原、燃料—产品—排除物—另一工艺过程的原、燃料——……”相互衔接、相互依存，资源得到充分利用并与环境友好的生产加工系统。政府要从立法和制定有关政策方面，有目的、有计划地积极推进循环经济的发展。在做区域经济和项目规划时，要有意识、主动地从区域整体经济发展模式来研究和论证，积极促进循环经济发展。

6. 支持大企业集团实施国际化战略

我国已加入WTO，如何充分利用“两种资源、两个市场”，参与国际竞争，加快实施“走出去”战略，已经成为水泥工业一些大企业或企业集团面对的重要问题。企业应当利用当前我国水泥工业的各种优势，积极开拓国际市场。运用自由资金或资本运作，募集资金在境外投资兴业或收购国外企业股份等多种方式拓展国际市场和开展国际合作。政府应当在项目核准或备案、银行信贷、外汇使用、质检、税收、海关监管工作中给予企业有效的支持。

宏观经济调控是树立和落实科学发展观的生动实践，是政府加强经济调节职能的具体体现。宏观调控的最终目的，是促进经济持续快速协调健康发展和社会全面进步。水泥工业是这次宏观调控的重点行业之一。我们一定要把思想统一到中央的精神上来，全面、正确、积极地理解和贯彻宏观调控的方针政策和各项措施，抓住当前宏观调控有利时机，变被动为主动，积极转变发展思路，调整水泥产业结构，促进企业技术进步，真正转变水泥工业经济增长方式，使水泥工业的发展建立在技术进步、减少资源消耗、降低环境负荷、提高产品质量和劳动生产率的基础上，走新型工业化和可持续发展之路。

（原载于《中国建材》2004年第9期）

应对外汇储备持续快速增长，调整我国水泥行业国际化战略

一、外汇储备持续快速增长

今年2月，我国外汇储备规模达到8536亿美元，超过日本，成为世界第一外汇储备大国。2月至7月，外汇储备又增长了近1034亿美元，达到9545亿美元。按照目前增长趋势，今年内外汇储备超过1万亿美元已成定局。高额的外汇储备虽然增加了我国的经济运行的安全性，提高了我国在国际经济发展中的影响力。但是也反映了我国内外经济发展失衡，外贸粗放式增长等结构性问题。

1. 外汇储备增长过快对货币政策带来压力

外汇储备增长过快给中央银行实行稳健的货币政策带来压力，特别是对信贷的紧缩起到了抵消作用。这样，不但会引起某些商品价格的上涨，而且对信贷增长过快、固定资产投资过热有所影响。为此，央行又不得不采取发行央行票据、提高准备金率等手段回笼本币资金。这些连锁反应消减了货币政策的调控空间，也增加了宏观经济调控的难度。

2. 外汇储备增长过快带来新的成本和风险

虽然国际直接投资所承载的各种竞争力和效益、形成的有效资本和技术创新力、造就的各类高素质的人才、带来的市场和就业机会等对我国的调整经济结构、转变经济增长方式都起到十分有效的作用，但是与此同时，由于不少地方对外盲目引资，片面追求GDP的增长速度，把一些高消耗、高污染、消耗大量资源、土地和劳动力的项目引入；我国出口产品的竞争力主要靠低廉的劳动力获得，特别是贴牌生产占相当大的比重；而一些高新技术企

业里我们也是在从事低端的劳动密集型的加工环节，大部分核心关键技术被严格控制起来，为此我们付出了巨大的资源和环境代价。据有关部门初步测算，我国每年因外贸造成的环境、资源以及员工福利健康方面的代价大约为1200亿美元，与每年的贸易顺差大致相抵。并且这种代价将很难在短时间内加以弥补。

3. 经常项目的巨额顺差导致贸易摩擦加剧

近年来，我国的对外贸易额不断增大，2005年出口总额达到约7600亿美元。经常项目顺差达1608.18亿美元，其中货物贸易顺差达1341.89亿美元，同比增长127.5%。这些经常项目的巨额顺差，加大了我国与一些主要贸易伙伴之间的国际收支不平衡，容易引发贸易摩擦和受到欧美等国家贸易保护主义的限制和打压。特别是相对于总体贸易失衡而言，我国出口产品的结构性失衡问题更加突出。近年来，贸易摩擦也频繁发生在一些与我国毗邻的发展中国家。这是由于我们与他们的出口产品和服务贸易的类同性，这也成为我国经济发展外部环境的不确定性因素。

二、调整我国水泥行业国际化战略

综上所述，高额的外汇储备及其快速增长态势是我国改革开放、经济发展和现行外汇管理制度的结果。在解决外汇储备问题的对策上需要全面考虑，正确地执行党中央、国务院提出的“引进来”“走出去”的战略方针，对我国外经、外贸的方针政策进行主动的调整。

水泥工业是我国的重要的原材料工业，在国民经济和社会发中占有重要地位。面对当前国际、国内经济和行业发展形势，以及在外汇储备方面存在的问题，我们应当如何调整发展战略是一个非常值得关注的问题。

自1985年始，我国水泥产量已连续21年居世界第一位。2005年水泥产量达到10.69亿吨，产能达到13.9亿吨，能力利用率为76%—77%，产量占世界产量的40%左右。“十五”期间水泥产量由2000年的5.97亿吨提高到2005年10.69亿吨，年平均增长12%（图1）。“十五”期间水泥产能年平均增长7.87%，水泥能力利用率平均为71.35%，高于“九五”期间6.45个百分点（图2）。

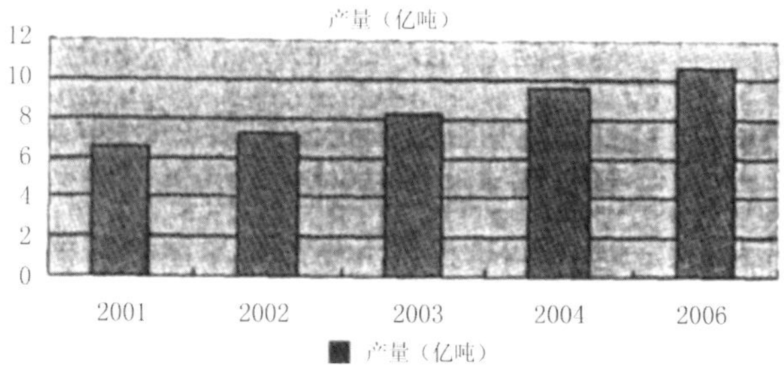

图1　中国水泥产量增长情况

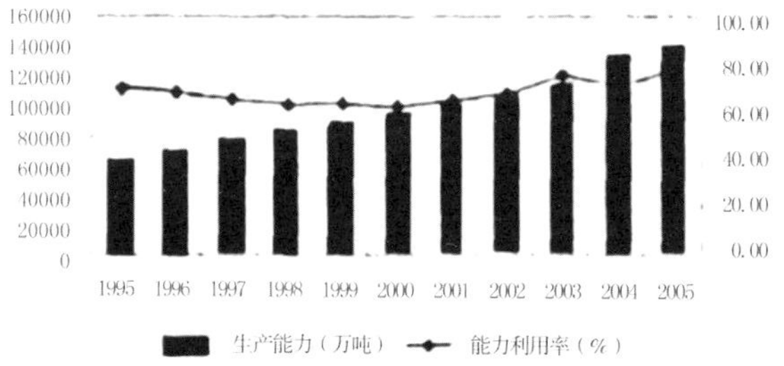

图2　水泥生产能力和利用率

改革开放以来，我国坚持走自主研发和引进、消化国外先进技术相结合的路线，经过近20年的不懈努力，我国新型干法水泥技术装备日趋成熟，形成先进、实用、可靠的特点。随着我们在水泥工艺技术和装备研发、工程设计、设备制造安装、生产管理水平的不断提高和单位生产能力的投资大幅度降低，新型干法水泥的比重不断加大，结构调整的步伐加快。到2005年底，新型干法水泥产量达到4.73亿吨，比重已达到45%。与此同时，随着我国水泥工艺技术和装备国产化的成熟和大型化，一批水泥工艺技术和装备已走出国门。仅2005年至2006年上半年，中国对外建设的大型干法线和粉磨站合同金额已达30亿美元。目前，我国新型干法水泥技术和装备已出口多个国家，水泥成套技术装备及工程服务出口逐年扩大，在国际水泥技术装备及工程服务市场的份额目前已占国际市场份额30%左右。

由于我国新型干法水泥实物质量的提高和价格的竞争优势，加之国内水泥销售市场竞争的激烈，国内一些大中型企业在“十五”期间不断开拓国际市场，促进水泥产品出口。“十五”期间共出口水泥及熟料4605.87万吨。2005年，水泥出口1137万吨，出口额4.06亿美元，水泥熟料出口1078万吨，出口额2.74亿美元。今年上半年，受欧美和中东地区水泥需求旺盛及前几年沿海地区水泥产能扩张过快、水泥价格竞争激烈等影响，出口水泥951万吨，熟料804.14万吨，比去年同期分别增长127.7%和144.6%。

“十五”期间，随着国际、国内经济形势的变化发展，国际资本加速进入我国水泥产业。我国连续多年国民经济保持快速健康发展，社会稳定，社会固定资产投入比重较大，多年保持在较高水平，2005年城镇固定资产投资完成额达75096亿元，比上年同期增长27.2%。由于固定资产投资的增加，对水泥实物产品需求量也随之增大；近几年我国一些大型水泥企业快速发展，规模不断扩大，在生产技术和装备逐步与国际水平接近的同时，深感在管理理念和水平、在企业的发展战略创新上与国际上成功的大企业有着不小的差距。前几年国内一些企业规模发展很快，在迅速发展的过程中对资金的需求量也激增，产生了对不同类型投资者合作的需求。在世界各国的经济竞争日益走向技术化、标准化的今天，对于环境保护的要求也更加严格，迫使资源类和能源消耗类产业不断从发达国家向新兴市场转移。

“十五”期间，外资进入水泥产业的实收外资资本金逐年上升，总计898亿元，占全部建材产业吸收外资资本金的42.34%（表1）。

表1　“十五”期间外资进入我国水泥产业的资本金变化

单位：亿元

年份	实收资本金	年增加金额	年增长比例（%）
2000	138	55（上年83）	66.27
2001	152	14	10.14
2002	158	6	3.95
2003	176	18	11.39
2004	196	20	11.36
2005	216	20	10.20

“十五”期间外资进入我国水泥产业的实收资本金年均增长速度是9.41%，高于同期GDP增长速度，呈持续增长态势。这其中，17家重点外资企业是外资投入水泥产业的主力，它们在“十五”期间共投资301亿元人民币，占当期水泥产业吸收外资总资金的33.52%。这17家外资企业既有排名世界前几位的大型国际水泥集团，也有世界著名大型金融企业。外资进入我国水泥产业的方式，有的是在具有区域发展战略地区独资建设大型现代化水泥企业，更多的是收购和并购具有战略发展意义的大型水泥企业集团或其股权。当前外资进入水泥产业具有长期性和战略性的特点。

从我国水泥产业发展的现实状况和我们所处的国际、国内经济环境出发，根据国务院对于宏观经济调控的方针政策，笔者对我国水泥产业如何参与和应对国际经济竞争与合作，实施国务院提出的“走出去”战略，充分利用“两个市场、两种资源”，调整水泥产业的国际化战略提出建议和意见，供业内及有关人士参考。

1. 关于出口水泥和水泥熟料的问题

为了保持国民经济的长期稳定和均衡发展，改善我国经济与社会发展的外部环境和基础条件，实行国际收支特别是经常项目的基本平衡应当是今后长期的宏观经济政策目标之一。随着我国国民经济的快速发展和人口的增加，能源、资源和环境的制约因素日益明显，过去长期执行的出口导向政策必然要进行必要的调整。出口退税政策的调整是国家根据有利于进一步优化产业结构、促进外贸转变增长方式，推动进出口贸易均衡发展所采取的宏观调控政策之一。国家将根据各类商品对于资源、能源的消耗，对于环境的影响，产品的技术含量和附加值，国际贸易的具体情况适时做出必要的调整。这次财政部、国家发展和改革委员会、商务部、海关总署、国家税务总局五部委9月14日联合发出通知，自9月15日起将调整部分出口商品的出口退税率，同时增补加工贸易禁止类商品目录。在这次调整中水泥出口退税率由13%降至11%。目前，我国水泥和水泥熟料每年出口数量占全年的生产总量比例虽然很小，但这次出口退税率的调整，表明了国家对于水泥这种产品出口的政策导向。这几年水泥和水泥熟料出口主要集中在大型企业集团，他们的水泥和水泥熟料出口量占出口总量的80%—90%。一方面国内市场由于前几年产能相对集中的释放，一些地区的水泥产品价格在低位徘徊，利润空间减少，迫使部分大型企业把目光转向国际市场；一方面由于这些大型企业集团生产技术和管理水平较高，能够按照进口国的水泥技术标准和用户的具体要求组织生产。针对国家调整和优化出口产品的结构，我们的企业要因势利导，要利用国家加强基础设施建设和社会主义新农村建设的契机，加大对国内市场的开拓。要进一步做好节能降耗、开展精细管理工作，降低运行成本，争取合理利润空间。在开展水泥和水泥熟料出口贸易时要密切关注人民币汇率和人民币存贷利率的变化，充分利用金融衍生产品，把财务风险降低到最低水平。

2. 关于水泥工程建设业服务贸易问题

我国对外水泥工程建设业的工作开展由来已久，且发展的水平不断提高。近几年，随着我国新型干法水泥生产技术、装备的成熟，工程设计、工程建设、工程管理经验的丰富，加之我们在服务和价格方面的优势，在国际水泥工程建设业的舞台上扮演着重要角色，占有一定的市场份额。开展水泥工程建设业的国际服务贸易，可以调整和优化出口产品结构，可以促进我国水泥工艺技术和装备水平的不断提高，带动设备制造业的发展和技术、设备的出口。通过开展水泥工程建设业的国际服务贸易，培养一批懂技术、善管理、了解国际工程建设运行规则的复合型人才，进一步提升了我国在这一领域的竞争力。

为了更好地开展水泥工程建设业的国际服务贸易，从政府层面上应当在风险控制的基础上，加大对这项工作的政策支持力度。在信贷额度、信用担保、外汇管理、设备出口、人员往来等方面给予便利化管理，提高管理效率。我国驻工程项目所在国的有关机构亦应当给予工程项目以必要的政府管理、法律、税收、金融、社会情况等方面信息的支持。在出现某种危机或我国公民生命和财产安全受到威胁时，应提供必要的保护，使他们的正当权益得到应有的保障。

从企业层面上应当进一步提高我们的工程质量和服务质量。遵守国际通行的原则，提高合同履约率。在国际水泥工程建设项目的竞争中要着力提高我们的核心竞争力，提倡“优质优价”，提高我国水泥技术装备的内在质量和综合技术经济指标。在建设项目的过程中，一定要为发展所在国的经济发展做出努力。根据所在国的具体情况，大力提倡工程设备和建筑材料本土供应和人才的“本土化”战略。通过项目建设达到双赢的目的。当前，我国具有在国际上竞争大型水泥工程建设项目的工程建设企业已有数家，它们都取得了不错的业绩。但就其单个的规模和实力与国际上著名的大型工程建设企业仍有一定的差距。在国际市场的竞争中我国企业之间也缺乏必要的协调和合作，有时还出现相互压价竞争的情形。因此，在今后如何壮大和培育大型企业集团，进行必要的企业间的重组联合，切实提高我国大型工程建设企业的国际竞争力，是摆在我们面前十分重要的任务。

3. 关于外资投资和并购国内水泥企业的问题

近年来，特别是今年以来，对于外资投资和并购我国水泥企业的问题，引起了业内人士和政府有关部门的关注。笔者也在一些场合发表过自己的观点。纵观全局，当前出现的外资投资和并购在行业内或某一地区的具有发展潜质的水泥企业，有其现阶段国际、国内经济和我国水泥产业发展阶段的历史必然。

从宏观层面上看，一是我国经济持续快速健康发展，连续多年GDP增长速度保持在8%以上。世界各国看好中国经济发展潜力，有长期发展的空间；二是我国劳动力、资源和能源成本比较低，环境代价也相对较低；三是我国政局稳定，对外长期实行互助互利的和平外交路线，政府是守信和负责任的政府；四是我国已经加入WTO组织，全面降低了进口关税，对现行的外汇管理政策进行了调整；等等。这一切都有助于对外资的引入，形成世界投资洼地之一。

从产业发展层面上看，一是我国水泥产业经过20多年的发展，在科研、设计、施工、设备制造、工程建设等方面都有了根本的变化和质的飞跃，大大地缩短了与国际先进水平的差距；二是水泥产业经过多年的努力，实现了低投资、优化设计、装备国产化、单位生产力投资成本降低、建设周期缩短，生产经营等方面达到一个新水平；三是企业从应对激烈市场竞争和发展战略出发，近几年我国大型水泥企业规模扩张迅速，企业间的兼并重组力度加大。企业的这种迅速扩张、规模的扩大必然对资金的需求加大，对资金流的管理难度随之增加，企业的管理模式、理念都要进行重大调整。而这些正是国际产业资本和金融资本所具有的优势。从近几年兼并重组的事实案例看，产业资本更看重资源丰富、市场潜力较大、效益一般的区域性大中型企业，这样可以充分利用已有的一切资源，可以降低收购成本。而金融资本更看重那些效益较好，短期升值空间较大的大型企业或企业集团，通过有效运作以取得较高的利润回报。

国际产业资本和金融资本的关注、进入我国水泥产业已是一个客观事实，问题在于我们如何去应对，使它能为我国水泥产业结构调整、水泥生产技术水平的提高、水泥企业经营管理理念的更新做出贡献。与此同时我们也要高度重视外资并购重组我国水泥企业可能发生的负面影响，特别是要重视可能发生的事实上的区域价格垄断。政府在外资对我国水泥企业进行投资、重组并购工作中一定要认真履行职责，依法予以监管和必要的指导，使其在法律和现行政策的框架内进行。为了促进和规范外国投资者来华投资，引进国外的先进技术和管理经验，提高利用外资的水平，实现资源的合理配置，保证就业、维护公平竞争和国家经济安全，依据外商投资企业的法律、行政法规及《公司法》和其他相关法律、行政法规，商务部等六部委制定了《外国投资者并购境内企业暂行规定》。这个行政法规是现阶段外国投资者并购境内企业所必须遵守的法规。

4. 关于加快我国大型水泥企业做大做强，参与国际竞争的问题

我国大型水泥企业或企业集团近几年在市场经济的环境下有了长足的发展，企业的生产能力和产量都有了较大的提高，对于市场的控制力也显著增强。但是这些企业不论是水泥生产企业还是水泥工程建设企业，仍然缺乏国际竞争力。我们在国际市场中还没有真正形成一个或几个大型跨国经营企业去参与国际竞争。我们要利用当前我国外汇储备充裕的条件，政府有关部门应从信贷、税收、海关监管、外汇管理等方面支持有条件的企业到境外投资建立生产企业或收购境外有发展潜力的企业股权，真正实现跨国经营，在国际市场的大环境中发展壮大。

为此，我国的大型水泥企业集团要充分利用国际、国内“两种资源”“两个市场”，创新企业发展战略，通过同业并购和股权置换、资产重组和规模扩张等方式，逐步壮大企业的实力和竞争力；创新企业经营管理模式，通过建立现代企业制度，构建规范的公司法人治理结构，实施符合国际化经营目标的运行机制和考核、监督机制；创新企业人才培养和用人机制，通过建立新型人力资源开发和用人机制，大力培养适合国际化经营管理的复合型人才，建立以考核实际经营管理能力和业绩为主要目标的用人机制，大胆把具有开拓进取、善于谋略、科学决策、业绩卓著的，在工作实践中成长起来的人才充实到关键的领导岗位。跨国经营是要大力推进人才的“本土化”战略。相信经过上述各个方面的努力，我国一定会有自己的实力强大、市场竞争力强、真正实施国际跨国经营的大型企业在国际水泥产业的舞台上扮演重要角色，发挥重要作用。

我国自改革开放以来，国民经济连续多年快速健康发展，对外经济规模不断扩大。在现行的外汇管理体制下，出现了经常项目和资本项目下的“双顺

差”，今年2月已经成为世界外汇储备总量第一的国家。我们在充分肯定取得成绩的同时一定要重视外汇储备总量过大对经济和社会发展所带来的某种负面影响。我们要主动采取必要的调整措施，调整出口商品的结构，提升出口服务贸易的水平，加强对引进外资的政策性引导和规范运作，扩大进口我们需要的资源、能源、先进技术装备和科研手段，大力支持我国有条件的企业实施“走出去”战略，在国际竞争的环境中培育我们的大型跨国企业。力争实现国际收支的基本平衡，创造出我国发展的良好外部环境。

（原载于《中国建材》2006年第12期）

以科学发展观为指导走可持续发展之路

——“十二五”水泥产业发展的思考

今年是执行“十二五”规划的第一年，意味着我们将开始21世纪的第二个十年新的征程。站在这个重要的历史时刻，回顾在“十一五”期间水泥产业发展历程，总结分析其中的规律，结合当前和今后一个时期国内、国际经济社会发展趋势，以《中共中央关于制定国民经济和社会发展第十二个五年发展规划的建议》精神为指导，认真思考“十二五”水泥产业的发展思路、政策措施和具体举措，进一步统一思想、明确工作重点，对于水泥产业在“十二五”乃至今后的长远的发展都是极为重要的。本文将提出笔者在这方面的一些思考，供业内外有关方面人士参考。

一、“十一五”水泥产业发展回顾

在党中央、国务院的正确领导下，全国人民以邓小平理论和“三个代表”重要思想为指导，以科学发展观统领经济社会发展全局，加大宏观经济调控力度，增强调控的有效性、针对性，加快转变经济发展方式，提高自主创新能力，促进城乡区域协调发展，深化改革开放，积极应对国际金融危机冲击和克服严重自然灾害的影响，全面胜利完成了“十一五”规划的各项任务。为我国在21世纪下一个十年的发展奠定了坚实的基础。

水泥产业作为建材产业的重要组成部分，在“十一五”期间按照规划提出的“节约能源资源、保护生态环境和提高产品质量档次为重点，促进建材工业结构调整和产业升级。在有条件的地区发展5000吨及以上的新型干法水泥，逐步淘汰立窑等落后生产能力”为总体要求，针对我国水泥产业的现状，以控制总量、淘汰落后、加快重组、提升水平为工作重点，加快推进调整结构和产业布局，大力开展节能减排，努力提高产品质量和产业集中度。在“十一五”期间，水泥产业不但满足了国民经济社会发展的需求，而且在产业自身发展中发生着重大的变化。

“十一五”水泥产业的发展呈现以下的主要特点。

1. 水泥产业产能产量继续快速大幅提高

“十一五”前四年，虽然遭遇了国际金融危机对我国经济的冲击和多起严重自然灾害的影响，我国国民经济仍然保持强劲的增长势头。我国国内生产总值年均实际增长11.4%，比“十五”期间年平均增速快1.6个百分点。2010年上半年，又保持了11.1%的增长。预计2010年全年GDP增长将超过10%。在我国经济增长的三大驱动力投资、出口、消费对于经济增长贡献率中，固定投资占有较大比重。这是由我国所处的经济发展阶段所决定的。我国经济基础薄弱，基础设施落后，人民生活和消费水平相对较低。所以固定资产投资拉动经济增长的内生动力强劲。特别是，在应对国际金融危机对我国经济影响，实行积极的财政政策和适度宽松的货币政策，实施一揽子应对计划，有效扩大内需，固定资产投资也呈较快增长。“十一五”期间，年固定资产投资增长一般在25%—30%。由于固定资产投资增长与水泥需求量增加有着密切的关联（一般用水泥产量弹性系数来表示，该系数一般在0.5—0.6），因而在“十一五”期间，水泥不论是产能还是产量均有较大增长。水泥产量从2006年12.4亿吨快速增加到2009年的16.5亿吨，今年水泥产量预计将超过18亿吨。

在水泥产能方面，有统计数据显示，截止到2010年上半年我国水泥产能约为21.5.亿吨，因有些新建生产线将在年底投产，预计产能2010年将达到23亿吨以上。生产设备利用率在80%左右，这意味着有近5亿吨产能的富余度。

2. 产业结构得到有效调整

随着水泥产业科技进步、装备制造水平的提高、新型干法水泥工程建设和运行管理经验的不断积累，我国新型干法水泥生产日益显示其在产品质量、劳动生产率、节能环保、企业效益方面的优越性，在激烈的市场竞争中具有很强的竞争力。新型干法在“十一五”得到迅猛发展。近五年来通过激烈的市场竞争，并通过政府运用产品质量、环保、节能标准以及必要的行政手段，加大淘汰落后水泥产能的力度，2006年至2009年淘汰落后水泥产能2.14亿吨。2010年预计淘汰落后水泥产能约9200万吨，有效地减少了落后水泥产能在水泥产能中的比重。从2005年新型干法水泥熟料年产4.73亿吨，占我国水泥熟料的比重为45%，到2010年，新型干法水泥熟料产量占我国水泥熟料的比重将超过80%。2010年新型干法生产线将达到1310条，水泥熟料产能预计将突破13亿吨。

我国单条水泥生产线规模不断扩大。据统计，2009年我国新型干法水泥生产线中，2500t/d及以上包括3000t/d、4000t/d、5000t/d、6000t/d、8000t/d、10000t/d的生产线产能占我国新型干法窑产能的62%以上。其中，5000t/d及以上的大型新型干法水泥熟料生产线占24.26%。12000t/d的新型干法水泥生产线正在建设中。

3. 水泥产业布局得到改善

根据“十一五”规划提出的促进区域协调发展的要求，国家坚持实施推进西部大开发，振兴东北地区等老工业基地，促进中部地区崛起，鼓励东部地区率先发展的区域发展总体战略。水泥产业根据区域发展战略和市场需求，五年来，水泥产业布局发生着积极的变化。过去传统的水泥生产大省，如广东、山东、河北、河南、江苏等东部省份继续保持快速发展外，新增水泥生产能力逐步向中西部发展。如在四川汶川地震恢复重建和西南地区基础设施建设的拉动下四川、贵州、云南等省水泥生产能力大幅增加；在中央颁发加快新疆实现跨越式发展的文件后，新疆自治区的水泥项目大幅增加，产能迅速提高。2009年以来在12个区域经济社会发展规划上升为国家层面战略规划的影响下，目前全国水泥产能布局相对平衡，有些地区出现产能过剩的情况。

4. 生产集中度提高，大企业集团发展迅速

为了解决水泥产业企业数量多、实力弱、竞争力低的问题，通过政府政策引导，企业自身的努力，在市场竞争的环境下大企业和企业集团，五年来得到壮大发展。在2006年“十一五”规划起步之年，政府有关部门，邀请业内专家，通过认真分析研究，筛选出12家大型水泥企业为国家重点扶持的企业，48家水泥企业为省级地方政府重点扶持的企业。在政策上给予适当的倾斜，促其在市场竞争中根据市场需求，通过新建、改建和资本运作、兼并重组迅速发展壮大，生产力快速向这些行业龙头或地区龙头企业集中。如安徽海螺集团、南方水泥集团、山东水泥集团、冀东水泥集团、华新水泥集团等大型水泥企业都成为跨区域的大型水泥企业。2009年，全国年产能力在1000万吨以上的水泥企

业有20家，其中海螺和南方水泥两家超亿吨。据统计，2009年前10家大型水泥企业的水泥产量为3.69亿吨，占全国水泥产量的22.6%。

5. 节能减排工作取得明显成效

水泥生产是耗能大户、废气和污染物排放大户。水泥制造业能源消耗占建材工业的70%左右，占全国工业能源消耗的7%以上。废气排放量占全国工业废气排放量的15%左右；二氧化硫排放量占全国工业二氧化硫排放量约5%；烟、粉尘排放量占全国烟粉尘排放量约30%。根据“十一五”规划关于建立“两型”社会的要求。水泥产业的节能减排任务繁重。五年来，一是通过淘汰落后产能，把能源消耗高、烟尘和污染物排放不达标的水泥生产线关闭或通过技术改造，减少能源消耗和污染物排放。二是大力发展技术指标先进的新型干法水泥生产工艺。重点在高效煅烧、节能粉磨、清洁生产、自动控制等方面加大科研开发力度，通过优化设计、鼓励企业采用新工艺、新技术、新装备，加强生产管理，我国单位水泥生产能耗总体呈下降趋势，大型水泥企业的单位水泥能耗已接近或与国际先进水平相当。三是积极推进余热和废弃物回收利用，努力为发展循环经济做贡献。开始于我国“八五”计划的新型干法水泥窑余热发电技术，经过近20年的不断攻关和实践、完善和发展，在“十一五”期间，新型干法水泥窑纯低温余热发电技术和装备日臻成熟，在熟料热耗达标的前提下，每吨熟料余热发电量一般可在40千瓦小时以上。扣除余热发电系统自用电外，可使单位水泥产品耗电下降20%—30%。目前，大约有60%以上的生产线配套建设了余热发电装置，为水泥产业节能减排发挥了重要作用。水泥产业历来重视消纳和利用各种工业废弃物作为水泥生产替代原料的工作。高炉矿渣、粉煤灰、硫酸渣、电石渣、赤泥、脱硫石膏等工业废渣在水泥生产中都得到了充分的循环利用，实现了这些工业废渣的资源化，减少了环境污染，增加了企业的经济效益。据统计，由水泥制造业综合利用的固体废物量为全国工业固体废物利用量的30%左右，占全国当年工业固体废物产生量的17%左右。近年来，关于利用水泥窑处置和利用工业废弃物和生活垃圾，作为生产水泥用的替代燃料的工作取得一定进展。已经分别在北京金隅集团所属的北京水泥厂、广州越秀集团所属的越堡水泥厂、海螺集团所属的芜湖水泥厂等生产线，新建投产了处置和利用工业废弃物和生活垃圾装置，进行了这方面工作的探索与实践，取得了良好的环境效益、社会效益和经济效益。

6. 企业实施“走出去”战略取得实效

在国家实施支持有条件的企业“走出去”的政策指导下，水泥产业从过去只有单纯的水泥、熟料产品出口，到人力资源的劳务出口，发展到今天的以水泥建设工程带动水泥技术、装备和服务出口。由于我国的水泥技术和装备先进实用，性能价格比具有优势，技术服务认真周到，在建设过程中充分关注业主利益和需求，认真兑现我们的社会责任，达到双方共赢。目前我国企业在国际水泥工程建设项目市场份额中所占比例已超过30%以上。许多国际水泥工程建设项目，取得良好的业绩，受到中央领导的充分肯定。

二、“十二五”水泥产业发展展望

在认真总结在“十一五”水泥产业取得巨大成就的同时，我们也必须清醒地看到水泥产业在发展中存在的问题。这主要反映在水泥产能增长过快，一些区域产能过剩问题突出；产业结构调整任务仍然艰巨；产业生产集中度不高，大集团、大企业的实力和竞争力仍需进一步加强；水泥产业的节能减排的任务繁重、潜力巨大；水泥产业的国际化战略有待加强；水泥企业的运行和精细化管理水平尚有较大提升空间，企业社会责任意识不强；水泥技术和装备的科研开发工作中自主创新的能力缺乏等问题，都需要今后在科学发展观的指引下，针对存在的问题，结合国际、国内宏观经济发展趋势和需求，水泥产业自身发展规律特点，科技和创新水平不断提高，厘清发展思路，坚持科学发展、可持续发展，真正使我国水泥产业由水泥生产大国走向水泥产业强国。

未来五年我国仍处在可以大有作为的重要战略机遇期，水泥产业作为重要的原材料产业，应当以调整优化结构促进产业升级为主线，以加大节能减排工作为重点，以自主创新科技进步为动力，积极支持企业实施“走出去”战略，全面提升水泥产业的核心竞争力，为把水泥产业建成现代原材料加工和制品业奠定基础。

1. 调整优化产业结构

我们要在过去工作的基础上，更加注重优化产业结构。淘汰落后产能，提高产品的实物质量，增强产业配套能力。我们要从过去重视量的增长转变到要更加重视质的提高。这里所指的“量”和“质”既包括水泥产品，同时也包含水泥企业的数量和企业竞争力。在“十二五”期间，随着工业化、城镇化的深入发展，我国经济仍将保持平稳较快发展，GDP仍会增长，只是增速会有所趋缓。作为经济发展的主要驱动力的固定资产投资的增长速度，虽然随着国家促进消费，拉动内需政策的实施会有所下降，但其固定资产投资的增长量仍会很大。因此，水泥的需求量仍然会增加。如何满足水泥需求量的增长？目前，估计我国水泥产能已经大约有23亿吨，我们应当在控制产能总量的前提下，加大淘汰落后产能的力度，充分发挥现有的产能的利用率，而不要重复走过度扩大产能总量的老路。特别是在一些水泥产能已经严重过剩地区，更要严格控制产能总量。当然，我们也应当控制一个合理的产业产能利用率。通过淘汰落后产能和发展新型干法水泥，力争到2015年末新型干法水泥生产能力达到占总生产能力90%以上。

在水泥产品结构上，要努力提高产品的实物质量，延长建筑物、构筑物的使用寿命。通过与建设业的合作，切实提高我国运用在建筑物、构筑物中混凝土的标号，增加高标号水泥的用量，从而减少水泥产品用量和石灰石资源的消耗。要注重特种水泥的开发研究，增加特种水泥的品种和应用。努力探索开发研制非碳硅系列的新型胶凝材料，满足经济社会发展的多方面的特殊要求。

在企业结构上，要合理引导企业兼并重组，通过市场竞争显示大企业的竞争优势，进一步提高水泥产业的生产集中度。力争到2015年末，位列前10家的水泥产量达到总量的35%以上。

2. 加大节能减排工作力度

面对日益强化的资源环境压力，必须增强危机意识、树立绿色、低碳发展理念，以节能减排为重点，健全激励和约束机制，开发和运用节能环保的新技术、新产品、新装备，使水泥产业向低碳化、环保化、清洁化方向转变，为建设两型社会做贡献。一是进一步降低水泥产品综合能耗。虽然我国一些设备先进、运行管理水平高、单条生产线规模大的企业单位水泥产品的综合能耗已经接近或与国际先进水平相当，但是我国还有占全国新型干法水泥产能30%的中小型或在20世纪80年代、90年代早期设计建设的新型干法生产线，它们的技术和装备水平已经落后，单位水泥产品的综合能耗和排放指标均与国内先进水平有较大差距，也必须在市场竞争环境中加以改造提升或淘汰。其次我国的现有的大中型新型干法水泥生产线单位水泥产品综合能耗和排放指标仍与国际先进水平有一定差距，应当通过节能环保改造和精细管理，努力挖掘节能潜力，提高环保质量。二是进一步开展余热和资源的综合利用。要大力推广水泥窑余热发电技术，进一步改进余热发电的工艺流程，提高装备水平和发电效率，增加水泥烧成工艺和余热发电的操作的协调性和稳定性。在“十二五”期间力争所有的生产线都装配余热发电装置。新建的生产线要做到水泥生产线与余热发电装置同时设计、同时建设。要大力开展低品位矿石原料和燃料的合理利用，提高原燃材料的利用率，以节约资源和降低生产成本。要继续利用水泥工艺的特点开展资源的综合利用，消纳其他工业的废弃物，作为水泥的原料和混合材料。为发展循环经济做贡献。三是大力推广水泥窑处置和利用工业废弃物及生活垃圾作为替代燃料技术。经过近十年的研究、探索和工业实践，我们对这项技术的工艺、装备和运行操作有了突破和提高，应当在“十二五”期间根据各地的具体情况，积极而稳妥地加以推广。政府应当根据我国情况，制定在采取应用工业废弃物和生活垃圾作为水泥窑替代燃料时的水泥熟料质量标准、水泥窑废气排放标准。为了支持企业推广和运用这项技术，政府需要制定“谁排放、谁付费，谁处置、谁收费”的具体政策措施。这样可以调动处置企业的积极性，在完成社会责任和提高环境效益的同时，企业本身也可取得应有的经济补偿。同时政府在税收、信贷等方面给予必要的优惠，支持企业应用这项技术。“十二五”期间的重点应放在对大中城市污水处理厂污泥和城市生活垃圾的处置和利用以及对于工业危险废弃物的处置上，以解环境保护工作的燃眉之急和难题，为我国环保事业做出积极贡献。四是着眼未来愈加严格的环保要求和排放标准，开展相应的研究开发工作。加强对水泥窑废气中氮氧化物成分的控制，减少氮氧化物的排放量。这需要进一步改进窑头和分解炉燃烧器的结构，优化分解炉的型式和构造，以达到煤粉的充分燃烧和氮氧化物的减少。对于水泥厂粉尘排放总量的控制，无论是有组织排放还是无组织排放，都要严格控制，加强绿化、美化，营造清洁优美的生产环境。要特别注意矿山开采后的地貌恢复工作，有条件的可以做好植树造林恢复生态工程。水泥工业是二氧化碳排放大户，二氧化碳气体既是一种温室气体，同时也是重要的化工原料。我们应当在二氧化碳气体的储存和应用方面进行研究和探索，为减少温室气体排放，提高应对气候变化能力建设做好准备。

3. 加快推进水泥产业国际化战略步伐

根据党中央关于“十二五”规划的建议中有关加快实施“走出去”战略的总体要求，水泥产业应当在过去取得成绩的基础上，全面推进国际化战略步伐。虽然我国不少水泥产业企业在国际市场中，在水泥产品出口、劳务服务和工程承包等方面已取得显著成绩，但还没有形成真正意义上的国际跨国企业。因为我国的大企业集团的资本组成、经营收入、人力资源、管理团队、技术来源等方面还没有真正形成国际化。为此，在经济全球化步伐加快的时候，水泥产业应当从战略高度调整发展思路，充分利用“两种资源、两个市场”，按照市场导向和企业自主决策的原则，有序到境外投资合作。要充分利用我国外汇储备充裕，在金融机构的支持下，发挥我国水泥技术装备先进实用、性能优越、价格合理等优势，采取独资、合资、参股、收购等方式，积极参与国际水泥产业的竞争。为推进水泥产业国际化战略的实施，企业要加快适应“走出去”战略所需人才的培养，做好海外投资环境研究，强化投资项目的科学评估，加强项目管理，履行好企业的社会责任，努力实现“本土化”，实现投资方和企业所在地的互利双赢。为提高投资效益，减少投资风险，政府要加强宏观指导和服务，完善政府有关部门的统筹协调，指定相应的优惠政策，支持企业“走出去”战略的实施。

4. 延长水泥产业链扩大发展空间

水泥只是一种建筑材料的半成品。它是制备混凝土的重要成分之一。因此，在建筑物、构筑物中水泥是在混凝土中发挥其胶凝材料的作用。要想提高建筑物、构筑物的质量，延长建筑物、构筑物的使用寿命，除了提高水泥产品的质量外，还必须关注应用在混凝土中骨料的质量和性能，从而提高混凝土的质量和性能。当前我国预拌混凝土产业发展迅速，大多是由建筑施工企业兴办或由一些中小企业投资兴办。其中混凝土的骨料（石料和沙子），大多向地方上采购，其质量还难以保证。不少建筑工程因混凝土质量问题，造成建筑物、构筑物出现问题或使用寿命减少。因此，水泥产业应当向水泥产业的下游——混凝土产业发展。

随着水泥预制构件在建筑物和构筑物的广泛采用，水泥制品的应用空间越来越广，水泥产业应当逐步由半成品生产向制成品产业扩充。逐步形成从矿山开采到水泥生产到混凝土制备和水泥制品的较为完整的生产链。真正实现建筑材料产业与建筑业的充分融合。

我国的水泥产业中，除了上述的主产业链外，还包括研究、设计、装备制造、施工安装、物流运输等业务，它们都是围绕主产业链来开展和拓宽业务的。这些业务也应当根据市场需求单独来扩展市场。

这里特别提出，由于水泥生产工艺的特点，在处置和利用工业和生活废弃物的独特优势，在未来的发展中，水泥企业有可能成为环保产业的重要组成部分。

5. **大力提高自主创新能力**

要实现上述发展思路，必须推动发展向主要依靠科技进步、劳动者素质提高、管理创新转变。其核心是自主创新能力的培养和提高。

近年来，我们通过工作实践和激烈的市场竞争，已经认识到自主创新的重要性。但认真总结起来，我们会发现在自主创新能力方面，形势仍不能盲目乐观。我们在对自主创新的重要性强调的多，要达到创新目标任务布置的多；但是如何通过培养和提高创新能力，去达到创新的目标则研究的少。在创新人材、创新思维、创新方法、创新环境、创新工具等方面所组成的创新体系，还缺乏系统地研究和改进。因此，在创新方面表现为自主创新能力不足，多为跟随国外的步子走，缺乏超越式或原始创新；个别技术和产品的性能改进多，缺乏系统技术的创新；科研成果理论水平高，但转化为生产力和商品的难度大、时间长等现象。要改变这种现象，必须把如何进行自主创新作为一个系统来研究，切实在一些薄弱环节上加以改进，才能取得实实在在的效果。

水泥产业要在未来十年科学发展、可持续发展，必须以科技创新为强大动力，着力培养和提高自主创新能力，为创新型人才营造“创新生态环境”，提供个人成长发展空间。要在创新思维、创新方法、创新工具方面有所突破，要在产、学、研合作的机制、体制上有所改进，为科技成果尽快转化为生产力，提升产业竞争力，做出贡献。

水泥产业是传统的原材料产业，是国民经济和社会发展不可缺少的重要产业。在“十一五”期间水泥产业取得了巨大成就，同时也面对着资源能源消耗大，环境负荷重，应对全球气候变化和产能过剩等诸多挑战。在“十二五”乃至今后十年，水泥产业必须以科学发展观为指导，以加快转变发展方式为主线，以科技进步和创新为支撑，优化调整产业结构、大力推进节能减排工作、加快水泥产业国际化战略步伐、延长水泥产业链扩展发展空间、提高自主创新能力，实现水泥产业的科学发展、可持续发展。

水泥产业是传统产业，在赋予其科学发展、可持续发展的内涵后，它将有美好的未来，必将是大有作为的产业。

2010年12月

扬帆出海破浪行

——我国水泥企业实施“走出去”战略的思考

我国“十二五”发展规划纲要中明确指出：“按照市场导向和企业自主决策原则，引导各类所有制企业有序开展境外投资合作。深化国际能源资源开发和加工互利合作。支持在境外开展技术研发投资合作，鼓励制造业优势企业有效对外投资，创建国际化营销网络和知名品牌。扩大农业国际合作，发展海外工程承包和劳务合作，积极开展有利于改善当地民生的项目合作。逐步发展我国大型跨国公司和跨国金融机构，提高国际化经营水平。”

经历了“十一五”期间的快速发展，我国对外投资呈现以下几个特点：（1）投资区域不断扩大，遍及世界各大洲。（2）投资方式不断增加。从直接投资建厂到合资经营、收购股权、并购企业等。（3）投资对象发生变化。从对单个企业投资到目前在多个国家和地区集中的开发区和经济合作园区，进行适当集中的投资活动。（4）投资企业类型变化。从比较重视投资能源、资源企业，到目前投资能源、资源企业获取能源、资源份额，与通过投资获取技术、品牌、人才等目的并重，高新技术和先进制造业等重点领域投资成果突出。（5）投资流量和存量均呈增长态势。特别是在2008—2009年受世界金融危机的影响，全球经济发展步入低谷，我国企业抓住机遇，适时参与国际投资合作，对外投资取得更大进展。（6）参与对外投资企业多元化。虽然以大型国有企业或国有控股企业为主，不少民营或非公企业积极参与对外投资，发挥自身优势，取得了可喜的成绩。其投资总额2010年达到104亿美元。（7）对外投资效果良好，实现了与东道国的互利共赢。

中国水泥产业在经历了“十一五”期间的快速发展后，2011年水泥产量达到20.9亿吨，其中新型干法水泥熟料的产量占到89%左右。水泥产业的产业结构调整和优化升级取得明显进展。我国水泥产业在工艺装备研发制造水平、基本建设水平、生产管理水平、水泥生产的节能环保和资源综合利用等诸多方面都有着显著提高，有些方面达到国际先进水平，表现出很强的市场竞争力。

在国家实施支持有条件的企业“走出去”的政策指导下，水泥产业从过去只有单纯的水泥、熟料产品出口，到人力资源的劳务出口，发展到今天的以水泥建设工程带动水泥技术、装备和服务出口。由于我国的水泥技术和装备先进实用，性能价格比具有优势，技术服务认真周到，在建设过程中充分关注业主利益和需求，认真兑现我们的社会责任，达到双方共赢。目前我国企业在国际水泥工程建设项目市场份额中所占比例已超过35%。许多国际水泥工程建设项目，取得良好的业绩，受到中央领导同志的充分肯定。

伴随着我国对外投资力度的加大，中国的水泥企业也在实施国家提倡的“走出去”战略中又迈出了新步伐。继郑州仓西实业开发有限公司成功试水尼日利亚和埃塞俄比亚后，2010年，冀东发展集团就联手中非发展基金帮助南非建造一个价值15亿兰特（合2亿美元）的水泥厂。根据协议，两家中国机构将与南非当地企业大陆水泥和“妇女投资组合控股”合作，在约翰内斯堡周边的豪登地区建造新工厂，生产南非国内最近短缺的水泥等建材。许多大企业或企业集团正酝酿到海外进行投资活动。

在中国的水泥产业“走出去”参与国际竞争与合作的道路上，从单一的水泥及熟料产品出口数量上的辉煌，到国际水泥建设工程带动水泥技术和装备出口，再到对外投资建厂直接参与国际水泥市场竞争，中国的水泥企业一路走来，举步维艰。与“十五”期间外资进入我国水泥产业的实收资本金年均9.41%的增长速度相比，中国水泥企业对外投资可谓“小心翼翼，慎之又慎”。

从整体情况看，我国对外投资合作还处于起步阶段，面临着严重的挑战和承受着多种风险，主要表现在以下几个方面：一是国际投资环境复杂多变，机遇与风险并存。国际上对我国企业正常投资活动疑虑日渐增多，特别是发达国家对我国的崛起存有担心、偏见，大肆炒作“中国威胁”论，借口“国家安全”对我国的投资并购活动横加阻拦，使我国企业境外投资并购面临一些国家的限制性措施。二是一些国家和地区政局动荡不安，政策稳定性差，投资合作面临不确定性，安全风险加大。三是受世界金融危机的影响，世界经济复苏缓慢，我国企业在境外投资成本提高，投资回报风险增加。

此外，还有一个很重要的问题是，政府支持和服务企业对外投资工作仍严重滞后，集中反映在以下几方面：一是法律法规滞后实践。二是政府引导和扶持滞后企业需求。三是境外投资中介服务体系建设滞后。四是境外投资应急援助机制建设滞后，对外投资企业自身实力和国际化经营经验欠缺也是不容忽视的问题。

从我国水泥产业发展的现实状况和所处的国际、国内经济环境出发，根据国家宏观经济调控的方针政策，中国水泥产业应如何实施国务院提出的“走出去”战略，充分利用好“两个市场、两种资源”，走出国门直接参与和应对国际经济竞争与合作，这是构建和实施中国水泥产业的国际化战略需要重点研究和解决的问题。

近年来，我国水泥大型企业或企业集团在市场经济的环境下有了长足的发展，企业的生产能力和产量都有了较大的提高，对于市场的控制力也显著增强。但是这些企业不论是水泥生产企业还是水泥工程建设企业，仍然缺乏国际竞争力。我们在国际市场中还没有真正形成一个或几个大型跨国企业去参与国际竞争。突出表现在，我们的企业或企业集团在企业的经营收入和利润增长点、企业技术来源、企业的领导和执行团队等方面还没有真正实现国际化，我们企业领导者的视野和经营理念还缺乏全球化的观念。因此，我国的大型水泥企业集团应当从战略高度调整发展思路，要充分利用国际、国内“两种资源”“两个市场”，创新企业发展战略，按照市场导向和企业自主决策的原则，有序到境外开展经济技术合作，并提高到一个新的水平。在国家政策导向和金融机构的支持下，我们应当充分发挥我国水泥技术装备先进实用、性能优越、价格合理等优势，采取独资、合资、参股、收购等方式，积极参与国际水泥产业的竞争。通过同业并购和股权置换、资产重组和规模扩张等方式，逐步壮大企业的实力和竞争力。要创新企业经营管理模式，通过建立现代企业制度，构建规范的公司法人治理结构，实施符合国际化经营目标的运行机制和考核、监督机制。通过创新企业人才培养和用人机制，建立新型人力资源开发和用人模式，大力培养适合国际化经营管理的复合型人才，建立以考核实际经营管理能力和业绩为主要目标的用人机制，大胆把具有开拓进取、善于谋略、科学决策、业绩卓著的，在工作实践中成长起来的人才充实到关键的领导岗位，以国际化经营管理实现投资方和企业所在地的互利双赢。

在鼓励和支持企业实施“走出去”战略的同时，政府一方则要利用当前我国外汇储备充裕的条件，从信贷、税收、海关监管、外汇管理等方面支持有条件的企业到境外投资建立生产企业或收购境外有发展潜力的企业股权，真正实现跨国经营，在国际市场的大环境中发展壮大。为此建议，政府有关部门应在以下几个方面加强和改进工作以适应实施“走出去”战略的新要求。

（1）加快对外直接投资的立法进程，使“境外投资条例”尽早出台。可开展“境内个人境外投资试点管理办法”，为规范和促进境外投资提供法律依据。

（2）加大境外投资管理制度改革。建议本着“一般不审、特殊审批”和“项目审批、其他备案”的原则，大幅简化审核程序，强化企业自主决策，政府提供高效的便利服务。

（3）强化境外投资管理制度改革。进一步完善《境外投资产业指导目录》；进一步强化财政、金融扶持力度；鼓励和引导民营企业有序对外投资；由业务主管部门同意建立“境外投资合作公共服务”信息平台或门户网站，提供及时有效的信息服务；尽快出版我国现行技术标准的英文等版本。为对外投资企业做好信息服务和技术支持。

（4）把支持对外投资合作融入我国整体外交贸易工作中。外交部配合有关职能部门，根据对外投资的需要，进一步完善国际投资促进和保护磋商协调机制。内容包括建立多边的国际贸易促进机制；进一步完善国家驻外使馆的服务功能，加强对外投资企业在所在国各项事务的咨询与协调，确保境外人员的人身安全、减少财产损失。

（5）加强顶层设计和部门协调。充分发挥《国务院“走出去”部级联系会议制度》在推进对外投资合作中的重要作用。

综上所述，我国水泥企业要充分利用当前国际国内有利于“走出去”的有利时机，进一步增强自身竞争力，在过去国际经济技术合作取得成绩和经验的基础上，把握机遇、周密谋划、科学决策、开拓进取，努力在实施“走出去”战略的过程中，打造出一片新天地、创造新业绩，在激烈的国际市场竞争中一定会成长出真正意义上的中国具有强大竞争实力的国际化的企业或企业集团。

2012年2月

辑三

新型干法水泥生产技术

江西水泥厂2000t/d生产工艺线电气设备跳闸的起因及其对策

江西水泥厂2000t/d生产工艺线1986年底开始试生产。在试生产过程中曾多次出现电气设备在运转中突然跳闸或者刚一起动就跳闸的情况，使生产中断、设备停运。

根据笔者在调试过程中的观察和分析，江西水泥厂2000t/d工艺线电气设备产生跳闸的原因大体上可分为三种类型：保护性跳闸和电气设备本身故障跳闸以及由PC电气控制系统故障引起的跳闸。

一、保护性跳闸

保护性跳闸是指在工艺操作参数不正常或机械设备运转中出现故障，可能危及设备安全时，使继电保护装置动作造成的跳闸。其中包括整定不当造成的误动作和拒绝动作。主要表现在以下四个方面：

1. 事先未根据设备的负荷以及环境温度调整继电保护装置的整定值

全厂低压电动机过负荷保护均采用热继电器。而其整定值一般应为电动机额定电流的1.0—1.05倍。但由于产品质量不均齐，热继电器的安秒特性不是一根曲线而是一簇曲线。因而不能单凭设定指针进行整定，而应当用大电流发生器分夏季和冬季分别按实际特性整定。但这一工作没有跟上，因而就会出现一些电动机在轻载情况下热继电器动作，或电动机过负荷而热继电器拒绝动作的故障。

全厂高压电动机除设置反时限过电流继电器进行过负荷保护外，还设置了电动机绕组温度的监控装置。这些装置都要根据产品说明书正确设定报警值和跳闸值。否则就会出现误动作。

全厂大型传动装置轴承温度的监控装置除了应当根据产品说明书正确设定外，还应当设法避免轴承附近高温设备热辐射的影响，否则尽管轴承本身润滑状况很好，也会出现轴承超温报警、传动装置跳闸的现象。在轴承周围若存在热辐射源，必须采取必要的隔热措施，以免轴承温度监测装置误动作。

2. 大型离心风机进口阀门因电动执行机构调整不当、关闭不严，使风机电动机起动持续时间过长，热继电器动作，电机起动后不久即跳闸

其中典型的例子是2号生料磨选粉机的循环风机进口阀门。尽管电动执行机构的操作器已达到全关限位的位置，但实际上并未把被控阀门关严。这样就造成了离心式风机起动时间过长。现场实测从接触器合闸使电动机开始起动，到电动机电流降到稳定电流为止的起动时间持续11.2秒。而相同的1号生料磨选粉机循环风机的起动时间只需8秒左右。经检查发现是因为电动执行机构的驱动连杆与阀门轴伸的连接紧固件松动所致。重新紧固调整后，电动机起动运行恢复正常。由此可见，离心式风机进口阀门的校调是一项非常重要的工作。

3. 保护装置的整定值不符合实际情况造成的保护性跳闸

例如：窑尾分解炉送煤粉的螺旋输送泵与压缩空气压力值的连锁。最初曾经按照空压机的能力把设定值定为3kg/cm^2。要求当压缩空气压力低于此值时螺旋输送泵不能起动。压力测量装置的安装位置如图1。

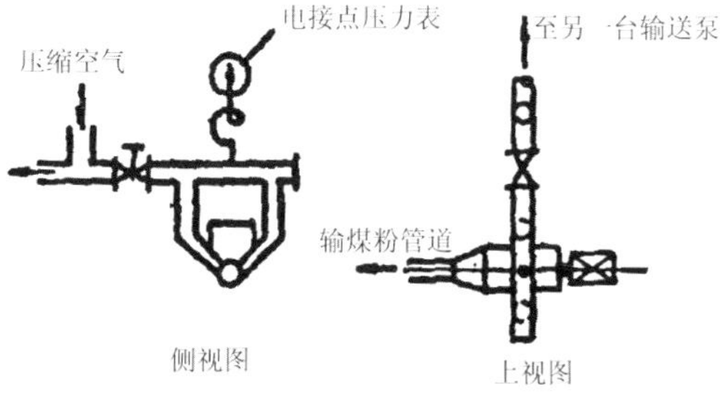

图1 压力测量装置示意图

生产实践证明此值定得太高。在未下煤粉前仅是一根输送煤粉的空管道。管道阻力形成的压力仅有0.2kg/cm^2。当输送5—7t/h煤粉时也仅达0.45kg/cm^{2}左右。同时由于机械设备的振动以及下料装置不均匀下料，使管道中的压力产生

波动。为此我们把电接点压力表的设定值改调到0.2kg/cm^2，并在PC软件编程中为避免因压力值的瞬时波动而造成的误动作，设置了10秒延时故障跳闸的功能。目前已使这套装置工作正常。

4. 某些自动保护装置失灵引起错误的保护性跳闸

这类问题典型实例是窑尾生料入窑用气力提升泵的罗茨风机与其本身所带润滑油泵油压接点的连锁保护。保护装置的配置情况如图2所示。这种连锁保护的目的是防止因油泵故障或油管漏油造成罗茨风机因润滑不良而受损。可是在运行中却常因油压发讯装置的密封圈老化漏油使油压发讯装置的压力下降，不能使微动开关接点保持闭合状态，造成风机电动机无故跳闸。

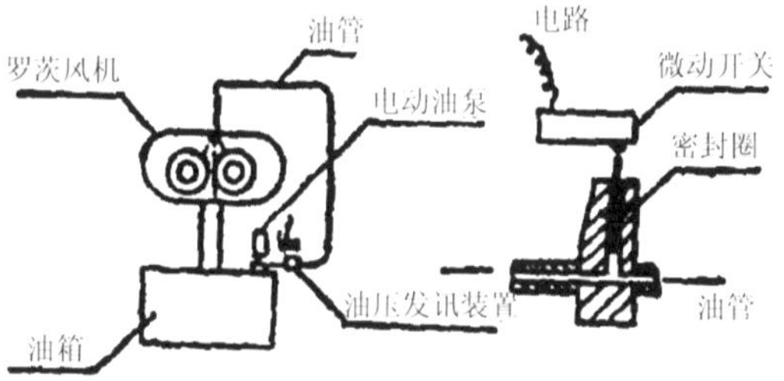

图2　油压顶起发讯装置示意图

调试中试用过微型电接点压力表代替，效果也不理想，还有待进一步改进。

上述几种情况的电气设备保护性跳闸都是不希望出现的。要想解决这些问题就需要负责设计的电气、自动化专业人员会同工艺、机械人员一起，通过设计—实践—再设计的过程提出正确的设计数据；负责安装的人员精心安装、认真调试，保证每一个细小环节都能达到使用要求。尤其不要漏掉机、电关联的环节。选型时要注意选用经久耐用、行之有效的自动保护装置。

二、电气设备本身故障跳闸

由于电气设备本身故障引起的跳闸情况十分复杂，本文只能就几种影响面比较大，各车间带有共性的问题加以论述。

1. CJZ型交流接触器的元器件质量差，损坏率较高，多次造成跳闸故障

这种节能型交流接触器原理接线图如图3所示。整个工艺线采用了23台这种类型的、交流接触器（随BFC—15型抽屉式开关柜配套），受控电动机的容量最小65kW，最大225kW，均为工艺线上大容量重要负荷。虽然这种产品体积小、结构新颖，从节能观点看原理接线也是合理的，但试运行实践说明其电器元器件在选型上和质量上均存在一定问题。主要表现在硅二极管（2CZ—12D3A400）多次出现反向击穿。该器件所承受的反向电压峰值经计算为343—358V。而元件的额定反向电压值为400V，裕度太小。加上产品质量低，容易发生故障。在调试中换成600V或800V的硅二极管后，使用情况良好。并联在保持线圈两端的滤波电容C也曾发生过被击穿的现象，造成起动线圈长期通电而烧毁的故障。

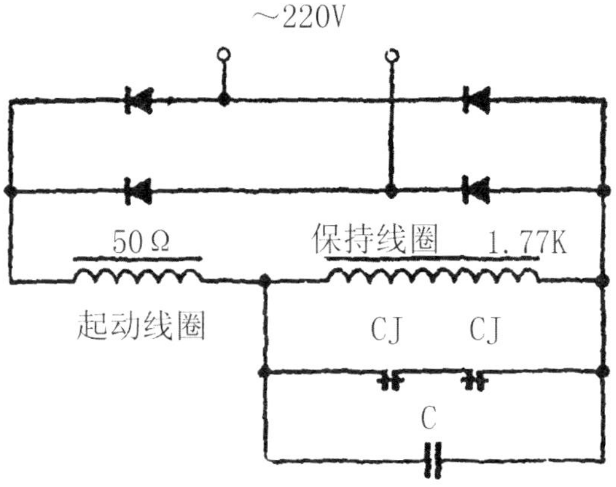

图3　CJZ型交流接触器原理接线图

2. BFC—15型抽屉式开关柜内部故障

当柜内配有CZJ—600型交流接触器时，由于产品的结构尺寸较小（柜子宽700mm），而相应的技术措施没有跟上，制造和安装时造成柜内一些带电裸导体（电缆的接线鼻子、插接母排、出线的接线螺栓等）间或相线对机壳间绝缘距离过小，有时稍有振动或变形，极易造成短路跳闸。目前不少抽屉柜内部裸母线或电缆接线鼻子都加缠绝缘胶带或加绝缘隔板维持运行。

另外插接母线盒的强度较差，插入抽屉柜后有机械变形，在把抽屉摇入工

作位置时，使插接母线盒破裂，易形成短路故障。

3. 原地控制按钮盒密封性差，不太适应水泥厂的工作环境和江西气候潮湿的特点

我院设计中选用的原地控制按钮盒在结构设计上存在两个问题：一个是没有考虑必要的密封措施，另一个是不便于维护检查。打开前面板检查后再次复原比较麻烦，很多原地按钮盒因而大量进灰和侵入潮气，使开关触点锈蚀和积灰，接触不良，以致拒绝动作。

目前厂方已注意到这个问题。加强经常性清扫，并强调检修后必须及时盖好前面板。

4. 部分线路穿管工程未按规程施工，遗留隐患，造成电气设备事故跳闸

这种问题主要表现在预埋钢管工程中钢管连接处采取对焊的办法，并且焊口有漏焊，管内有焊渣；弯管工艺不符合操作要求，不用弯管器而直接掰弯或是用两段管子对焊弯接；管口有的未加任何处理，留有毛刺和刃口。用这种办法施工的钢管在穿绝缘导线或电缆时易使绝缘层受到损坏。在试生产期间多次发生穿管敷设的电缆或绝缘导线对地短路或线间短路。

更有甚者，为了节省材料消耗，在钢管内出现绝缘导线的连接头。长期运行之后，绝缘胶布老化，加之管线敷设地点有振动，很容易出现芯线接地、短路或断路，造成电动机单相运行。

这种由于施工安装时遗留的隐患很难一次性处理完毕，只有随时发现随时解决。这种不顾工程全面质量要求和长期使用效果，只图眼前施工进度的错误做法，今后应当杜绝。

三、PC电气控制系统故障引起的跳闸

江西水泥厂2000t/d生产工艺线从原料粉磨直到水泥入库，采用一台美国MODICON公司生产的584A可编程序控制器（PC）进行集中控制。

通过前一阶段的试生产过程说明整个PC系统在硬件配置和软件编程方面基本是正确的。但在运行实践中也反映出在设计、安装以及产品部件质量上仍存在一些问题。

PC电气控制系统的故障大致分为两种类型：

1. 由于外界干扰引起系统偶然性故障

在工业环境下使用PC电气控制系统其干扰来源是非常复杂的。干扰信号的大小，不但与外界条件如温度、湿度、振动，以及电、磁场等有关，而且与PC控制系统电源质量、硬件设置、远程通信电缆的敷设情况有关。在一个系统中想要完全消除干扰是不可能的，只能是尽量减少对系统的影响和干扰。一般PC控制系统中干扰信号的主要传播途径如图4所示。

（1）交流电源的抗干扰措施

在工业应用环境中由于生产负荷的变化，如大容量电机的启停、大容量接触器的通断、大功率晶闸管变流装置的应用、大功率电焊设备的运行都是造成电源电压不稳定和波形畸变的主要原因。若不加以抑制，严重时可直接影响PC控制系统的工作。

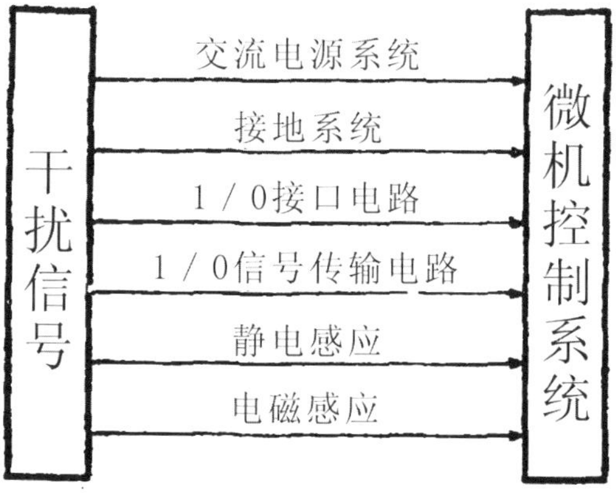

图4　微型机控制系统干扰信号的传播

584A PC主机中采用了无工频变压器开关稳压电源，有一定的抗电源干扰能力。我们在PC总电源处又加装了一台CWY—3000型交流参数稳压器，使PC控制系统（584A主机，P190编程器、μ80打印机，本地通道和远程通道的附加电源P451、P421、P453）电源电压波形有了明显的改善。

由此也给我们以启示。PC电源要尽量选择从电压质量较好的地方供电。若有困难，应在PC总电源进线处加装隔离变压器和交流稳压器以抑制外界电源的干扰。

（2）PC接地系统

一般微机控制系统的接地装置分为：逻辑接地（即电子接地，也称直流接地），功率接地（即交流电源的工作接地），安全接地（即保护接地，起保护和屏蔽作用）。

对于584A PC系统来说，其功率接地为电源的接零系统，而安全接地必须做到设备的接地端子与机壳电阻为零，并且一定要用单独接地线，不得利用电源零线接地。否则，地线上可能有对地电压，不能起到良好的屏蔽作用。PC系统的接地极可分区域设置，接地电阻小于100Ω即可。接地线最好采用8mm²以上的铜线，接地的长度应小于50m，接地点应尽可能靠近设备。接地线与强电电缆要保持60cm以上的距离，两种导线要尽量避免平行敷设。

584A PC在利用J200远程I/O驱动器做数据传输时要求其逻辑接地必须是单点接地。要求只能在J200F型插座外端将同轴电缆的外导电层与地连接。绝不允许再有其他接地点。否则会有环流，影响正常的通信工作。

（3）I/O信号传输线路引起的故障及预防

要做到通信用同轴电缆的全线路屏蔽。不仅要在主电缆隧道里用电缆槽加以屏蔽，还要把支沟里的电缆和同轴电缆引入线穿钢管敷设。另外在电缆隧道和电缆沟中敷设时要远离高、低压电力电缆。

经常注意检查通信分离器，通信接头与同轴电缆所有接口的连接质量。防止因进入灰尘和潮气产生锈蚀。试生产中已经发生因安装时未按规定施工，同轴电缆接头处芯线留得过长，造成同轴电缆与分离器或通信接头接触不良的现象。这样就降低了远程通信的质量。严重时会使通信中断，某一个或几个通道中的所有输出模块输出信息全部置“0”，造成电气设备大面积跳闸。

目前已将所有同轴电缆的连接头按技术要求返工，此类故障基本消除。

2. 由于硬件故障引起的跳闸故障

（1）PC供电系统内部故障引起的跳闸

江西水泥厂PC供电系统如图5所示。在此系统中曾出现过因一些杂用电使用不慎引起短路，造成进线总开关跳闸，使全部生产系统运行着的设备（除原地起动者外）跳闸。现已将一些杂用电从PC供电系统中清除。同时将进线总开关换成脱扣器电流60A的DZ10—100/330型，意在提高总开关和分支开关之间的选择性，并加装了一台lkVA的UPS不间断电源，进一步提高了PC系统的供电可靠性。

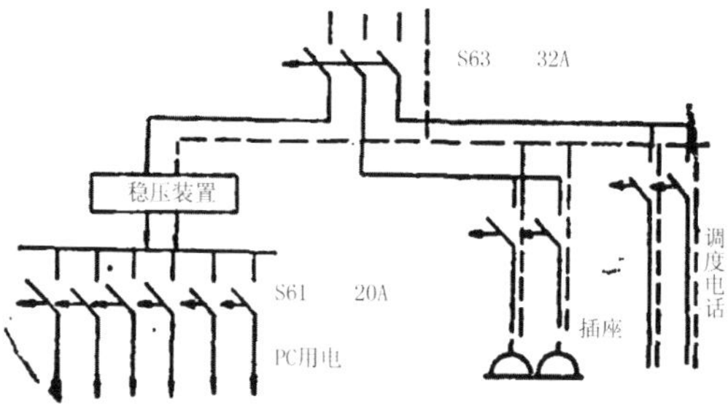

图5 PC供电系统示意图

（2）输出模块故障引起的误动作

试生产以来多次出现B234 230V“AC”输出模块漏电和损坏的故障。这种模块的简明原理图如图6所示。模块本身已考虑了RC吸收环节和变阻二极管的限幅措施。为了进一步防止交流电源的瞬时过电压对模块的冲击，在所有输出模块相线输入点和零线之间加装了压敏电阻。

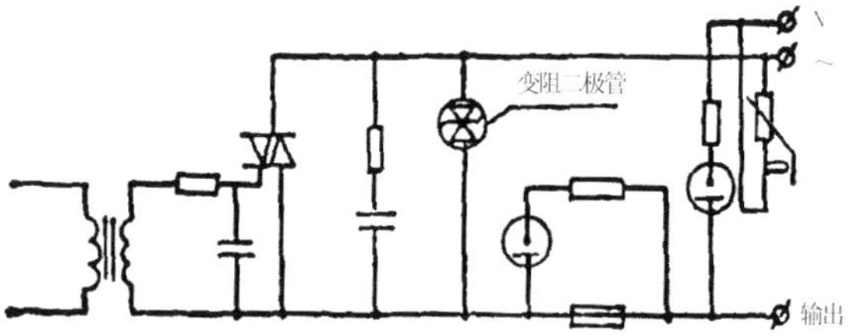

图6 B234 230V“AC”输出模块简明原理图

为了进一步防止交流电源的瞬时过电压对模块的冲击，在所有输出模块相线输入点和零线之间加装了压敏电阻。

为了防止模块与现场设备之间的配线对模块产生干扰，已在一部分配线距离较长的输出模块上加装接口继电器。用接口继电器的接点去接通现场设备的驱动电源。采取此项措施后模块损坏率下降。

结语

任何一条水泥生产工艺线要取得预定的技术指标和经济效益，必须首先保证有较高的设备运转率。而如本文所述的各种类型的电气设备跳闸，对于设备运转率是一个极大的威胁。因此我们必须从电气及其控制系统设计、电气装置以及元器件的选择、施工安装质量的保证、设备日常运行维护的加强几个方面共同努力才能把电气跳闸故障降低到最少限度。

（原载于《水泥》1988年第12期）

江西水泥2000t/d生产线电气自动化系统

一、引言

电气自动化系统是2000t/d生产线的重要组成部分，是保证生产过程正常运行并发挥效益的主要技术支柱之一。由于工艺过程的现代化和机械装备的大型化以及生产规模的增大，对电气自动化提出了更新更高的要求，概括起来有以下几个方面：

1. 对电源质量和可靠性的要求更为突出；
2. 对电气传动的启动、调速性能和经济节能要求更高；
3. 电气设备顺序控制的连锁、保护和操作的灵活性要求更严格；
4. 过程参数的检测和自动调节要求更可靠、更精确；
5. 要求能实现全面掌握工艺流程过程参数和设备状况的集中监控；
6. 现代化控制水平要求积极而又慎重地推广和采用新兴的微型计算机控制技术。

在设计中我们学习和借鉴国外先进技术并结合我国和江西水泥厂的实际情况，大胆采用了我国研制并经过生产实践考验的一系列新技术和新产品，对于国内尚不能提供的少数关键设备由国外引进，从而达到了既节约外汇又确保整个系统正常工作之目的。

二、供配电系统

在供配电系统的设计中，我们根据当地的电源条件和原有生产线供配电系统的实际情况，确定采用改扩建原有的110kV区域变电站的方案。

110kV变电站位于厂东北面距厂区400米处。改扩建后的110kV变电站内设有两台25000kVA 110/38.5/6.3kV三卷线有载调压电力变压器。变压器型号为$SFSZL_7$-25000；电压抽头选择110±7×1.5%/38.5±5%/6.3kV，接线方式为$Y_0/Y_0/\triangle-12-11$。110kV侧电源分别引自赣东北电网的两个独立电源，从而保证了供电电源的可靠性和质量。

2000t/d生产线的供电电压确定为6kV。根据整个工艺线的总图布置方案和负荷分布情况，设立了两个6kV配电站（即生料磨配电站和水泥磨配电站），作为整个生产线的6kV高压配电中心。采用单母线分段接线方式。各站的二段6kV母线进线电源分别引自110kV变电站不同的6kV母线段，以6kV电缆引入，从而进一步提高了供电的可靠性。

该系统无功功率的补偿主要由大型磨机的感应同步电动机和空压机的同步电动机来完成，并在生料磨配电站6kV母线段装设了两组1350kVAR电力电容器。系统正常运转时两个配电站的功率因数均达到0.9以上。

6kV配电站的设计中采用了GFC—10A型手车式开关柜，共43台。这是我院在大中型水泥厂设计中首次采用这种新型高压配电装置，在水泥行业中采用国产6kV手车式开关柜尚属少见。设计和运行实践表明，采用这种开关柜可以节省配电站的建筑面积，降低了设备制造所需钢材和有色金属的消耗；最突出的优点是其具有较高的互换性和便于检修维护。

直流操作控制电源首次采用碱性蓄电池。碱性镉镍电池具有体积小，瞬间放电电流大，端电压压降小，维护工作简便，无腐蚀性气体逸出等一系列优点，从而大大简化了设计，降低了配电站的基建投资，减少了维护工作量和维护费用。设计中把BZGN—5 20/220镉镍电池直流屏设置在主控室，并与交流屏、继电器屏并列安装，大大方便了操作和维护，充分利用了建筑面积，降低了土建造价。镉镍电池在江西水泥厂配电站应用成功，为今后的设计提供了范例。

低压配电系统根据生产线的负荷分布和生产控制的不同要求，分别设置了四个电力室和六个变电所（其中有两个变电所在厂区之外），其位置要尽量接近负荷中心，以减少线路损耗和降低电缆工程造价。共安装了13台SL_7型6/0.4—0.23kV的节能型铝芯电力变压器，总计10250kVA。在四个电力室中集中设置了116台BFC—15型低压抽屉式开关柜作为低压电能分配和低压电动机的控制中心。采用这种低压抽屉式开关柜有良好的互换性，一、二次线路的通用性高，一旦出现故障可以迅速排除，恢复生产。采用国产设备组成低压电动机控制中心在当前已投产的大中型水泥厂中尚属首例。

在车间配电线路和自动化线路敷设中首次采用国产电缆桥架的安装方式。实践表明这种新型的安装方式具有节省钢材、安装简便、便于检查和维护、便于土建施工和安装工作相互配合等突出优点，具有很强的生命力。

上述几项技术措施通过总结提高，已在我院设计的其他大中型水泥厂中推广应用。

三、电力传动与控制

2000t/d生产线的各种设备的拖动电动机主要根据其容量的大小、负载特性、启动特性和调速特性等条件进行选择。200kW以上电动机选择6kV电机；200kW及以下电动机选择380V电动机；恒速运行的低压电机，选用鼠笼型电动机。

ϕ4×60m回转窑主传动电动机在试生产中经机械和电气两个方面的修改，改用两台Z_2—102 220V、125kW、额定转速为1500r/min的直流电动机，两电枢串联运行，励磁回路为恒定励磁并联供电。供电装置选用了北京整流器厂的$KGSF_{21}$—1000 460直流可控硅整流装置。该系统启动特性好，运行平稳，调速特性硬度高，两台电机负荷比较平衡，故障率低。

3.05×22.5m水平推动篦冷机的两段篦床各采用一台Z_2—21 220V、30kW、1500r/min直流电动机传动。每段篦床选配了1台北京整流器厂的$KGSF_{21}$200/230直流可控硅整流装置。正常运行时可接受外控信号，与生产过程自动化的调节仪表组成自动调节系统。

四台大型磨机传动选用了日本安川电气公司的SBDDI—W型感应同步电动机。原料磨和水泥磨拖动电机的容量分别为1600kW和2000kW。启动设备为液体变阻器，并配有一套由电子装置控制的可控硅直流励磁装置，这种传动装置具有启动力矩大，启动电流冲击小，启动平稳等特性。投入同步运行后，功率因数可以调整到$\cos\phi=0\sim-0.9$。整个电控装置保护齐全，运行可靠、技术较为先进。

预热器主排风机采用直流电机传动。电机为瑞典ASEA公司的产品，LAN—710M、1600kW，815V，500r/min，励磁电压225V，电流31A，连同供电装置成套供应。供电装置为整流变压器——可控硅整流装置所构成。该装置技术水平高，启动及调速特性好，电动机及电控装置本身的保护系统完善，动作可靠。总排气量的调节采用了固定排风阀门开度、调节电动机转速的调节方式。此传动方案大大节省了电能，为我国水泥厂主排风机传动开创了先例。

窑尾85m^{2}电收尘器的高压整流电源采用国产GGAJ02—0.6/60—72型高压整流装置。由于订货时技术发展水平所限，本工程所用的可控硅电压调整器仍为A型（采用分立元件组成），其故障率较高，及时维修尚可维持正常工作。通过增湿塔调节废气的温度以及电收尘器本身机械方面的维护和调整，可以达到预期的收尘效果。

煤磨电收尘器和冷却机电收尘器均由丹麦史密斯公司成套供货。高压整流装置为80/250型和90/600型，其主回路工作原理与国产设备基本一致，关键是其可控硅电压调整器采用了集成电路组件，电压调整性能好，工作可靠，运行正常，收尘效率高。高压整流变压器采用高阻型，不单设电抗器。冷却机电收尘器的高压整流变压器为户外式结构，安装在电收尘器顶部，通过高压石英套管直接与高压电极相接。这种设计方式虽然降低了土建造价和敷设高压电缆的费用，但对维护和检修也带来了某些不便。

试生产表明，整个2000t/d生产线电力拖动配套和选型总体上是适宜的。由于对2000t/d生产线的电气设计缺乏实践经验，也出现某些主机的电机容量富裕度较大而一些辅机容量偏紧的情况，这有待今后适当调整。

四、电气控制系统

为适应不同工艺过程对电气控制的不同要求和降低电控系统的投资，整个生产工艺线的电控系统分为两类：一类是生产主流程采用由584A PC可编程序控制器（即PLC）组成的电控系系统；另一类是原料物送，包装车间等辅助生产车间采用由常规低压电器组成的控制系统。

1. 由PLC组成的电控系统

可编程序控制器（PLC）是一种以微型计算机、现代控制技术和通信技术三者融为一体的新型控制装置，选用了由天津自动化仪表厂从美国GOULD公司引进的584A PC装置。这种装置平均无故障时间（MTBF）在10万小时以上，自诊断能力强，采用模块化结构便于更换，运行速度较快，抗干扰能力强，编程方便，易于掌握。

从原料入磨到水泥入库范围内采用两台584A PC主机，设在中控室。

系统配置情况如下：

上位机　长城—0520CH　1台

PC主机　MODICON　584A—450　2台

通道总数　11个

输入模块　75块

输出模块　52块

实际信号输入点　1083点

实际信号输出点　749点

控制电动机、电磁阀，执行机构及成套电控装置总数　283台（套）

根据工艺操作的要求，由PC_1控制的煤磨、生料磨、窑系统在中控室的两个操作台集中操作，由PC_2控制的水泥磨系统在水泥磨控制室的操作台操作。操作台上设置了各种控制按钮、信号灯、选择开关和主要电气仪表。中控室的操作台上还安放了PC系统的P190编程器和打印机作为PC系统在线监控装置，并与QCX系统终端显示器、窑头电视看火彩色图像显示器，微机自动巡回检测系统的CRT终端、20门生产调度电话操作台排列在一起构成一个完整的控制和监测系统，使生产操作、监控和与现场主要岗位的通信十分方便。

由于我们是首次在2000t/d生产线上自行设计和开发PC系统，缺乏经验，试生产初期一度出现过工作不够正常的情况。在调试过程中我们采取了一系列改进措施，不断完善，最终使整个PC系统正常安全地工作。这些技术措施主要有：提高PC系统供电电源的可靠性和电源质量；改善设备安装环境；设置输出回路中间继电器柜，保护输出模块免受现场设备引起的电压冲击或电气干扰；改进PC接地系统；改善远程通道的通信质量和增强屏蔽措施，统一了主机与各远程通道间的“处理通信部件”的版本，解决了由于PC设备分期购进而造成的“处理通信部件”新老版本混用、使通信错误频频出现问题，增设PC上位机以保存系统的历史数据，及时显示和处理系统运行状态和发出故障报警信号，以缩短排除故障的时间；等等。这些技术措施起到了应有的效果并已运用到以后的设计中。

PC及其上位机电控系统在2000t/d生产线上的成功应用，在以下几个方面显示了突出的优点：

1）缩短了系统的开停车时间，提高了劳动生产率；

2）梯形网络图透明度极高加上上位机有很强的信息采集、储存、处理、显示和监控作用使得查寻故障时间大为缩短；

3）在特殊或紧急状态下运用“强制”和“解锁”功能，迅速处理故障恢复生产，使停车时间降到最低限度；

4）程序修改方便，易于调试。

PC装置的采用带来了电气设计的深刻变化。已往采用接点逻辑电路来实现的电气设备的连锁、开停顺序、计数、逻辑运算等控制功能，现在被PC控制系统的软件系统完成，这样就为实现电动机控制电路的标准化设计和增强低压抽屉式开关柜的通用性和互换性创造了条件。在设计中由于硬、软件设计可以分别进行，从而加速了设计进度，缩短了订货周期，为整个工程按期完成赢得了时间，并为水泥生产线的顺序控制与过程控制构成统一的计算机控制系统打下了基础。

2. 由常规电器组成的电控系统

这种系统用于输送、包装设备和其他辅助车间。在负荷相对集中的地点设置若干低压配电控制中心，并选择其中一个或几个便于操作的配电中心作为车间生产过程的控制点。控制运行方式分为原地解锁和集中连锁两种方式，操作开关或按钮设在控制箱上，机旁设有带钥匙的开关以防止原地检修时集中控制点上的误操作。集中控制时设有强制启动信号，电机设备故障时其信号灯闪光，同时发出音响报警。这套系统已有多年运行经验，使用效果较好。

五、生产过程自动化

及时、准确、可靠的过程参数是操作者判断工况过程并据此进行操作的基本依据。为此2000t/d生产线装配了较完整的仪表检测系统总共设置了1600台（套）各类仪表装置。各类测点数约为350点，其中温度90点，压力80点，流量30点，料位40点，阀位70点，其他信号40点。

自动化仪表选型以先进、适用和可靠为原则。一次仪表选用西安仪表厂引进美国罗斯蒙特公司的1151系列变送器；二次仪表则选用了西安仪表厂引进日本横河株式会社的Ⅰ系列各类仪表。对当时国内尚不能提供的部分关键仪表直接从丹麦引进，如：固体冲击式流量计、煤粉仓用CO分析仪、垂直扫描红外筒体温度测量仪、粉尘浓度测定仪和磨机用磁阻式电耳等。

控制方式是集中控制和局部控制相结合：熟料煅烧及其相关的生料粉磨、煤粉制备集中在中控室控制，水泥粉磨和包装成品则由各自的控制室控制。

过程参数由各种一次元件检测，经二线制变送器输送4—20mA信号，通过屏蔽电缆沿专用电缆桥架传送到控制室，再转换成1—5V控制室内部传送信号，传送到各功能显示仪表和计算机，为操作者提供过程参数的显示、记录、报警和实现自动控制。

大部分二次仪表都密集安装在中控室和水泥磨控制室的19面通道式仪表盘上。仪表盘的上面装有标明流程图及设备状态指示灯的半模拟盘。

控制水平以模拟仪表自动调节为主。整个生产线主要生产环节上共设有22个自动调节回路，从而可使关键的过程参数实现自动调节。随着整个生产线运转率不断提高，一部分调节回路已陆续投入自动运行方式，运行效果良好。尚有一部分回路已完成特性试验和参数整定，具备投入自动运行条件。还有个别回路尚须从控制策略和参数调整方面加深工作才能得到良好的运行效果。

为了稳定入窑生料的化学成分，引进了丹麦史密斯公司的X射线荧光分析仪的计算机配料QCX—65控制系统。它通过自动取样系统对出磨生料进行连续取样、定时送样；试样经人工加工后用荷兰菲利浦公司生产的PW—1600型X射线荧光分析仪进行多组成分分析，分析数据自动输入到美国惠普公司生产的Hp—1000E系列2113B型小型计算机进行处理，转换成SiO_2/AL_2O_3/Fe_2O_3/CaO四种氧化物的百分含量，并计算出石灰饱和系数KH、硅率SM和铝率AM与目标值的偏差和累积偏差，确定下一小时的新配比，以便在其后两个以上的取样周期内消除偏差。通常每4个至8个取样周期使累积偏差过零点。计算机的输出信号经电子控制设备转换成喂料皮带秤的转速信号，用以调节四组喂料皮带秤的转速，由此调整入磨原料配比，稳定出磨生料的化学成分。

该微机系统除具有上述功能外，还增设了生料磨负荷控制功能。它是以SPC方式通过总量控制器控制的，其控制策略为：喂料量十粗粉循环量＝常数，保证磨机具有最佳的生产能力。采用的控制方式为以粗粉回料量为主控参数，出磨提升机功率为辅助控制参数，磁阻式电耳信号为监控参数。投入自动调节运行后该系统运行平稳，磨机产量增加。

为了探索微型计算机在水泥工业生产监控和管理上的应用，我院和长沙电子研究所合作开发了微机巡回检测系统。该系统主机选择了当时条件下功能最强、综合性能最好、性能/价格比最高的BIM—PC机。系统构成如下：

处理器CUP　8088

存储器RAM　256KB

双软盘驱动器　$5\frac{1}{4}$

单色中分辨率显示器　（640×348）

打印机　FX—100

过程接口部件：Tecmar　A/D转换输入板，MS—4201开关量输入输出板和MS—1214光电隔离端子板。

处理器时钟4.77MHz；具有八个中断优先级。系统硬件配置框图如图1所示。

系统主要功能如下：工艺流程图的自动巡回显示，工艺流程图的人工选择显示，工艺参数的自动检测，趋势曲线显示，工艺参数的警报显示，系统屏幕拷贝，各类报表打印，汉字处理，操作员键盘控制。

试生产情况表明：生产过程自动化系统总体设计方案比较合理，符合国情，比较实用，检测及控制效果良好，运行可靠性较高。但也存在着测点数量偏多，少数测点位置不尽合理，部分国产设备质量和性能欠佳以及个别调节回路控制策略不很合理等问题。

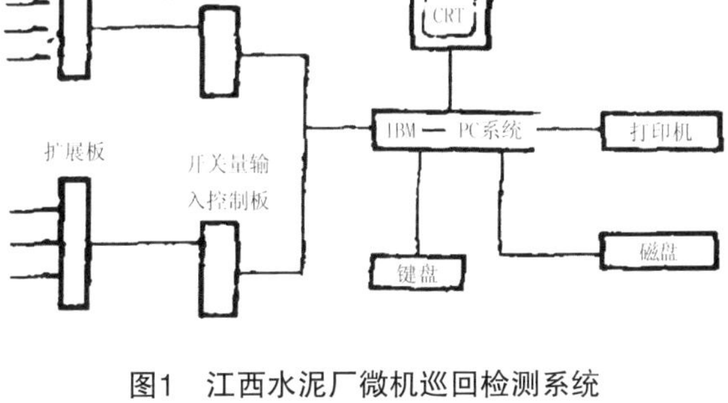

图1　江西水泥厂微机巡回检测系统

六、结语

江西水泥厂2000t/d生产线中以国产设备为主自行设计和开发的电气自动化系统能够满足新型干法生产和设备大型化的各种要求。在设计中结合我国国情学习国外先进技术，采用了一系列新技术和新装备，大胆创新，改变传统模式，在我国自行设计的水泥厂中首次实现了中央控制室仪表和计算机集中监控，有利于稳定工艺操作，提高产品质量，节约能耗，保障设备安全，为今后大中型、新型干法水泥厂的电气自动化设计打下了良好的基础。

限于我们的设计经验和水平以及国产机电仪表设备的质量和装备水平，第一条2000t/d生产线的电耗、自动化水平与国外先进水平相比尚有较大差距，有待进一步总结、研究、开发、提高。

（原载于《水泥技术》1990年第2期）

充分发挥国产化日产2000吨熟料生产线生产能力的途径初探

一、成就和存在的主要问题

我国自行研究开发、自行设计、自行施工安装的第一条2000吨/日新型干法生产线在江西水泥厂投产以后，山东省鲁南水泥厂于1990年10月1日回转窑投料试车成功，1992年11月通过了建设工程竣工预验收，预计1993年上半年可通过国家正式验收。接着，陕西省耀县水泥厂于1991年9月一次点火投料成功，预计1993年上半年可通过扩建工程竣工预验收。

采用国外引进装备与国产设备相结合的新疆水泥厂扩建工程2000吨/日生产工艺线，于1992年9月正式投入试生产，已生产出合格熟料。

长春市双阳水泥厂被国家计委列为国家重点工程，目前土建工程已近尾声，设备安装工作已大部分完成，预计1993年7月回转窑点火试生产。

此外还有琉璃河、浩良河、邯郸、启新、北京等一批新建或技改建工程的国产化2000吨/日水泥熟料生产线正在动工兴建。

在此期间由于不断改进工艺设计，提高机械装备水平，特别是广泛采用由引进技术转化生产的新型高效节能装备，使2000吨/日熟料生产线的技术指标有了很大提高。江西水泥厂和双阳水泥厂主要技术指标对比见下表。

厂名	设计时间	产量（万t）	设备重量（t）	单位设备重量（t）	电机总装机（千瓦）	单位装机容量（千瓦）	单位热耗（kJ/kg）	单位电耗（kWh/t·水泥）	劳动定员（人）	控制水平
江西水泥厂	1982—1984年	64.8	7634	11.78	22534	34.77	3766	131.64	1237	常规仪表+PLC马达控制系统
双阳水泥厂	1989—1990年	66.07	7192.6	10.89	20321	30.76	3264	113.03	889	计算机集散型控制系统（取消仪表盘）

目前，已投产的几条国产化2000吨/日熟料生产线，在其调试过程和试生产期间也暴露出一些问题，特别是设备运转率不高，使已投产的企业经济效益低，使人们对于采用国产化新型干法生产技术装备产生疑虑，大型水泥装备国产化进程将遇到障碍。

本人参加了江西、鲁南、耀县水泥厂2000吨/日熟料生产线调试和试生产，现就所发现的一些问题和工作体会提出一些粗浅的看法，与同行们共同找出存在的问题症结，提出解决问题的办法，以便使国产化2000吨/日熟料生产线成为投资省、建设周期短、技术水平高、生产稳定、经济效益好的新型干法生产工艺线。

二、主要原因剖析

本文仅从生产技术角度对诸方面的问题逐一加以分析。

1. 设计工作方面

从1978年起我国就开始进行2000吨/日熟料生产线的单项技术开发和装备研制工作。江西水泥厂、鲁南水泥厂、耀县水泥厂扩建工程2000吨/日熟料工艺线的调试和试生产过程表明，这些工艺线的设计总体上是成功的，但也存在一些影响运转率提高的问题。主要表现在以下几个方面：

（1）粘湿物料储存和运输环节的堵塞。

江西水泥厂原料中（矸枚岩、粉砂岩和铁粉）在储存、喂料、运输各环节经常出现堵塞。在调试期间，我们对磨头仓进行了多次改造：在混凝土仓壁上加钢板，加树脂板，最后又加上空气炮防堵、破拱，但仍未彻底解决问题。一旦发生堵塞，生料磨被迫停车。若不改进，再高级的生料质量控制系统也无法保证出磨生料化学成分稳定合格。

在耀县水泥厂工程设计中考虑到黏土易堵，我们采用石灰石、黏土混合预均化堆场，其布料和取料基本正常。但是由于磨头仓设计得过大过高，储存时间较长，使未经烘干的黏土在物料自重的挤压下常发生堵塞，使生料磨供料中断。后经对磨头仓进行了较为彻底的改造，情况才大为好转。

鲁南水泥厂的黏土采用单独烘干工艺，虽然不会发生堵塞问题，但采用不密闭普通槽形皮带机在走廊中运输，易造成对环境的污染。

各厂在原煤、铁粉水分较大时，在运输、储存、喂料等环节中的堵塞现象更是屡见不鲜。今后在设计中应对此采取相应的有效措施，保证生料磨、煤磨的正常运转。

（2）物料输送环节从系统设计到设备选型尚需改进和完善。

物料输送环节靠输送设备（包括机械输送和气力输送）把整个水泥生产工艺连成一个整体。假如输送设备出现故障，小则一个工艺系统停车，大则影响全厂的生产。因此，输送设备输送能力的选择应加大系数。例如，鲁南、耀县两厂窑尾电收尘器拉链机下的回灰均选用Gxϕ300螺旋输送机，由于输送能力不富裕，一旦出现异常情况，其能力就显得不足，回灰经常外溢。

水泥输送用的气力输送泵对空压机气源的压力和容量比较敏感。由于我们设计的空压机气源偏小，在管道压力损失稍有考虑不周或空压机调整不当就可能出问题。这在江西、鲁南两厂调试中均有发生。后来有的修改了风路，有的在仓式泵加大了储气罐的容积，才使问题得到解决。此外，设备制造质量较差，造成故障率较高也是相当普遍的。

（3）收尘系统的设计尚不够完善。

收尘系统无论是采用电收尘器、袋收尘器或其他类型的收尘器，要达到国家规定的排放标准，不仅取决于收尘设备的制造和安装质量，还应当从收尘系统的“封”→“吸”→“收”→“排”→“回”五个环节来全面考虑，才能得到满意的收尘效果。

“封”——应注意收尘点（或部位）的密封，如皮带转运处，下料点的皮带机上靴形罩子两侧的密封橡胶挡坎和两端橡胶帘的设置是必要的。否则收尘点的负压减小，灰尘仍然外溢。又比如，电收尘器灰斗下面拉链机的传动机头和回转下料器处密封问题，都必须认真考虑，不然会造成电收尘器收下的灰又形成二次飞扬，从而降低电收尘器的效率，同时也加大排风机的负荷。

“吸”——指吸尘点布置的位置。在已投产的几个厂的调试中，曾发现收尘点布置不尽合理。如，在皮带转运处，不是把吸风管接到下面一根皮带机物料落差扬尘处，而是放在上面一根皮带机的头轮罩子上；在用一台收尘器处理几处扬尘点和处理几台设备排出的废气烟尘时，管道的管径选择和各吸尘点的负压调节措施考虑不够，造成几个吸尘点气流负压分配不尽合理，几个点收尘效果不一致的毛病，收尘器未能发挥应有的效能。

“收”——主要指收尘器主体收尘效能的发挥。要想使收尘器“收”的效能好，不是收尘器本体的问题，也需要在系统设计时综合考虑。如必须使进入收尘器的含尘气体的温度、湿度、风速，入口含尘浓度等适合收尘器的特性才能使收尘效果好。增湿塔喷水装置及其喷水量自动调节装置设计，尚不能根据工艺系统运行的不同工况很好地调节喷水量。各厂普遍反映，入电收尘器的烟气温度偏高（一般均在180℃以上）而含湿量不够，比电阻值偏高，收尘效果不佳。

“排”——收尘器能否把收下来的灰排下来。对于电收尘器，要防止灰尘在阳极板和阴极板黏结，保证振打装置的安全有效工作。对于布袋收尘器，应防止清灰过程（风机反吹、压缩空气脉冲反吹、机械振打）不能正常进行。

“回”——指收尘器排出的灰返回工艺流程的过程。应注意两个方面的问题：一是回灰过程不能造成二次飞扬；二是回灰输送的过程要简单，输送能力要有一定的富裕度。

（4）主机装备设计中的薄弱环节。

破碎设备——选择和研制高性能耐磨材料，以提高各种耐磨部件的使用寿命，减少检修次数。一些保护装置的设计有待改进。

粉磨设备——改进磨机内部隔仓板的结构设计和选择更好的材质。磨机轴瓦的润滑装置形式比较陈旧，操作过程比较复杂。今后要设计出适合我国润滑脂（油）的磨机开式齿轮传动的润滑装置。

煅烧设备——预热器的下料管锁风阀（特别是高温段的锁风阀）设计，应进一步探索锁风性能好、易于调整、动作灵活的新结构。要进一步改进双系列预热器中的分料阀设计。目前这种结构和材质的分料阀操作不便，分料不均，易造成两个系列预热器下料不匀引起预热器故障。回转窑开式传动齿轮的润滑装置虽已经过改进，还要进一步完善。

气力输送设备——单仓泵的结构设计和气动控制系统有待做较大改进。江西、鲁南所使用的单仓泵故障率较高，操作不可靠。例如，鲁南水泥厂4号水泥输送单仓泵在90小时运行中故降停车10次，其中因单仓泵故障停车9次，平均10小时1次故障。

大型管道阀门——特别是高温、多灰尘的大直径的风管上的阀门——及其驱动装置的主要问题是操作不灵活，调节性能不好，电动执行机构故障高，不适应高温和振动较大的操作环境。对于阀体本身的结构和工作特性、连杆机构的形式和结构设计、执行机构的类型和安装方式的选择，以及电气自动化系统的一整套设计都缺乏系统深入的研究。

此外，还有大型机械装备的自动监测的保护装置不齐全；水泥生产过程中高温、多粉尘、耐振动的热工监测一次元件的研制和开发进度缓慢，使用的可靠性和可信性差，等等。

存在于整个熟料生产线中的设计问题当然远不止这些，但我们真正下功夫把上面提到的有关工艺、机械和电气自动化设计中的问题加以解决，相信对充分发挥2000吨/日熟料生产线的生产能力会起一定作用的。

2. **设备制造方面**

由于我国技术基础较差，装备不配套，材质水平不高，因此机械装备质量和国外同类型产品相比，多数还有一定差距。

采用引进技术生产的高效斗式提升机在鲁南、耀县、七里岗、宣化等水泥厂使用中都发生过严重故障。以鲁南水泥厂为例，15台高效斗式提升机中有14台断轴21次，液力偶合器4次飞出摔成碎片。随着运转时间的增加，断斗钩、掉护板、轮缘磨损严重、链环掉道、落架的故障相继出现，严重影响设备运转率的提高。

同样规格型号的设备由不同厂家制造，其使用效果也不一样。如均采用CXBC系列袋收尘器。由于制造厂家不同使用效果也相差较多，其原因是不言自明的。

一些耐磨合金的冶炼和热处理工艺质量控制不严格，造成设备寿命太短。如鲁南厂高效单段锤式破碎机的锤头，第一次负荷试车时仅运转了40分钟，锤头即断碎。经过金相和化学分析表明其质量不过关。后经多次改进，情况有所改观，但仍达不到应有的使用寿命。

一些传动装置的齿轮加工精度不够，磨损严重，甚至有顶齿现象。如鲁南厂煤磨开式齿轮传动中大齿圈磨损严重，目前是带病运行。

有些建材机械制造厂在引进技术转化过程中没有完全达到制造和加工要求，其制造工艺设施配置还达不到应用的标准，这是某些建材机械质量不高的一个原因。

一些过去使用很好的通用机械如螺旋输送机、双管螺旋喂料机、空压机、电磁（电动）振动给料机等，现在的故障率也较高，这表明应从制造质量上和维护方面去找原因。

3. 施工安装

我国2000吨/日熟料生产线离“精心施工、精心安装”的要求仍有一定差距。基建完成后留下的隐患也给生产线早日达产带来困难。

在几条已投产的生产线中出现过圆库顶漏水和库壁渗雨的情况，造成库内物料结块，无法卸料。

机械安装单位普遍比较重视质量，但有时也出现一些问题：

大型磨机主轴承的球面瓦面的处理不当。中空轴轴颈与主轴瓦的接触角控制不好经常出现瓦温过高，报警停磨。

回转窑托轮轴瓦瓦面处理和整个回转窑托轮组的调整仍不十分理想，有的厂至今尚存在问题。

液压系统和高压水路系统的管道、阀门普遍存在漏油和渗水的情况，影响环境和系统工况。

电收尘器极板和电晕极的安装要求较严，焊接工作量大。有的厂电收尘器施工质量不高，电晕线脱焊、分布板掉落等故障时有发生。这种故障修复比较困难，影响收尘效果。

在安装工作中普遍存在重机装、轻电装的倾向。在电装工作中又有重高压、轻低压的倾向。在自动化设施安装中存在重“中控”，轻现场仪表的问题，以致低压电动机和低压电气控制系统的故障率往往比较高。

高压电缆的中间接线盒的制作质量不高。江西、耀县两厂多次发生中间接线盒密封不良，电缆绝缘老化短路放炮，或者连接处接触电阻过大，电缆发热，外皮燃烧引起停电事故。

4. 外部条件的保证

电力供应。电力不能满足生产要求，经常发生限电和拉闸现象。江西、耀县两厂供电电网均以水电为主，在当地支农用电高峰时，电力供应十分紧张，工厂被迫减产或停产。鲁南厂用电指标到1992年4月才增加到20000千瓦（实际该厂两条工艺线满负荷运转需25000—26000千瓦）。

煤炭供应。供煤的品种和成分与设计时提供的煤样数据相差较大（热值下降、挥发分低、灰分增加）。例如，耀县厂1992年9—10月进厂原煤综合水分高达18%—19%。虽经煤预均化堆场堆存，但仍难免造成原煤仓堵塞，煤磨烘干能力不足，造成煤粉水分也高，煤粉仓堵塞等故障，有时甚至被迫停窑。

铁路运输。鲁南水泥厂1号和2号回转窑分别于1991年3月和5月投料试产，但铁路专用线在1991年6月才开通，且铁路车皮计划得不到落实，经常库满停车。直到1992年8月经上级有关部门出面协调，问题才得到解决。

5. 运行操作和设备维护管理

除了有上述成套设备和装置以及原燃材料这些“硬件”之外，生产能力的发挥最终还要靠操作运行和设备维护管理这些“软件”来完成。

全国最佳经济效益企业之一的冀东水泥厂提出的“设备是基础，技术是动力，管理是关键，人员是根本”，把设备、技术、管理和人员之间的关系和对生产的影响讲得十分清楚了。管理也是生产力，人是生产力中最活跃的因素。这些都不是抽象的理论，而是生产实践中活生生的事实。务必在生产实践活动中加以高度的重视。

三、应采取的主要措施

（1）抓紧关键性设备的整修改造。针对各厂情况，由主管部门牵头组织设备设计、制造、供货、安装单位对关键性设备存在的问题进行诊断，提出修整方案，落实计划进度，确定责任目标。在实施过程中生产企业要给予大力的支持和配合。

（2）结合国情、厂情建立起行之有效的机电设备维护和修理体制。我国不少水泥企业对维护和修理都有很好的经验，应当逐步加以推广。

（3）对于不适合生产实际的某些工艺环节要经过论证后提出方案进行修改和调整。

（4）建立起职责清、指挥灵的生产指挥和管理机构。国产化2000吨/日熟料生产线的特点是工艺技术新、生产过程自动化程度高，生产过程集中监控和操作。而生产的正常进行的基础是整个工艺线现场机电设备的状态正常良好，各厂在这方面都有过经验和教训。

（5）改善原燃材料和电力供应状况。保证铁路运输条件。这在一定程度上还需有关主管部门的协调和支持。

要加强原料矿山的开采管理。改变目前有些矿山重采轻剥的状况，加强质量控制使整个生产线原料均化链有一个好的开端；加强对进厂原煤质量控制；工艺操作和生料配料要适应煤质下降的趋势。

为使生产线建成后能迅速转化为生产力，对建设工程的各环节提出以下意见供大家参考。

（1）对已投产的几条2000吨/日熟料生产线的设计进行认真的总结，认真做好信息反馈工作。对在建项目或正在进行设计的项目进行一次认真的检查，防止把一些设计问题带到新的工程中。针对目前存在的问题要特别加强对以下几个环节的设计和开发工作：

黏湿物料的物送、储存和喂料，特别是对储仓的设计条件、结构形式的研究，防堵、破拱设施的开发；

整个工艺线原燃材料均化链的设计和设备配置；

收尘系统的设计，其中包括高效、高可靠性及易维护的收尘器的研制和开发；

适应烧劣质煤的燃烧器、预热器和分解炉设备的开发；

积极开发和采用高效节能的设备和工艺流程，同时应把利用废气余热发电的课题，纳入整个工艺线设计规划之中；

加强对输送设备、风机、动力设备的选型和流程布置；

进一步加强科研开发力量的投入，要进一步抓紧消化吸收工作，进而研制出我们自己的高性能、高可靠性、低能耗的建材机械设备。

（2）设备供应和制造应突出质量问题。各机械制造部门要强化质量意识。当前国务院经贸办公室为了实施“4000吨/日水泥装备消化吸收”项目，对主要建材机械厂提供了技改贷款，各厂可利用这次机会较大幅度地提高制造工艺和装备以及检测手段的技术水平。

（3）施工安装方面。我国和国外的最大差距是建设周期长。这样势必使整个项目投资增大（贷款时间长），企业投产后还贷利息增加，经济效益下降。如何在保障质量的前提下，加快建设进度是一个重大课题。

（4）建设单位。在我国基本建设和技改工程实行建设单位业主负责制以后，建设单位在工程建设中处于主导地位，因而对他们工作的要求也越来越高。从生产线投产后迅速形成生产力这一角度来要求建设单位，在抓好工程建设各个环节的同时抓好生产技术准备。学习了解设计各个阶段的图纸和说明书、主要机械装备的技术特点，编制工艺操作说明书，制定岗位责任制、设备维护检修制度等措施。要努力争取厂方技术人员和工人参加调试全过程，以掌握设备安装试运转性能的第一手资料。当工程建设从以施工安装为主转到以调试和试生产为主时，建设单位要及时适应这种变化，建立起相应的生产指挥和设备维修管理机构。

目前我国基建体制仍然把设计、制造、采购成套、施工安装、调试生产分割到几个独立的单位去完成。这种方式已明显不适应工程建设上马快、投资省、质量高、效益好的要求。通过改革的不断深入发展，相信以设计单位为龙头的工程承包公司对工程实行总承包和以“交钥匙”方式进行建设是必然的发展趋势。

四、结语

充分发挥国产化2000吨/日熟料生产线的生产能力，改变目前几条生产线不能迅速达产的问题是一个十分庞大的系统工程。但只要所有参加建设的人员，都以充分发挥生产能力为己任，变压力为动力，实事求是科学地对待目前存在的问题，就一定能使设备运转率低、生产能力不能充分发挥的问题得到解决，为我国水泥工业的技术进步做出更大贡献。

（原载于《中国建材》1993年第3期）

双阳水泥厂2000t/d生产线调试综述

一、概述

长春市双阳水泥厂是一条新建国产化2000t/d水泥熟料新型干法生产线（以下简称2000t/d生产线）。工程总体设计由天津水泥工业设计研究院承担。年产熟料60万吨，水泥67万吨。

1990年双阳水泥厂被国家计委列入“八五”期间重点建设工程。同年10月15日国家建材局批准开工兴建。建设工期为36个月。总投资5.05亿元人民币。

经过全体建设者两年多的共同努力，1993年6月29日大窑一次点火投料试生产成功。1993年8月23日成品水泥包装出厂。至此，双阳水泥厂2000t/d生产线全线贯通。按国家要求建设工期提前两个月建成投产，开始进入试生产阶段。

双阳水泥厂建成投产标志着国产化2000t/d新型干法生产线不论在工程设计、机械装备制造、土建施工和设备安装，还是在组织建设、生产管理等诸方面都达到了一个新水平。为此，国家对具有20世纪80年代国际先进水平的双阳水泥厂在建设和试生产期间所做出的突出成绩给予了高度赞扬和充分肯定。

1993年7月17日国家建材局局长王燕谋在双阳水泥厂庆功表彰会上题词为“中国第一线”。

二、全厂及工艺生产线特点

双阳水泥厂是天津院设计已投产的第5条国产化2000t/d熟料新型干法生产线。自江西水泥厂第1条2000t/d生产线投产以来，通过近几年不断改进工艺设计，以及国外先进技术的引进、转化和成果的应用，使双阳水泥厂在总体设计水平上又有了新的进步，其主要特点如下：

——全厂布局合理、顺畅。生产线连接紧凑，占地面积小（仅为12公顷），并考虑了今后扩建。

——全厂生产线各环节的匹配更加合理。首次采用了“一窑一磨”的设计方案。系统更加注重节能降耗和相关设备的选型。

——全厂工艺性能和技术指标更加先进。达到了国际20世纪80年代先进技术水平。

——全厂大部分主机采用近年来开发的性能先进、运行可靠的设备和引进国外先进技术国内转化生产的新型高效节能设备，增加了主机的先进性和可靠性。同时也提高了设备的国产化率。

——全厂自动化控制系统采用当今国际流行的计算机集散型控制系统，取消了常规仪表盘，系统操作更方便、可靠。

为了推动我国水泥工业技术水平的提高，国家计委、国家建材局决定把在“六五”和“七五”期间从国外引进的14项先进技术以及国内开发的5项新技术集中应用在双阳水泥厂的设计中。这无疑为较顺利投产的双阳水泥厂奠定了坚实、可靠的技术基础。全线除一小部分目前国内尚不能制造的关键设备外，大部分主机由国内制造。形成了第一条以引进国外先进技术转化的水泥装备国产化2000t/d生产线的“一条龙”项目。它是具有国际20世纪80年代先进技术水平的现代化水泥生产线。它的建成投产对今后国产化2000t/d干法厂的设计和生产有指导作用，意义重大。

三、几个主要生产环节的调试工作

天津院从1992年底开始着手准备双阳水泥厂调试工作。1993年4月初调试组进驻现场。在现场建设指挥部和试车委员会直接领导下，与安装单位、设备制造单位驻厂人员以及工厂紧密配合，根据整个工程总体进度的安排，齐心协力，克服重重困难完成或提前完成调试阶段每个环节要求的分目标。实现了1993年7月1日大窑点火投料试生产的奋斗目标。接着，烧成系统又在点火投料不到40天的时间实现了第一个连续72小时运转的生产考核指标。到8月23日——距大窑点火投料不到两个月全线贯通。成品水泥包装出厂。到10月21日石灰石破碎机、Φ4.6×11m原料磨、回转窑全部正式达标。截止到10月31日全厂累计生产熟料10万吨、水泥7万吨，销售4.6万吨。熟料平均标号达600号以上。工厂粉尘污染直观评价达到设计要求。1993年生产熟料约13万吨，水泥10万吨。创造了国产化2000t/d生产线投产当年最好生产纪录。

天津水泥工业设计研究院在过去2000t/d生产线调试过程中积累了丰富经验。这使得双阳水泥厂的调试工作少走了许多弯路。大大缩短了调试时间。但是由于各厂的设计时间、技术装备水平等并不相同。因此，双阳水泥厂的调试工作也遇到了不少新问题。现加以简介，希对今后的调试工作作为参考。

1. *石灰石破碎与长胶带机输送系统*

该系统工艺流程如下：矿山→竖井（平桐）→重型板式给料机→带给料辊的TLPC20.22单段锤式破碎机→Bl.2m出料胶带机→B80×2km长胶带机→B800拱形胶带机→Φ80m圆形石灰石预均化堆场。

系统在联动负荷试车调试中主要遇到两个问题：

（1）出现的第一个问题就是投料后重型板式给料机起动不了，即电机堵转。在此之前系统所有设备空车运转多次正常。经过几次调试收效不大。当时众说纷纭，严重影响了工程调试进度。经详细的设计校核、设备查对和配套电控设备选择调试等工作后，最终找出了症结所在，即我们对变频调速装置TP—83（大连电机厂）的调节不当所致。通过对该装置的最佳调整解决了问题。系统的生产能力达到了900t/h。重板给料机再没堵转过。应该说变频调速装置是一种新型节能的电源装置，是近年来引进国外先进技术生产的换代产品。我院在工程设计中首次选用。与滑差调速电机相比具有节能、适应性广，调速平稳和易操作等优点。但是只有真正了解其性能和掌握其调试方法，才能真正发挥其作用。

（2）长胶带输送机第一驱动滚筒轴向串动。串动量达5mm。传动装置振动明显。严重影响该机的可靠运行。在检测、分析后确认是制造和安装质量不合要求所致。重新处理和调整后解决了问题。应当强调的是长胶带输送机在调试中应重视系统保护装置的同步调试工作，不可轻心，否则造成的损失无法弥补。

2. *采用大型烘干磨的生料粉磨系统*

生料粉磨系统的调试工作是总体调试的关键之一。该系统的核心是我院新开发的Φ4.6×7.5+3.5m滑履式烘干粉磨中卸磨。它是目前国内自行设计、制造、安装、维护操作的最大磨机。生产能力150t/h，装球127t。主减速机为

FLENDER公司SIZE855三分流，中心驱动式。主电机为兰州电机厂YR2500—6/1430绕线式异步电机。电压6000V，功率2500kW。

为保证该系统生产稳定，运转可靠。根据以往调试工作中所掌握的情况。我们在负荷调试之前针对设备设计、制造及安装中存在的某些不足进行了有针对性的修改和完善。主要有以下几点：

（1）磨机主轴承和滑履轴承稀油站的改进

它是保证磨机安全运转的关键环节。主要改进的是取消小油箱，使高压泵直接从油箱中吸油；变压力控制为流量控制；改进电控装置，取消烦锁的电气连锁环节，减少电气线路事故率，保证必需的控制要求，达到实用、可靠的目的；改进稀油站回油管路的最佳布置，保证回油通畅。

（2）磨机内部结构的改进

为确保磨机长期安全、可靠运转，根据以往的实践经验，对中卸仓、隔仓等部位进行结构处理，刚度得到了加强。

（3）滑履轴承罩润滑部位的密封改进

由于制造和安装原因，原滑履轴承罩密封处漏油严重。（一夜漏三桶油）严重影响磨机的运转并造成环境污染。后经我们采用引进国外技术生产的“乐太”系列粘胶处理，堵漏效果良好。

实践证明磨机上述改进工作非常成功。从5月21日负荷试车开始到11月初，磨机从没有因本身任何故障影响系统运转。比以往2000t/d生产线相同系统前进了一大步。到10月底已生产生料粉13万吨，产量达到160t/h。磨机通过了达标考核和验收。

该系统总体调试比较顺利，设计与主机选型正确合理。没出现过大事故和技术问题。试生产初期所发生的一些问题大都因安装和机、电产品质量不合要求而造成。例如出磨斜槽安装角度低于设计要求或斜槽透气层留有安装时损坏的孔洞而造成堵料；磨机主电机水电阻质量问题造成主电机经常开不起车。这些经过纠正和处理后，系统的运转率得到了进一步保证。

3. 煤粉制备和烧成系统

双阳水泥厂煤粉粉磨系统是继鲁南、耀县、新疆等水泥厂之后的第5个系统。经过设计中不断改进，该系统从空载联动到满负荷运行调试都很顺利。

预热器及DD型分解炉是继耀县之后的第2条。所不同的是前者为国外购买，后者为国内转化制造。

双阳水泥厂烧成系统调试和试生产初期表现最突出的问题就是预热器堵塞。根据资料介绍和耀县水泥厂实践操作表明，该厂投产初期也曾发生堵塞。经过一段时间试生产后基本解决了问题。但双阳水泥厂在投料初期预热器经常堵料，次数超过耀县。严重影响窑的热工制度和设备的安全运转。经过综合分析和调试操作确认其主要原因是煤粉喂料不稳，表现为煤粉在通过调速分格轮式喂料器时下料不均，造成操作时窑头、分解炉用煤量不稳，波动大；煤量该加时加不上，该减时减不下，结果预热器经常堵料或跑黄料。这套装置全部为德国KHD产品。在处理分格轮喂料器时看到每个格板上都粘有一些煤粉。说明含湿量过大的煤粉确实不易流动。在新疆水泥厂实践经验基础上，我们提出了以下改进办法。

（1）严格煤粉制备系统的操作。指标控制在水分≤1.0%；细度8%—12%；煤粉存量≤20吨；加、减煤量要平稳；

（2）采用外部辅助风动办法强化煤粉下料的通畅；

（3）增加煤粉仓及管路的排风能力。

经过改进和摸索操作，喂煤逐渐稳定。加减煤量操作自如。8月份以后，喂煤稳定问题得到彻底解决。现在回过头来看，关键是要严格控制煤粉水分和细度。煤粉存量和外部强化下料方法作用不大，但要注意煤粉与烧成系统的均衡协调操作和事故的预见性。防止煤粉仓存量过多发生自燃。灭火系统一定可靠实用，一旦发生情况随时可投入使用。

生料质量的好坏也是造成预热器堵料和影响窑操作的原因之一。在调试和投料初期不可掉以轻心。要严格按要求的配比生产率值合格的生料粉，使之避免不必要的损失。

窑和篦冷机设备运转良好。在调试与试生产中没因本身故障影响系统运转。从大窑首次点火投料起，在不到40天时间里窑第一次实现了达标考核要求的指标。到10月21日窑系统通过了三次达标考核和验收工作，生料喂料量达到148t/h，按1.62料耗计算，熟料产量达到2193t/d。这说明国产化窑系统主机设备在设计、制造、安装、调试和维护管理等方面更加成熟。

4. 新型节能水泥粉磨系统

由辊压机、球磨机、O-Sepa选粉机组成的圈流混合粉磨系统是目前国内外广泛采用的新型节能系统。天津水泥工业设计研究院首次系统设计即用于双阳水泥厂生产线上，产量为110t/h。生产525号硅酸盐水泥和525号普通硅酸盐水泥。

系统主机设备选型如下：

辊压机主要部件购买德国KHD公司产品，规格RPV100/63，产量105—145t/h，电机功率2×300kW。

水泥磨为天津院新开发设备，规格Φ4.2×11m，产量110t/h，装球182t。电机功率2800kW。兰州电机厂生产。主减速机为引进丹麦F.L.S公司技术、洛矿生产的TSX1670A双分流，中心驱动式。

O-Sepa选粉机国内转化制造。规格N1500，能力110t/h，电机功率90kW直流调速。

PPDC128—10脉冲袋式收尘器是利用美国Fuller公司技术国内转化制造的。处理风量112100m^3/h，总过滤面积1558m^2。

1993年8月9日水泥磨系统在辊压机暂不具备条件的情况下（没投入辊压机）开始了空载联动调试工作。在总结原料磨调试基础上8月14日开始负荷调试。磨机30%、50%、80%装球，各阶段磨机本身运转良好。系统没有出现大的事故和技术性问题。到11月初磨机运转近1000h，生产水泥7万吨，运转率接近60%。

但由于主减速机过早出现点蚀和辊压机投入时间过短，系统最终满负荷调试工作没能进行。系统满负荷后会出现什么问题，现在评论为时过早。只能通过实践之后再下结论。

5. MICON集散型计算机控制系统

双阳水泥厂自动化控制装置采用首钢电子公司从美国POWELL公司引进技术国内生产制造的Micon集散型控制系统（MDC-200）。全厂用4台大型彩色CRT和全封闭触摸式键盘的操作台对主工艺生产线进行控制。通过计算机网络对上位机、4台PC984-685可编程序控制器、5台P-2002又回路过程控制器及IAA报警数据采集系统相连。全厂集散控制系统按区域分为生料粉磨及废气处理系统；窑尾、窑中系统；窑头和煤磨系统；水泥粉磨系统。4台PC984主要完成电动机连锁和逻辑控制（PLC控制）。5台P-200台主要完成工艺生产过程参数控制（PAC控制）。IAA分成6个站主要进行工艺参数的采集、显示和报警。该系统由于真正做到了整个被控过程对象的区域地理位置和功能两者的分散，进一步减少了故障发生对系统的危害。提高了运转的可靠性。控制器件在功能上的分散使得系统各硬件功能特点突出，性能发挥充分，且价格降低。软件编程易于掌握，便于实现最佳调整。双阳水泥厂的Micon集散型控制系统的应用软件编程全部由天津院承担。由于天津院是工程的主体设计单位，加之对工艺控制系统的要求比较了解，因此，在应用软件的编程和组态过程中能与工艺专业、电气专业紧密配合，并运用一些在过去PLC控制器编程过程中行之有效的编程技巧，如运用SFC（逻辑功能控制图）、“宏”指令技术等，能在较短时间内完成任务。在现场调试中，分区域进行。按照离线编程，微机软件联调→系统模拟调试（所有控制系统运行，但电气开关处于试验位置）→系统空负荷调试→系统负荷调试几步进行。

在系统设计中，根据以往的实践经验，对计算机控制系统供电电源质量和接地系统特别加以重视，从而保证整个系统运行正常。

四、体会

通过双阳水泥厂的调试工作，使我们看到了国产化2000t/d生产线的广阔前景。这不但坚定了我们能设计建设好这条线的信心，并对管理好这条线也充满了勇气。近年来不论是设计、制造单位还是施工安装和建设单位都在为充分发挥国产化2000t/d生产线的生产能力积极工作。大家在双阳工程建设上，实事求是、高度负责、科学决策、团结协作、严把质量关，使双阳水泥厂工程真正做到了工期提前，不超概算、质量较好、投产比较顺利和试生产效益突出。

然而这些成绩的取得并不能表明该项目尽善尽美。在建设与调试试生产期间仍然存在着诸多方面的不足。现笔者结合双阳水泥厂的建设和调试工作对国产化2000t/d生产线今后建设和发展提出几点看法和意见，供大家参考。

（1）工程建设，设计是基础。双阳水泥厂设计是成功的、先进的。但仍然存在着不完善之处。要认真总结，做好信息反馈工作。防止把问题带到新的工程之中。从已投产的几条国产2000t/d生产线运转实践看，今后要进一步加强对黏湿原料、燃料的储存、输送和处理各个工艺环节的研究；加强对已引进的国外先进技术和装备的消化和吸收，开发出适合我国国情的新型高效节能的机电设备；加强对点多面广的中小型除尘设备的研制和开发；加强对新材料、新结构在土建工程设计中的应用研究，努力降低土建工程在工厂总投资所占比例，缩短施工建设周期；努力提高工程的综合配套及辅助设施设计水平。特别在对通用机电产品选型设计时，要选择质量好、信誉高的产品。提高整个系统运转率和可靠性。

（2）目前我国基本建设体制仍然把设计、制造、采购成套、施工安装、调试生产分割成几个独立单位去进行。这种方式已明显不适应上马快、投产省、质量高、效益好的工程建设要求。随着改革的深入，相信以设计单位为龙头的工程总承包公司对工程实行总承包的“交钥匙”方式所进行的建设是必然的发展趋势。它的最大优点是各成员单位目标相同、利益一致。在工程建设过程中能协同作战，互不扯皮、提高效率。能最大限度地满足建设单位在设计、制造、施工安装和调试生产不同阶段对工程高质量、高速度、高效益的要求。

（3）一个现代化工厂机电设备的装备状况是一个国家整体工业技术水平的体现。从双阳水泥厂调试和试生产看，专用主机设备更加可靠。通用机电设备事故率比较频繁。因此，就提高整个系统运转率来说，主机和辅机甚至附属设施都一样重要。

（4）现代化的生产需要现代化的科学管理。管理也是生产力。这一点在双阳水泥厂的建设和试生产过程得到了充分的体现验证。双阳水泥厂的领导集体在国家建材局和省、市领导的关怀支持下从工程建设一开始就制订周密的施工建设计划，争创优质工程，并把目标分解到各个参建单位。工程建设过程中遇到困难和问题，他们知难而上，创造条件克服困难。在试生产过程中，他们加强工艺操作，设备维护检修、质量检验、劳动组织分配等一系列行之有效的科学管理。创造了国产化2000t/d工程建设和试生产的新水平。

五、结束语

众所周知，天津水泥工业设计研究院于1978年首次开始研究、开发国产化2000t/d水泥熟料新型干法生产线的工厂和设备设计。并于1982年将第一条国产化2000t/d工艺生产线用于江西水泥厂扩建工程中。从此，拉开了国产化2000t/d熟料新型干法生产线的序幕。江西水泥厂扩建工程的投产标志着我国水泥工业的发展进入了一个新的里程。

改革开放10余年，我国科技水平有了巨大发展和进步。水泥工业通过引进、转化、吸收等工作，整体实力大大提高。天津水泥工业设计研究院在不断吸取国外先进技术的同时，通过江西、鲁南、耀县水泥厂在调试和试生产期间对设计上暴露问题的反馈与不断完善和改进，使国产化2000t/d熟料新型干法生产线的总体设计水平又有了新的提高。长春市双阳水泥厂在调试中能顺利提前投产、达标充分证明了这一点。

我们坚信，随着时间的推移，科学技术的进一步发展及改革的深入，一定能使国产化2000t/d熟料生产线设备运转率低、不能充分发挥生产能力的问题得到彻底解决。真正使其成为投资省、建设周期短、技术水平高、生产操作稳定、经济效益好的新型干法生产线。为“四化”建设更好地服务和发挥更大的作用。同时为开拓国际市场，提高竞争能力创造更美好的明天。

（原载于《水泥技术》1994年第1期）

日产4000吨水泥熟料生产线自动化系统及国产化问题

一、引言

我国水泥工业在“六五”“七五”期间得到了迅猛的发展，特别是新型干法水泥熟料生产工艺技术和装备的开发得到突飞猛进的进步。日产2000吨水泥熟料生产线（提高型）攻关结出丰硕之果。一批国产化2000t/d的新型干法生产线相继兴建和投产，大大改变着我国水泥工业的结构，使一批企业的技术经济指标大大提高。通过十多年的努力，应用于以2000t/d水泥熟料生产线为主体的电气自动化技术和装备也有了相应的发展和进步。不少技术领域我们与国外先进水平的差距正在缩小。

为适应改变水泥生产结构状况和进一步提高企业经济效益，形成规模经济。在“八五”期间国家将兴建和扩建一批4000t/d水泥熟料生产线。其装备的国产化问题已提到议事日程。

经国家经贸委批准开展“日产4000吨水泥熟料装备消化吸收”项目。本文试就我国目前新型干法水泥生产线自动化系统的技术水平，及其与国外的差距，技术发展的主要原则和基本观点，国产化的主要任务等几个方面发表些不成熟看法，供同行参考。

二、现状与差距

1. 20世纪70年代末期以前我国水泥工业自动化的技术发展主要是以围绕模拟控制技术来进行的。它使用模拟量（连续量）信号，是常规仪表组成的控制系统，这种系统控制精度较低。20世纪80年代以来随着4C技术（计算机技术、控制技术、通信技术、CRT显示技术）的不断发展，我国水泥工业自动化由传统的模拟控制向先进的数字控制转变和发展。信号为数字量（离散量）。控制设备是以微处理器为核心的可编程序控制器和多功能控制器工业控制机系统。

20世纪80年代我们所设计的新型干法2000t/d生产线自动化系统经历了三个阶段，它们是：

（1）以江西水泥厂扩建工程（2000t/d）为代表：可编程序控制器（PLC）全面投入使用，过程控制（模拟量）仍采用集中配置的模拟仪表来进行控制，但也将部分重要的模拟量转换成数字量输入到微型计算机，由微型计算机对生产过程进行初步的监视和数据统计和处理。

（2）以鲁南水泥厂（2×2000t/d）为代表：将生产流程划分由若干个可编程序控制器进行分散式控制，进一步提高了运行可靠性和降低电缆工程造价。引入上位机是本阶段的重要特点。过程控制仍基本采用常规仪表控制，但全厂大部分过程参数经转换成数字量输入到上位机。上位机可对全厂的可编程序控制器进行控制和状态监测，对生产过程不仅是监检并形成了控制功能，上位机通过系统总线把从现场采集的顺序控制和过程控制的信息送到彩色监视器，进行与操作者的信息交流，从而使计算机对全厂主要工艺流程的顺序控制和过程控制成为可能。

（3）以耀县水泥厂扩建工程（2000t/d）为代表：以可编程序控制器为前端机与操作站、编程器、节点微机和MB网组成的集散型控制系统实现了对全厂主要生产流程的全面控制和管理。集散型控系统是控制功能分散，监视操作集中管理的系统。我们以为，以PLC为前端控制器的集散型控制系统，比较适合于以开关量为上并拥有数百个拟量测点及数十个控制回路的大中型水泥工厂的工业控制和管理。

1990年以来我国自行设计的大、中型新型干法水泥生产线均已普遍采用计算机集散型控制系统，如已投产运行的双阳、邯郸、琉璃河等厂均取得了成功，通过表1我们可以看到我们自行开发的集散型计算机控制系统与当今世界流行的以PLC为主控设备的集散型控制系统基本相当，达到20世纪80年代末的国际先进水平。

表1 几种集散型控制系统比较

公司名称	天津院	SIEMENS		ABB	ALLEN-BRADLEY	TAYLOR
系统型号	TDCC	TELEFRM	SINECHI	MASTER	PLC-5	MOD-300
1. 总线结构	总线式	总线式	总线式	总线式	总线式	总线式
2. 总线管理	令牌传输				令牌传输	
3. 总线通信速度	1M波特	250k波特	10M波特	10M波特	1M波特	1M波特
4. 流程图数量	20×n*	309		100		200
5. 图形调出时间	<3s	2s		<5s		
6. 每幅动态图点标签	不限**			255		
7. 数据显示刷新	<2s	2s		<1s		<1s
8. 初始数据库组态	填表式	填表式	填表式	填表式	填表式	填表式
9. 趋势曲线	20×n*	2000		240		232
10. 趋势曲线时间	5S-6min	4S-12h		6min-years		mn-years
11. 棒形图	20×n*					
12. 报表格式	可按要求设计	固定格式	固定格式	固定格式	固定格式	固定格式
13. PID调节	软硬件PID模块	软件PID	软件PID	软件PID	软硬件PID模块	软件PID
14. 报警处理	有	有	有	有	有	有
15. 报警一览表	有	有	有	有	有	有
16. 汉化	汉化	无	无	无	无	无
17. 与上级机联网	允许	允许	允许	允许	允许	允许
18. 优化控制	可加入优化控制	可加入	可加入	可加入	可加入	可加入

*n为分区数，数量不限。

**标签数仅受图幅限制。

2. 尽管我们在水泥工业自动化技术方面取得了可喜的进步，但与国际先进水平还有不少差距，分别就硬件装备和软件系统分述如下：

（1）硬件方面

国内目前大、中型水泥厂的集散型计算机控制系统硬件装备基本上是从国外购买整套硬件装备，国内一些计算机技术研究单位和制造单位正通力合作研制我国自己的集散型控制系统硬件设备，但真正达到产品商品化，投入市场尚有不少路要走。

20世纪90年代以来各国在集散型控制系统硬件设备制造技术上，全部采用CMOS电子线路和表面安装技术，组件和机箱结构设计全部是密封，能适应各种恶劣的工况环境，主要组件如：CPU及电源处理器等都采用了冗余结构和容错技术来提高系统运行的可靠性，使系统的MTBF能达到几十年。现场I/O模块种类繁多，除了一般电气开关量信号外，尚有接收热电偶和热电阻输出的小信号和脉冲量信号，编制应用软件和在线修改由普通的个人微机来完成。

水泥工业自动化系统运行可靠的主要基础是一次检测元件，变送装置和执行机构等。我国近十几年由机电仪表制造部门引进和自行开发了一些通用型的过程量的检测和变送装置基本能满足使用。但一些工况条件比较恶劣的或专用性的一次检测装置和执行机器，国内产品可靠性较差，有些还是空白，如：线扫描型窑筒体测温装置，水泥工业专用X射线荧光分析仪及其配套装置，窑尾和分解炉的取样和气体预处理装置和成分分析仪，高温、高粉尘气体管道上的大型阀门及其执行机构，电动执行器等。在这些方面每条生产线均要花大量外汇从国外直接购买。

国内水泥装备的机电一体化程度较低，机械部分和电气自动化部分从设计、制造、配套供货等诸方面彼此分离，对大型水泥装备的开发和投运均带来不少困难。如：原料预均化设备，辊式磨、辊压机，篦式冷却机等。而国外一些大的水泥设备制造商均有相对固定的电气自动化设备配套分包商，相互联合形成配套性极强的机电一体化装备。

（2）软件方面

目前我们结合水泥生产线进行国外计算机硬件选型和系统合理配置。再根据系统提供的应用软件的编程和组态方法结合水泥生产线工艺，装备系统独立地进行应用软件开发工作。形成仪表处理和人机界面方式。较好地实现对整个工艺线顺序控制和过程控制。但是我们对一些自动调节回路投入率是较低的，平均不足50%，经几个已投产的生产线调查，产生这种状况的主要原因是：工艺控制策略就存在问题，其次有些回路虽然工艺控制策略是正确的，但是自动控制回路的参数设置和控制方式不能与系统的固有工艺特性相适应，造成无法投入或稳定性较差，此外尚有不少情况是执行环节（如电动执行器）的性能较差，一些变速装置的输入和输出特性不能适应控制要求等。

一些专用控制软件、优化软件还很缺乏，我国一些科研和设计单位虽做了努力，但大部分与国外差距较大，如生料质量控制系统的控制软件，回转窑筒体测温系统的控制软件，回转窑的优化控制软件，大型机械装备的专用控制软件等。这些专用控制软件和优化软件对水泥生产线提高产品质量、降低能耗，提高设备运转率，增加产量都具有较大的作用，有很大经济效益。需我们进一步研究开发。

国外一些著名的水泥设备制造商都投入大量人力和财力去开发和研制这些控制软件，并使其变成商品，推向国际市场。

三、原则与观点

基于上述分析，那么今后在开发4000t/d水泥生产线自动化系统的工作中我们应当从哪些基本观点出发去分析问题，从而得到应当遵循的原则呢？

1. 工艺、设备和自动化系统是相互联系不可分割的整体。自动化系统的发展脱离不开水泥工艺和装备技术的发展，它们三者之间存在着相互依存、相互促进的关系，更确切地说，工艺是水泥生产的方法和基础，设备是进行生产的手段，自动化系统是保证水泥生产安全正常高效、低耗的灵魂。

在我国进行自动化系统设计的主要目的是保证工艺过程正常、高效、低耗地进行，保证工艺策略和生产管理的实现，确保机械装备的安全、长期、可靠运转，同时达到减少劳动定员降低劳动强度的目的。

因此，我们必须根据我国的国情和具体水泥生产线工艺和装备的水平考虑与之相宜的自动化系统控制水平。

2. 电气和自动化技术国际上发展很快，产品更新换代的周期越来越短快，而我国由于种种原因，造成基建工程周期较长，大中型水泥项目一般是3—5年，往往在设备刚刚投运不久，许多电气自动化设备已经落后或被淘汰。为此，除了在基建体制上进一步改革外，在自动化系统和设备选型上要考虑到发展。

3. 随着工厂规模的不断扩大，特别是4000t/d及以上的水泥生产线中电气自动化系统在经济技术指标方面出现“三高一低”的情况。即自动化系统的技术难度越来越高，电气自动化系统装置的绝对投资额也越来越高，电气自动化系统装置在大规模水泥生产线发挥的效能越来越高；但从总体投资中各个专业的比例上看电气自动化系统投资所占比例则相对降低。

因此，上级领导机关和项目业务主管要在资金相对紧张的情况下，充分重视自动化系统在水泥生产中的关键作用，敢于在投资分配做出必要的重视，确保用于自动化系统的资金的数量和及时到位。

4. 国际上自动化系统硬件设备和控制软件的售价上，硬件投资的比例呈下降趋势，而控制软件的开发费用不论是绝对值还是比例均呈上升趋势。有些国外厂商在自动化系统的报价中硬件和软件报价是1∶1甚至更高。基于这种状况就决定我们今后工作的重点应当放在什么方面。

四、任务与措施

由于整个水泥工艺生产过程是由各个相互联系的工艺环节所组成，因此，在考虑电气自动化系统时也应当从全厂范围加以研究。

基本组成可分为三个层次，即现场级（过程级）、监控级（中央集中控制和局部控制）、全厂管理级（管理，信息系统）。下面就这三个层次试论4000t/d水泥生产线自动化系统开发的主要任务。

1. 现场级

这一层次的设备运行情况是整个系统的基础。主要工作任务有：

（1）生产过程工艺参数的检测、计量和分析装置

主要的常规的产品应采用国内高性能、高可靠性的产品。我们的力量应当放在一些水泥工业专用、环境条件要求苛刻的检测装置。主要有：

气体分析仪。在4000t/d工艺线上约使用5—6套，要解决好在高温、高含尘浓度的气体的取样装置，烟气预处理装置，分析仪器的成套与智能化问题。

窑筒体温度测温装置。我们可在引进国外高速、高分辨率在红外线扫描器

的基础上，自行开发在微机上运行的软件，以替代进口产品。

烧成带温度检测装置。它是操作人员控制回转窑热工制度的重要参数。因此，亟待解决，要提高高温计的测量精度和对各种工况条件的适应能力，增加必备的安全保护措施。

粉尘浓度在线测量仪。随着国家对环保的执法要求越来越高，过去那种仅仅依靠肉眼或离线式间断监测的方法已逐渐不适应当前的要求，因此开发或者引进此类产品是必要的。

（2）电动机及其电控装置的程序控制

选型和进行合理的硬件配置，结合水泥生产线的具体工艺、机械、电气的要求进行应用程序的开发和编制工作。

（3）大型机械装备的机电一体化装置

这是充分发挥大型水泥机械装备效能，保证其安全运行，并与其他装置协调运行的重要手段。同时也是提高我国机电装备总体技术水平的重要标志。要求能对大型水泥机械装备进行控制并与全厂监控级计算机进行数据通信。

2. 监控级

由于硬件设备国内尚不能成套生产，问题是如何去选择硬件系统，它的基本要求是：总线结构方式，总线通信管理；总线通信速率；工作操作站的人机对话功能、操作站CRT画面动态参数循环更新时间，响应时间，编程及组态方法等几项重要性能，系统在工业上应用的业绩及其价格等。

我们的工作重点就是要紧密结合工艺和设备的要求，根据所采用的控制系统所规定的组态要求进行合理的组态或根据系统所支撑的用户应用程序进行编程。

现在人们普遍关心水泥生产过程优化控制软件的开发，同时国外各大水泥设备制造商纷纷推出代表他们公司水平的优化控制软件，其价格贵得惊人。因此，我们的工作任务就是要自行开发适合于我们国情和具体工厂厂情的优化控制软件，其重点是，生料质量控制系统和窑的优化控制。

（1）生料质量控制

稳定入窑成分是稳定烧成工艺过程、保证熟料质量、降低能耗的关键技术措施。为此，国内外水泥工业都为此投入很大的财力和物力去研制开发本身的优化控制系统。过去都采用通用型X射线荧光分析仪，荧光管功率大，对电源和外部条件要求较严格，价格昂贵。维护和操作要求水平高。国内使用效果并不理想。最近国外已研制出专门用于水泥工业的产品。性能、价格和对外部条件的要求大为改善。实用性较强。如：QX英国（牛津）小型多道荧光分析仪（水泥工业用），荷兰Philips公司也有类似产品。建议购买整套硬件，由国内自行根据原料性能和定量喂料秤的性能开发配料和控制软件。

（2）窑的优化控制

实际上确切地讲应当是烧成系统的优化的控制。采用这套系统的目的是使回转窑及整个烧成系统效率进一步提高，达到高产、低耗高效之目的。其硬件可以由集散系统硬件统一考虑，关键是应用程序的开发。

而这种控制软件必须结合具体烧成系统的工艺和操作经验，是现场实际操作经验的总结和归纳、提高，因此，窑的优化控制软件的开发应当由我国自行研制开发或是合作开发。

3. 全厂管理级

现代化的生产线必须进行现代化管理。全厂管理信息系统（或简称MIS系统）是现代化企业所不可缺少的管理手段，是在企业管理工作中的一次质的飞跃。它可把全厂行政、人事、财务、物资、生产、检修、销售等各个系统的信息高速准确地加以采集和处理，提供给企业的各级管理者，根据这些信息各级管理者根据自己的权限，可以很快决定下一步经营管理的措施和目标的修订，使企业各个方面协调高速地运行以取得最大的经济效益和社会效益，由于我国正在进行具有中国特色的社会主义现代化建设，因此企业的现代化管理模式必须结合我国国情和厂情来进行。在技术工作方面，我们应当把重点放到MIS系统的系统配置的研究，一些重要管理参数的转换、采集和处理技术的研究，特别是本地网的通信技术是我们开发MIS系统的关键。

搞好4000t/d水泥生产线自动化系统的开发和国产化工作是一项十分艰巨的任务，它是对过去我国新型干法水泥生产线自动化技术的补充、完善、提高和又一次前进。要完成这样一项内容十分丰富、技术难度很大的任务，是必须以整个行业乃至全国范围来考虑的问题，绝非易事。因此必须统筹规划，合理分工，相互协作，联合攻关，实现以下四个结合：自行开发、研制与引进技术、消化吸收相结合；2000t/d水泥生产线自动化系统的补充完善提高与4000t/d水泥生产线自动化系统的开发工作相结合；建材行业的自动化工作者开发工作与全国机电、冶金、石化、电力等部门的自动化工作者的开发工作相结合；

基本建设、技改工作、设计工作与专题科研、开发技术成果相结合。

目前，我国一批国产化和成套引进的装置4000t/d水泥熟料生产线正在计划兴建或扩建中。我们应当抓住这个难得的机遇，抓紧开展各项研究开发工作。在行业主管领导和各单位领导的大力支持和关怀下，通过我们自动化工作者的辛勤劳动和刻苦攻关，并与其他专业同志紧密合作，实现4000t/d生产线自动化系统的开发和国产化任务将指日可待。

（原载于《中国建材科技》1994年第5期）

浅谈电机的温升及处理

一、电机的温升

电动机的温升，源自电动机中的损耗功率$\triangle P_e$，其中铁损耗、机械损耗乃致其他损耗都是固定不变的，只有铜损耗是随负载变化的，故称可变损耗。电机单位时间内的发热量（cal/s）：

$Q_m=0.24\triangle P_e$　　　　（1）

（1）式中$\triangle P_e$——电动机中的损耗功率，W或J/s；

0.24——电功率换算为热功率的电热当量，cal/J。

以我厂水泥磨主电机为例，其额定功率为2800kW，效率为90%，其损耗功率为：2800kW×（100%−90%）=280kW，转换成热损耗功率：$Q_m=0.24\times280\times1000=67200$cal/s。

上述计算表明：大电机的发热量之大是不容轻视的。电机发热时，一部分热量用于其本身升温，一部分热量散发到周围的环境中，而且温升越高散热也越多。

正常运行中的电机，一般负荷是稳定的，周围的环境温度是不变的。设：

Q——电机单位时间内散发出的热量，cal/s

C——电机的热容量，cal/℃

A——电机的散热系数，电机与周围介质温度相差1℃时，每秒钟向周围介质散发的热量，cal/℃（摄氏度）·s

τ——电机的温升，即电动机的温度高于环境的温度值，℃

$d\tau$——在dt时间内温升的增量，℃；这样，Qdt是在dt时间内电机发热量，$Cd\tau$是在dt时间内电机温升到$d\tau$时所需热量。$A\tau dt$是在同一dt时间内的向周围介质的散热量。显然

$$Qdt=Cd\tau+A\tau dt \qquad (2)$$

这就是电机热平衡方程式，整理得：

$$\frac{C}{A}\cdot\frac{d\tau}{dt}+\tau=\frac{Q}{A}$$

令$T=\frac{C}{A}$——发热时间常数，其单位为S。小型电机的T值一般为0.5h，大型电机的T值一般为3—4h；

$\tau_w=\frac{Q}{A}$为稳态温升，其单位为℃；

则平衡方程式为：

$$T\frac{d\tau}{dt}+\tau=\tau_w \qquad (3)$$

式为一个标准的一阶微分方程，其解为：

$$\tau=\tau_w(1-e^{-t/T})+\tau_Q e^{-t/T} \qquad (4)$$

式中τ_Q——初始温升，即t＝0时的温升，℃。按上式画出的电机温升曲线见附图。

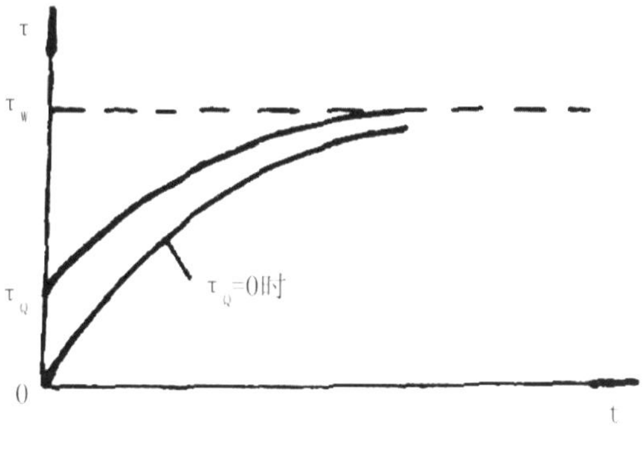

电机的温升曲线图

附图表明，电机的温升是有一段过程的。温升过程是指数曲线，其物理意义是：开始运行时，由于τ较小，散热少，大部热被电机吸收，所以温升快；过一段时间后，τ变大了，散热增多，温升变慢；直到散热量等于发热量时，即$A\cdot\tau\cdot dt=Q\cdot dt$。由式（2）可知：当$d\tau=0$时，温升不再增长，温度（$\tau_w=\frac{Q}{A}$）也就稳定了。

这就是说，在电机的温升过程中只要按时精心巡检，能够发现电机温升趋势，并及时查找和分析原因，采取相应的措施，是能够保证电机安全运行的。

二、温升过高的危害

电机温度是运行工和巡检工必须掌握的重要数据。电机温升高，是由电机电流增大和散热条件不好所造成的。从某种意义上讲监视电机的电流，也就起到了监测电机温升的作用。

电机温升的限度取决于绕组的绝缘材料。电机运行时的最高允许温度受到绝缘材料允许温度的限制。按国标规定，电机用绝缘材料分若干等级，各级材料允许的最高温升和允许温升见附表。

在设计电机时，国家规定40℃为标准温度。绝缘材料的允许温升，等于最高允许温度减去40℃。一旦电机温度超过了最高允许温升，轻则造成绝缘老化，缩短电机的使用寿命；重则绝缘材料损坏使电机烧毁，所以对电机温升的问题应引起足够的重视。

各种材料允许的最高温升和允许温升表

等级	最高允许温度	环境温度为40℃时的最高温升
A	105℃	65℃
E	120℃	80℃
B	130℃	90℃
F	155℃	115℃
H	180℃	140℃

三、温升过高的原因

连续运转的电机，一旦发现温升过高，除电机本身质量不好外，一般要在机械上、工艺负荷上查找原因。就我厂的情况主要有如下几种原因：

1. 有超温运行史，造成绝缘老化

经一段时间运行后，绝缘（对地或相间）电阻降低，匝间短路或三相电流不平衡。如熟料破碎机45kW拖动电机，就曾因篦冷机蓖板进入破碎机内，使电机堵转冒烟。虽然以后仍在使用，但却已埋下隐患。

2. 因潮湿使绝缘电阻降低

在潮湿的情况下，380V电机的相间或对地绝缘电阻不得低于0.5MΩ；在热状态时，电机绕组的绝缘电阻$R \geq \frac{U}{1000+p/100}$（MQ）　　（5）

式中　U——电机绕组的额定电压，V

P——电动机的额定功率，kW。

露天使用的电机、水泵房、锅炉房等潮湿场所的电机，必须使其具有不低于上式所给出的最低绝缘电阻，否则就会引发电机温升过高。

3. 超负荷运行

电机轴和所拖动的机械轴不同心，工艺投料量大于设计值，风机、泵等阀门开度过大等，使电机在长期超负荷下运行。

4. 工作电压过高或过低

超过额定电压±10%。特别是电压过低，主磁通Φ_m相应大大下降，而外界负载转矩不变，使转子电流I_2和定子电流I_1增加，甚至超过额定值，产生过热。

5. 因冷却不好或环境温度过高

使电机产生的热量得不到很好地散发，使电机温升过高。如矿山车间板喂机37kW电机，是采用变频调速器传动设备，一般工作在12—16Hz的低频段，因冷却风扇与电机转子同轴，转速下降，冷却风量降低，因此电机散热不好、温升较高。同样，原料磨2500kW主电机碳刷和滑环过热，是碳刷本体电阻和碳刷与滑环间接触电阻之和与转子电流产生的热量，因没有散热设备得不到很好地散发，热量积累而产生过热。

四、电机温升过高的处理

针对电机产生温升的原因，及时采取相应的措施，温升的故障是可消除的。这首先要做到及时发现。我们采取的措施是：

（1）加强设备管理坚持对每台电机的巡检、记录。建立设备运行档案，为设备运行、维护保养、运行状态分析、故障分析提供原始资料。

（2）增设电机绕组温度检测装置。

我厂几台高压大型电机，如2800kw、2500kW等主要设备电机，都设有定子温度指示仪。原设计没有的重要电机，要增设电机绕组温度检测装置，如预均化堆场里的55kW滚筒电机，烧毁大修时，在绕组中埋入了Cu50热电阻，把指示仪表接到岗位上。这样，就使运行工随时可以监视电机温度。

（3）给巡检工配置钳型电流表和点温计，加强巡检工作。

在巡检中发现的设备问题要记录，对其不但要加强监视和观察；并要对症下药及时处理。例如在巡检中发现有高于常温的设备，虽不至于在短期内烧毁，可及时采用加风机冷却的办法来保证运行，待有停车机会时，再进行彻底检修或更换。

对在室外易受潮湿的电机，要定期地进行绝缘电阻的测试，保证其在合格的阻值范围内。一旦发现绝缘电阻过低，就要采取烘干处理等措施。

（4）进一步加强与工艺操作的配合，确保电机安全运行。在原料车间试生产时，从德国弗兰德公司进口的减速机稀油站11kW油泵电机，启动后不到1h电机温度高达70℃左右，并仍在升高。为了保证生产，我们采用了“死看死守”的办法，经过几个小时的观察和测试，发现电机的额定电流23A，而记录中的电流是在18—28A之间变化。后查，这期间有人调整过几次输油管道的阀门。经研究确认这台电机发热缘于管道阀门调整不当。为此我们参照电流表的读数调整阀门，使电机在额定值内工作，运行一段时间后，电机温度恢复正常。现已安全运行一年多。

另外，原料磨2500kW主电机有段时间电流很大，定子温度明显增高。经查，原来是自从补加了12t钢球后电机定子电流开始变化。此前磨机产量曾达180t/h，电机仍正常运行，而加了钢球后，虽然产量在150t/h左右，电流却经常超过额定值。显然这由于加球量过大，球料比不当造成的。减掉了7t球，稳定了下料量后，电流减小了，温升高的问题迎刃而解。电机的温升 τ_w大小与电机的损耗散热量成正比，和散热系数A成反比。因此，解决电机温升的问题要从降低损耗和提高散热系数上下功夫。为解决矿山板喂机电机和2500kW电机滑环和碳刷发热问题，我们采取了外加风冷的措施。温升后的电机功率值：

$$P = P_e\sqrt{1 + \frac{40 - t}{\tau_e}(\gamma + 1)} \qquad (6)$$

式中Pe——电机额定功率，kW，

40——国家规定的标准环境温度，℃，

t——室温，℃

τe——额定环境温度 τ_e的电机额定温升，℃，

γ——电动机的固定损耗和额定可变损耗之比。

可见环境温度低或冷却效果好，有利于提高电机的功率。

五、对电机发热的认识

设 τ_m为电机的允许温升，则带额定负载时的稳定温升：

$$\tau_{me} = \frac{Q_e}{A} = \frac{0.24\triangle P_e}{A}$$

$$\triangle P_e = P_{1e} - P_{2e} = \frac{P_{2e}}{\eta_e} - P_{2e}$$

$$= P_{2e}\left(\frac{1 - \eta_e}{\eta_e}\right)$$

式中 η_e——电机的额定效率；

P_{2e}——输出的额定功率，kW。

于是 $\tau_m \geqslant \frac{0.24P_{2e}}{A}\left(\frac{1 - \eta_e}{\eta_e}\right)$

或 $P_{2e} = \frac{A\eta_e\tau_m}{0.24(1 - \eta_e)}$

上式表明：当散热系数A与效率不变时，电机的额定功率与允许温升成正比。可见，只要提高绝缘材料的等级，就可以提高电机的容量，即在允许范围内的电机温度相对提高，无论是利用率，功率因数都相应增高。反之，“大马拉小车”必然造成浪费。

由于电机的绝缘等级不同，允许的温升不同，对不同绝缘等级的电机的发热量也要区别对待，也就是说，对电机发热要定量测试，而不应一般性地泛泛而论。例如预均化库55kW滚筒电机大修后投入运行温升较快，达70℃左右之后，就派专人10min测试一次电流和温度，经一段时间测试，发现电流未超限且稳定，这说明所拖动机械无问题，负荷也无问题，温升是由散热不好造成的。在严格的监视中让设备继续运行，当达到92℃时，温升就稳定住了。这说明，92℃是该设备在当时外界环境和条件下的热平衡点。

我厂石灰石均化库摆动电机是丹麦史密斯公司进口的，运行初期总发热，有时运行2h就停机散热，影响生产。以后我们认识到适当的温升是难免的，达到热平衡就能稳定运行，就也没有因此而停车。一般情况，国外设备配套电机负荷率较高，绝缘等级也高，故承受温升的能力比国产电机要高。

综上所述，只要对电机发热的原因做到胸中有数，掌握每台电机的允许温升，并在温升范围内找到热平衡点；认清发热和过热的界线，并能对超过允许温升的电机以必要的调整和处理，这种在水泥厂普遍采用的驱动装置一定能做到安全、高效地运行，为提高整个水泥熟料生产线的设备运转率创造条件。

（与长春市双阳水泥厂胡永志同志合作撰写，

原载于《水泥技术》1995年第3期）

辑四

节能减排及废弃物处置

水泥工业处置和利用可燃废弃物技术和政策研究

一、引言

随着科学技术的飞速发展和人们生活水平的日益提高，社会生活的各个领域产生着数量巨大、品种繁多的废弃物。这些废弃物若不能得到很好地处置和利用，将对人类生存的环境产生巨大的影响并且对宝贵的自然资源无疑是一个巨大的浪费。因此，世界各国政府和科技界、企业界都对如何按照可持续发展的战略思想来处置和利用废弃物高度重视，投入巨大的人力、物力和财力，取得了可喜的成绩。

众所周知，水泥界的科技工作者利用水泥工业的工艺和产品特点，长期以来致力于用工业废弃物替代水泥原料的工作，取得了巨大成绩。电厂粉煤灰、高炉矿渣、硫铁渣、铜渣、烟气脱硫石膏、电石渣、赤泥等工业废弃物都在水泥生产中作为原料得到了充分的利用。以我国为例，全国水泥生产中所需原料约有20%以上是来自工业废弃物，使水泥工业真正成为利废大户。这不但节省了大量的自然资源，并且也减少了这些废弃物的排放和堆存造成的环境污染，取得了良好的社会效益、环境效益和经济效益。

但是，随着世界能源问题的突出和可持续发展战略的提出，人们的关注点不仅仅是各种类型废弃物的化学成分，及其在某些工业领域替代原料的作用，而且开始对那些可燃性废料在燃烧时发出的热量表现出极大兴趣，以期这些热值在工业生产中得到充分利用。与此同时，由于环境问题，传统的处置废弃物的方法，如焚烧炉、垃圾填埋法等受到了严重挑战。因此，世界各国特别是西欧、美国、日本等发达国家都对利用水泥回转窑来处置和利用可燃废弃物进行了技术政策研究和工业实践。事实证明，在规范的法规指导下，在有效的技术装备和科学的工艺操作下，利用水泥工业处置可燃废弃物是一种在不影响产品的质量的条件下改善环境、节约能源、提高效益的行之有效的办法。

本文仅就利用水泥回转窑燃烧系统对可燃废弃物的处置和利用的有关技术和政策问题进行初步的探讨。通过对国内外有关情况的介绍和分析，笔者提出对我国如何开展这项工作的基本意见和建议，以期对我国刚刚起步的这项事业有所促进。

二、处置可燃废弃物的基本原则

从可持续发展出发，处置废弃物应当考虑以下几个基本要求：

一是要从源头上减少产生废弃物的数量，这是解决问题的最直接有效的办法；二是要改进生产工艺使在生产中产生的不合格产品可以重新回到生产流程中加以重新加工、处理，生产出合格、有用的产品，或者增加生产流程对一些废弃物充分利用，生产出合格产品；三是在生产废弃物的企业中单独处理技术困难或者处理费用昂贵的情况下，可以把这些废弃物集中加工后送到适合处置利用它们的生产流程中作为原料或燃料加以处理和利用。

在上述几项工作充分实施之后仍然不能得到有效处置的，此时才能考虑废弃物的填埋堆放。

在考虑选择处置可燃性废弃物或危险废弃物的具体方案时应当考虑以下方面：

（1）对大气环境的影响。要符合当地政府批准的排放标准，严格禁止有毒有害物质的排出。

（2）对土壤质量的影响。

（3）对地表水、地下水质的影响。要符合当地政府批准的有权威性的地表水、地下水质的标准。

（4）对操作人员的安全或健康的影响。

（5）对社区和公众的影响。

（6）处置设施投资和运行成本。

（7）处置设施工艺操作复杂程度。

（8）处置可燃性废弃物能量是否充分利用。

（9）可燃性废弃物处置后是否存在残余物以及它们的处置办法。

（10）可燃性废弃物收集、储存和运输安全方案。

三、水泥工业处置和利用可燃性废弃物的特点

如前所述，从处置和利用可燃性废弃物的方案和工艺、设备要求，可得出水泥工业在处置和利用可燃性废弃物具有以下特点：

（1）处理温度高。水泥回转窑内物料温度在1450—1550℃，而气体温度则高达1700—1800℃。在此高温下，废弃物中有机物将产生彻底的分解，一般焚毁去除率达到99.99%以上，对于废弃物中有毒有害成分将进行彻底的"摧毁"和"解毒"。

（2）燃烧停留时间长。水泥回转窑筒体长，废弃物在回转窑高温状态下持续时间长。根据一般统计数据，物料从窑尾到窑头总的停留时间在40min左右；气体在950℃以上温度的停留时间在8s以上，1300℃以上停留时间大于3s，可以使可燃性废弃物长时间置于高温之下，有利于有机物的燃烧和彻底分解。

（3）燃烧状态易于稳定。水泥回转窑是一个热惯性很大，十分稳定的燃烧系统。它是由回转窑金属筒体、窑内砌筑的耐火砖以及在烧成带形成的结皮和待煅烧的物料组成。不仅质量巨大，而且由于耐火材料具有的隔热性能，更使系统热惯性增大，不易因为工业废弃物投入量和性质的变化，造成大的温度波动，系统易于稳定。

（4）碱性的气氛。生产水泥采用的原料成分决定了回转窑内呈现碱性气氛，它可以有效地抑制酸性物质的排放，使得SO_2和Cl_2等成分化合成盐类固定下来。

（5）没有废渣排出。在水泥工业的工艺过程中，只有生料和经过煅烧工艺所产生的熟料，没有一般焚烧炉焚烧产生炉渣的问题。

（6）固化重金属。利用水泥回转窑煅烧工艺处置可燃性废弃物（包括危险废弃物），可以将废弃物成分中的绝大部分重金属固化在熟料中，避免其再度渗透和扩散污染水质和土壤。

（7）减少全社会的废气排放量。由于可燃性废弃物在回转窑中处置时

放出一定的热量，因而对矿物质燃料产生替代作用，减少了水泥工业对矿物质燃料（煤、天然气、重油等）的需要量。这种把可燃性废弃物加到水泥回转窑与传统的矿物质燃料混烧方式，比单独的水泥生产和焚烧废弃物所产生对大气的废气排放量大为减少，减少量与可燃性废弃物的使用量成正比，见图1。

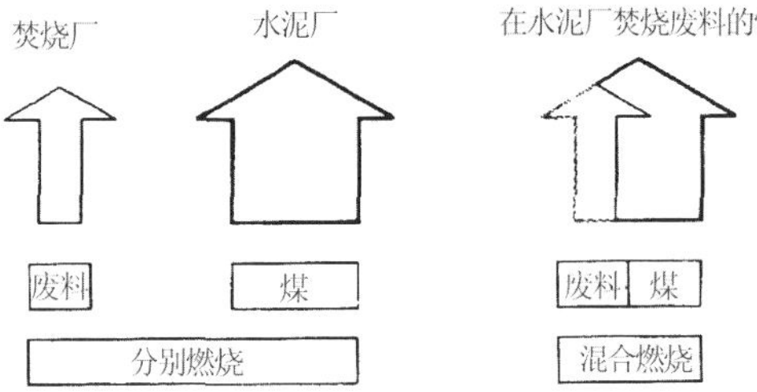

图1　在水泥厂焚烧废弃物CO_2排放对比

由于回转窑燃烧处于碱性环境，也使得SO_2、Cl_2的排放量明显减少。

（8）焚烧处置点多，适应性强。水泥工业不同工艺过程的烧成系统，无论是湿法窑、半干法立波尔窑，还是预热器窑和预分解窑，整个系统都有不同的高温投料点，可适应各种不同性质和形态的废料。既要方便操作，又要使其充分燃烧。

湿法窑：窑头，窑中；

立波尔窑：炉篦机，加热机，窑尾—斜坡，窑头；

预分解窑：三次风管，窑尾上升烟道，分解炉，窑头。

（9）废气处理性能好。水泥工业烧成系统和废气处理系统，使燃烧之后的废气经过较长的路径和良好的冷却和除尘设备，有着较高的吸附、沉降和收尘作用，排入大气的灰尘和有害气体大幅度降低，均能达到当地政府控制的排放标准，收下来的粉尘经过输送系统返回原料制备系统来重新加以利用。

（10）投资较小，运行经济良好。利用水泥回转窑来处置可燃废弃物，虽然要在工艺设备和测量设施上投入资金，进行必要的改造，以适应用可燃废弃物作为替代燃料带来的技术和环保问题，但相对新建专用焚烧厂来说是大大节省了投资。在运行成本上，尽管燃烧可燃性废弃物要由于设备的折旧、电力和原材料的消耗、人工费用等使费用增加，但是由于节省了燃料，降低了燃料成本，使运行成本降低，而这种经济效益，将随着替代物品的增加不断提高。

但是，利用水泥回转窑处置和利用可燃性废弃物也有一定的局限性。主要存在以下几个方面的问题：

（1）由于熟料煅烧和制造水泥对SO_2和Cl_2等物质含量的限制，从而利用这种技术处置此类可燃性废弃物要考虑适应性。另外，对于热值太低、水分太大的可燃性废弃物，其利用在经济效益上也受到制约。

（2）需要对系统排放的气体进行更加严格的限制，增加必要的在线测量装置和除尘设备。

（3）增加了一定的人力资源的消耗，增加了操作、控制的难度和复杂性。

（4）为了便于工艺操作和计量，要对某些可燃性废弃物进行预处理，从而增加了投资和运行的成本。

（5）为了做到对可燃性废弃物（包括一些危险废弃物）在搜集、储存、运输、装卸、计量、投入过程中的安全，要增加一系列化验、测量和安全设备。

（6）要充分保证操作人员的安全和健康，增加必要的防护措施。

四、国外研究和发展的现状

20世纪70年代初期，由于能源危机，燃料价格上涨的缘故，美国、法国、日本等发达国家开始研究可燃性废弃物作为替代燃料应用于水泥生产，降低生产成本。随着科学技术的发展和人们环保意识的日益增强，人们逐步把利用水泥工业来处理可燃性废弃物和可持续发展联系在一起，得到了各发达国家政府的高度重视。在政府政策的支持和鼓励下，各国水泥制造商积极工作，使这项技术得到了广泛应用，发展非常迅猛，达到了很高的水平。目前世界上至少有100多家水泥厂在用可燃性废弃物替代燃料。有关这方面的报道，多见于各种文章和报端。最近笔者出访西欧四国和主要的水泥制造商，考察了他们使用可燃性废弃物的状况，对我们有很大的借鉴和参考意义。

1. 西欧主要国家使用可燃性废弃物的情况

（1）法国Lafarge公司作为水泥产量位居世界第一位的跨国公司，从20世纪70年代开始研究推进废弃物代替自然资源的工作。经过近30年的研究和发展，目前可燃性废弃物替代自然矿物质燃料的替代率可以达到50%左右。

Lafarge公司在2001年实现了以下目标：

节约200万吨矿物质燃料；降低燃料成本达33%左右；收回了约400万吨的废弃物；减少了全社会500万吨CO_2气体的排放。

2002年集团制定在世界各洲所属企业不同的替代率指标：

北美：26%以上；欧洲：49%以上；亚洲：在日本、泰国、马来西亚、菲律宾等国的企业要逐渐开展这项技术的应用。

使用可燃性废弃物种类繁多：如废油、废溶剂、废轮胎、动物粉（肉、脂肪）、稻米壳、棕榈果壳等各种可燃性废弃物。Lafarge集团设在法国的Vald' Azerguscement的替代率从1991年10%到2001年50%—55%，可燃性废弃物主要是工业废溶剂、废液和动物骨粉。计划到2003年准备使用固体可燃性工业废弃物，使替代率再增加12%。

（2）瑞士HOLCIM在20世纪80年代开展可燃性废弃物替代燃料的工作。HOLCIM在比利时的世界上最大的湿法厂（即原Oburg cement）中代用燃料（alterna tivefuels）的利用率已达到80%；其他采用称为二次燃料（recovery fossil fuels）的石油焦约20%，目前该厂的燃料成本已降为-2%左右。可燃性工业废弃物、废油、液态燃料和经过干燥粉磨的精炼厂的油渣，从窑头喷射入窑内燃烧，社区家庭和工厂自身产生的废弃物（废纸、废塑料、废衣物和织物），用塑料膜打包后，经喂料装置向窑中喂入。

（3）德国对此项工作高度重视，取得了较大的进展，如表1所示。

表1　德国水泥工业利用可燃废弃物做燃料的替代率（%）

1996年	1997年	1998年	1999年
13.1	15.7	18.8	23

德国Heidelberg cement也是世界上有实力的大公司，2001年具有1亿吨水泥的生产能力。与此同时，公司高度重视环境保护工作，特别在废料利用方面取得了一定成绩。

Heidelberg cement设在德国的Lengfurt cementplant（预热器窑）从20世纪80年代开始开展可燃性废弃物替代传统矿物质燃料工作，2000年替代率达到40%左右，共计使用替代燃料37000多吨。其中废油和废塑料是在窑头用2个不同的燃烧器喷入的，而废轮胎是在窑尾上升烟道中通过二道闸门整体投入的。

Heidelberg cement设在德国的另一家水泥厂Leimenplant（立波尔窑），近年来开展了应用可燃性废弃物替代燃料的工作。目前替代率已达到60%。其中轮胎占10%（从窑尾斜坡处加入）；塑料占25%；可二次使用的液态燃料（包括废油和工业废液）占25%（从窑头喷入）。

（4）丹麦FLS公司是一个以水泥设备制造为主的公司，对于利用水泥工业处置和利用可燃性废弃物的技术和装备开发做了大量工作。为世界上许多著名的大水泥制造企业提供这方面的装备。与此同时，在其集团内部的水泥企业也积极开展了这方面的工作。公司成立了专门用工业副产品和城市废弃物来加工处理成适合水泥工业的替代燃料的cemmiliφA/S，该公司设在阿尔堡水泥厂（Alborg Portland）里面。2001年生产3万吨替代燃料，全部供给了FLS公司的阿尔堡水泥厂。此外，阿尔堡水泥厂在2001年还使用了干污泥和肉骨粉（均为已在另外的处理厂处理好的），两者合计约1.2万吨。从该厂年产水泥280万吨所需的燃料总值来看，目前该厂使用替代燃料比例还较低。

2. 工业废弃物的专门预处理企业

随着需要处置的工业废弃物种类和数量的增加，以及水泥企业用可燃性工业废弃物作为替代燃料需求量的提高，为了提高利用效率，降低成本，保证安全和进一步改善环境质量，工业废弃物的处置和利用分别由不同的专业化企业来进行。因此，专门从事废弃物收集和预处理的企业应运而生了，并且规模不断扩大，技术水平不断提高。这类企业的产生，彻底改变了可燃性工业废弃物在水泥工业处置和利用早期起步阶段由水泥企业完成的从收集—运输—储存—加工预处理—水泥工业混烧的全部任务，而是按照专业化分工，分别由专门的运输企业、预处理企业和最终处置和利用它们的工业企业各自去完成，体现了现代社会在生产方式上的社会化和专业化特点。

以法国Teris Group为例，它是SUEZ集团的子公司，是在世界范围内开展有关废弃物的预处理和处置的企业，其全球企业分布见表2。

表2　Teris Group的全球企业分布

国家	公司名称	主要业务
法国	Scori LABO-Serbices TERIS Specialites ATE GEO clean	废料预处理、水泥工厂的混烧 特殊危险品处理 氯化物、硫化物和盐类废料的焚烧 土壤的改良
比利时	Teris Scoribel	危险废料和硫化物的焚烧 废料预处理，水泥工业的混烧
西班牙/葡萄牙	Ecocat Group	物理化学处理 生物处理 危险品的填埋 水泥回转窑的混烧 土壤的改良
德国/波兰	Scori GmbH	预处理水泥回转窑的混烧
意大利	Eurofuels	收集和预处理
北美	Teris L/C	预处理、工业中的混烧
巴西	Teris do Brasil	预处理、工业中的混烧
韩国	Eco Services Korea	焚烧
泰国	STWMS	混烧

与采用通常的矿物质燃料作为水泥工业用燃料一样，用可燃性工业废弃物做替代燃料也需要为了适应水泥生产工艺和设备的要求，进行相应的预处理：

（1）改变它的物理参数（尺寸、水分、黏度等），使之能直接与水泥回转窑的燃烧喷射系统相匹配，以便能对它进行有效的控制；

（2）当这些废弃物是以圆桶和其他类型的容器包装时，直接投入回转窑燃烧是危险的，同时也是很难控制的；

（3）某些工业性废弃物在长距离运输后其质量性能会发生变化，例如某些带有挥发性的溶剂，或者是数量很小时。

预处理使得按照要求制成的替代燃料与回转窑和燃烧器对燃料的要求相匹配，以使燃烧的火焰和排放的废气达到可控制的目的。

在这些废弃物预处理厂中通常是按照固体替代燃料、溶剂和废液3种不同形态的可燃性工业废弃物来设计处理流程的。

为了适应可燃性工业废弃物在水泥工厂的混烧要求，预处理厂必须考虑和满足表3中的要求。

这些废弃物预处理工厂，不论处理任何形态的废弃物尽量做到密闭式生产，采用高度的机械化、电气化和自动化技术的设施，以提高劳动生产率和保证操作人员的安全和健康。预处理厂执行着严格的环境质量标准。对于灰尘、排放气体中的有害成分、臭味以及生产和厂区环境的清洗水和雨水，都有完整的净化措施，和不断地减量化，达到当局规定的环境标准（ISO-14000）。这些废弃物预处理厂，都设有设置齐全的各种专业的化验和检验设备和专业化验人员，执行着严格的废弃物进厂的验货验收标准和批量登记、在处理过程中的生产控制分析、在发货之前对预处理成品检验的3个主要步骤。这些分析检验都是要留有文件记载的。这些废弃物预处理厂都设有完备的防火、防爆和事故处置系统，为职工配备了必要的劳动防护用具，确保工厂设备的安全和员工的健康和安全。

表3　Scori预处理的产品标准

	需要考虑的因素	预处理厂出产的产品技术要求
固体	1）稳定的燃料质量以便很好地控制燃烧器和火焰 2）适应筒形储库装卸料的流动能力 3）适应物料堆放的装卸能力 4）适应工艺过程和当局认可的验收标准的规定 5）适应窑头主燃烧器和分解炉的喂入设施	热值≥12540kJ/kg 氯含量：0.3% 灰分：35% 粒度：<12mm，<80mm <10mm主燃烧器 >40mm，<80mm 分解炉 碱含量：2%—3% 水分：30%—40%

续表

溶剂	1）稳定的燃料质量以便很好地控制燃烧器和火焰 2）适应工艺过程和当局认可的验收标准的规定 3）适应窑头主燃烧器和分解炉的喂入设施	热值：27170kJ/KG 氯含量：0.6% 灰分：1% 粒度：3mm 碱含量：1%—3% 水分：15%—25%
废液	同溶剂的要求	热值：4180kJ/KG 氯含量：0.2% 灰分：1% 粒度：3mm 碱含量：1%—3% 水分：85%

这些废弃物预处理厂的设置地点，大多选在既要靠近最终的用户（水泥工厂和其他可用预处理的产品做替代燃料的工厂），又要距离主要废弃物发生源较近，以降低运输成本。

这些废弃物预处理厂很多都有水泥制造商投资入股经营，如Scori France就有34%的股份来自Lafarge Cements，Cements Calcia，VICAT公司，而Scoribelco.也是Holcim Ltd.的一个成员，占有一定的股份。

通过资产纽带把废弃物预处理厂和最终用户紧密结合起来，而又各自在市场中独立经营，独立发展，有利于促进这项事业的发展。

3. 水泥厂相应的技术改造

当水泥工厂采用可燃性废弃物做替代燃料时，必须进行相应的技术改造，以适应采用这类燃料与传统矿物质燃料混烧时带来的一系列问题。主要为以下几个环节：

（1）各类可燃性废弃物的卸料和储存装置（不论这些替代燃料是由预处理厂运来或者直接由废弃物发生地直接运来）。

（2）某些可燃性废弃物的加工处理装置。这主要是指一部分由废弃物发生地或集中地直接运到水泥厂，或者是水泥厂自身产生的可燃性工业废弃物的情况。如Holcim Ltd.的obourg cement那样，把固态可燃性废弃物在现场用大塑料袋包装，通过窑中喂料装置喂入窑内。有些水泥厂在现场把搜集来的废轮胎加工成小碎片，经过固体计量和喂料装置喂入分解炉燃烧。

（3）各类可燃性工业废弃物的输送和计量装置。要根据可燃性工业废弃物的物理形态和尺寸，采用不同的输送和计量设备。如废轮胎采用链条吊挂输送和挡板推力装置，经二道闸门喂入预热器窑和立波尔窑的窑尾斜坡和上升烟道。计量采用记录推入的轮胎个数。

溶剂和工业废液采用各类专业泵、管道输送，用各类调节阀门和流量计来控制和计量。粉状或颗粒状的固态废弃物采用压缩空气、管道运输。

各类固体的定量给料秤得到广泛应用。其中，Pfister秤应用广泛，据资料报道已有20多台规格不一的Pfister秤应用于固态的可燃性废弃物的计量和输送环节上。

F.L.Smidth公司的Arbourg cement对预处理加工后的固态碎片状的可燃废料采用卷裹皮带的输送方式，以期降低输送物料的电耗。

（4）适应烧可燃性废弃物的专用燃烧器。根据混烧可燃性废弃物的工艺要求，对主燃烧器必须加以改进，使之能够形成短而强的火焰。有时一台回转窑要同时在窑头燃烧多种性质不同的可燃物质，因此，许多水泥设备制造企业都开发专门适应混烧工业废料的燃烧器，以达到最稳定和最充分的燃烧。如F.L.Smidth公司开发出不同型号的Duoflex燃烧器，见图2。这种燃烧器使通常使用的矿物质燃料和可燃性废弃物用一个燃烧器来燃烧。

图2 Duoflex燃烧器

F.L.Smidth为了更广泛适应燃烧可燃性废弃物，开发了专门用来燃烧可燃性废弃物的燃烧器OBA-Burner。这种燃烧器系列可以适应燃烧化学溶剂（废甲醇、杀虫剂、农药）、废油、废油脂（松脂、妥尔油、废油污泥）、危险性废品等，见图3。

图3　OBA-Burner燃烧器

从1985年已在世界近10个国家，多个水泥厂使用。为适应固态可燃性废弃物在预分解窑上的应用，由HTC（Heidelberg Cement Technology Center）和FLS联合开发了设在窑尾的燃烧可燃性废弃物的专用设备（HOTDISC）和技术。目前已在挪威Kjφsvik工厂进行试验，取得了预期的效果。这个装置的主要优点是：进入分解炉燃烧的可燃性废弃物，先在HOTDISC中燃烧，使一部分生料在此分解，分担了分解炉对生料加热和分解任务，从而可使分解炉的喂煤量减少。旋转圆盘的速度可以根据可燃性废弃物的品种性能和燃烧状态进行调节。因此，工艺控制更加稳定、可靠。另外，由于HOTDISC机械设计的特点，使需要处置的可燃废弃物的最大外形尺寸可达到1.20m×0.40m，省去了切碎和粉磨的工序，见图4。

（5）检测、化验设施和测量仪表的完善。可燃性废弃物不论是从预处理厂送来的经预处理的，还是由生产处直接送来的，水泥厂在接收时都要对照它们的出厂化验单，进行检验并且建立必要的档案。为了完成这项检测任务及对水泥成品和大气排放的废气中的有害成分的严格控制，必须在化验室装备和在线废气成分测量方面，比用传统燃料时增加必要的设备和仪表以及相应的操作管理人员。

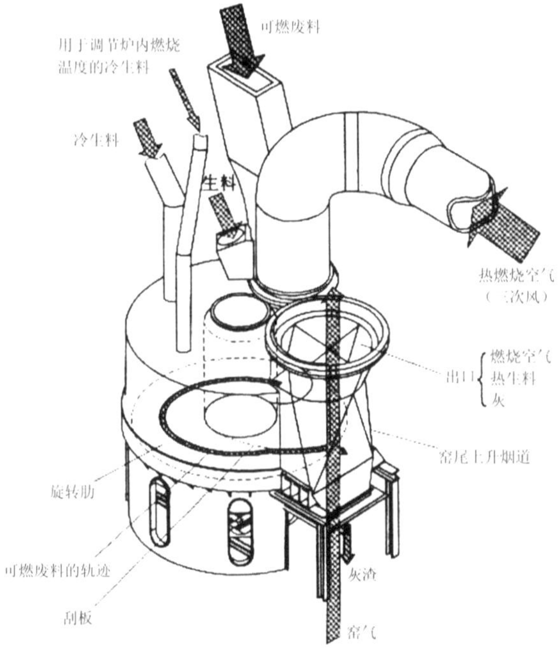

图4　HOTDISC结构示意

（6）防火、防爆系统和设备的完善。以上只是列举了由于使用可燃性废弃物，在水泥工厂主要采取的技术措施，还有许多情况限于文章篇幅不一一列举了。如：工厂总图布置和交通设施、电力系统、压缩空气系统、水处理系统和自动控制系统等均要有一定的改变，以适应燃料的变化。

从工厂管理上，除增加相应的专业技术人员（管理、化验人员）外，对现有员工也要进行必要的培训，以适应由于使用可燃性废弃物而带来的工艺操作、设备管理和维修问题。

4. 政府的鼓励和推动政策

由于利用水泥工业处置可燃性废弃物，既给企业带来经济效益，又能使全社会取得良好的环境效益，同时又能减少为处置这些工业废弃物而兴建专门的焚烧厂和填埋场而增加的费用，因此，国际上许多发达国家都制定相应的法规和政策来推动这项技术的广泛应用和健康有序的发展。以欧盟各国情况为例，说明这方面政府应当做好哪些工作。

（1）制定有关法规和经济政策。

逐步禁止部分可燃性废弃物采用填埋处置，限制采用专门焚烧炉的处置，鼓励采用在工业生产中，特别是在水泥工业回转窑中混烧。欧盟规定到2005年不能填埋有机物，2007年不能填埋废旧轮胎，2009年欧盟国家不能采用填埋处置废弃物的方式。另外，各国政府在废弃物回填处理时收费较高，并且逐年提高收费价格，其价格要高于送给由废弃物预处理厂处理的费用。

（2）制定严格的工业废气、废水的排放标准。

欧盟在2000年12月4日公布了2000/76/EC的规程用来指导欧盟国家在废弃物焚烧方面的技术要求。其中，专门列出了用于在水泥回转窑混烧废弃物的特殊条款，见表4。

表4　水泥回转窑燃烧废料的专门规定

——欧盟2000/76/EC规程（标况）

污染物	排放极限值mg/m^3
灰尘总量	30
HCI	10
HF	1
NOx	500（新厂） 800（老厂）
Cd+Ti	0.05
Hg	0.05
Sb+As+Pb+Cr+Co+Cu+Mn+Ni+V	0.5
二噁英+呋喃	0.1（ng/m^3）
SO_2	50
有机碳总量（TOC）	10

注：CO_2排放极限值由各地政府确定。

（3）树立全体公民良好的环境保护和法制意识。

对于产生废弃物的各类企业，要按照当地法律规定，在当局认可的机构进行废弃物的处置（包括焚烧、混烧和填埋）；要按照当局规定或认可的价格向废弃物处置企业或机构付费。企业不得未经当局有关管理部门的批准，自行处置或丢弃。否则，他们将受到法律的制裁。

对于社区居民产生的生活垃圾，由市政部门来搜集处置，但居民必须预先对其进行必要的简易分类，并且要按时交纳处置费。

这种由废弃物产生者缴纳废弃物处置费用的做法，从源头促进和保证了废弃物科学、有效、合理处置和利用的资金来源，保证了废弃物处置和利用中物质流和资金流同向流动。这就是为什么在这些国家废弃物处置和利用事业能健康有序发展的关键。而政府的宏观管理在这方面起到了决定性作用。

废弃物处置和利用工作中的物质流和资金流见图5。

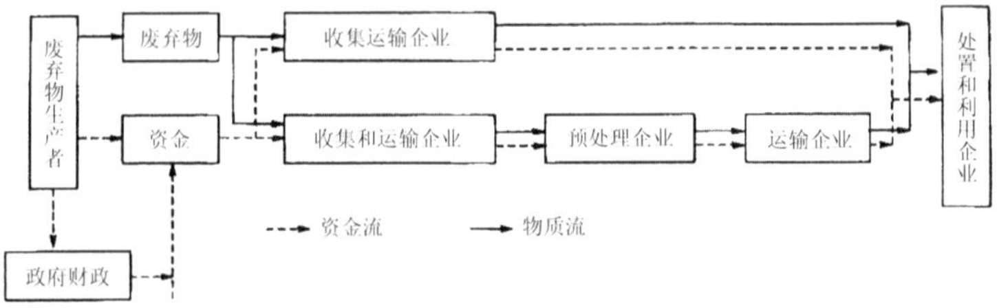

图5　废弃物处置与利用工作中物质流和资金流示意

注：处置和利用企业包括工业企业的混烧利用以及专设的焚烧厂和填埋场

（4）政府在财政投入和税收方面的措施。

各国政府为了推行可持续发展战略，加强废弃物综合利用和改善环境质量，在财政投入和税收政策上做了必要的调整。如：丹麦政府规定当水泥工业应用可燃性废弃物做替代燃料时，由于减少了使用矿物质燃料数量使总CO_2的排放量有所减少，可以采用间接CO_2减小量退取能源税金（CO_2排放税）的办法，使企业得到经济效益。

法国政府向废弃物预处理厂支付费用时，按照处理量由政府财政提供30%的资金支持。使得在处理和利用废弃物从源头上得到资金支持。

比利时政府对于兴建集中的废弃物预处理厂给予不收土地费用的支持。以降低兴建这类企业时的初期投资。

各国政府都利用价格杠杆作用，不断提高废弃物填埋的费用，使企业从经济利益考虑，比较容易接受将废弃物由预处理厂集中处置，然后进行利用的方针。

通过以上各项政策措施，目前欧洲各国政府的目标是：通过使用AFR（Alternative Fuelsand Raw Material）使每个人获益。即AFR的制造商，以及使用者和人们生存的环境达到三赢。各国政府普遍提出“你的废料就是我的原燃材料”的策略，以便真正使需要运到焚烧厂、填埋场的废弃物量减少，并且大量节约自然资源。

与此同时，为了保证在水泥工业采用可燃性废弃物作为替代燃料时，水泥产品质量以及大气环境质量不受到影响，政府通过制定相应的法规、指令（或统一执行欧盟标准）来保证做到这一点。

五、国内目前状况和发展前景展望

相对国际上发达国家，我国在利用水泥工业处置和利用可燃性废弃物方面，差距较大，处于试验和起步阶段。

过去我国对于可燃性工业废弃物的处置，基本采用设置专门焚烧炉焚烧和填埋的办法。在目前国家环境保护政策提出的“谁污染，谁治理”的要求下，许多大中型企业都分别建立了属于企业的专门焚烧厂或填埋场，形成分散处置的格局，其处置设备规模小，水平低，成本高，利用率低，处置效果差的情况。更有不少企业不负责任地把这些废弃物转移到小城镇或农村。在那里，这些可燃性废弃物的处置未能达到国家环保标准要求和充分合理的综合利用，造成了对环境的污染和破坏。

20世纪90年代中期以来，随着我国经济的快速增长和可持续发展战略的贯彻实施，上海、北京、广州等特大型中心城市的政府和水泥企业，开始了关于“水泥工业处置和利用可燃性工业废弃物”问题的研究和工业实践，引起了国家有关部委和水泥行业的重视。

通过对上海万安企业总公司（原金山水泥厂）、上海联合水泥有限公司及北京水泥厂有限责任公司处置工业废弃物的工业实践的分析和研究，我们可以看出在这一领域由于我国国情与国际发达国家不同，造成了观念上的差异，政府管理和技术上的差距，从而明确我们今后的工作重点。

1. 观念和认识上的差异

（1） 单纯从经济利益上理解“变废为宝”

对工业废弃物处置利用需要资金投入认识不足，认为“废弃物是放错地方的资源”，忽略了废弃物经过综合利用实现“资源化”，需要大量的科学研究、技术开发和资金投入。一旦废弃物被转化为其他企业资源，废弃物产生者则将目光投向转化后的经济附加值，将废弃物作为“产品”销售，并且随着利用价值越高，价格也随之提高，不顾废弃物处置和利用的社会效益和处置利用企业的微利性，使工业废弃物处置和利用企业的生产成本不断增加，从而抑制了对废弃物处置和利用的进一步发展。

而同样一个问题，在那些工业废弃物处置和利用工作做得好的国家，废弃物产生者在法规的制约下，不论其他处置和利用这些废弃物有关部门和企业，在处置这些废弃物时是否获得了理应由他们获得的利益，他们始终承担着对废弃物处置的法律和经济上的责任。

（2） 机械片面地理解和执行“谁污染，谁治理”的环保政策

应当说我国制定的“谁污染，谁治理”环境保护政策，在我国经济快速增长与环境保护工作协调发展中起到了重要的作用。但是，在社会化大生产的今天，如果我们机械片面地执行“谁污染，谁治理”的政策，把它理解成哪个企业在生产过程中形成的污染和废弃物，必须在自己的企业里，由本企业完全治理和处置的话，那么就形成了我国当前对工业废弃物在企业中，分散设置、低水平、低效率、高成本的状况。

我们应当把“谁污染，谁治理”的环境政策，理解成“谁污染，谁将承担相应的社会法律和经济责任”就比较全面了。这里的关键是形成污染和产生废弃物的企业，不论是在本企业（包括在生产流程中治理），还是由社会上专门化的企业来处置，你都将承担相应的社会法律和经济责任，这样才能从工业废弃物处置和利用的源头上抓好资金来源。

2. 政府在法律、法规制定和对环境保护执法力度上的差距

缺乏利用水泥工业处置和利用可燃性工业废弃物的法规、指令和有关政策。

近20年来，我国有关环境保护的法律体系已基本建立，但是为了科学、规

范地推动水泥工业处置和利用可燃性工业废弃物的发展，应当补充这方面的法规、指令，以便在从事这项工作时做到有法可依。

执法不严是造成当前一部分可燃性工业废弃物（其中一部分属于危险品）得不到有效控制、处置的重要原因之一。一部分企业为了减少企业支出，不是自己乱堆、乱放，就是用较低费用将这些废弃物进行转移，造成更大范围的环境问题。

政府各有关部门多头管理，缺乏统一协调，给处置和利用企业造成工作困难。水泥工业利用和处置可燃性工业废弃物是涉及面很广、系统性很强的工作，会涉及政府许多管理部门。如：经济管理部门、环境保护管理部门、市政市容行政管理部门、公安消防部门、交通运输部门、质量监督部门、生产安全监督部门、财政行政部门及税务部门，当重要关键设备需要进口时还要涉及外经贸管理和海关，等等。而这些部门，彼此之间又缺乏相互沟通和协调，加之当前缺乏相应的法规、指令，工作起来难度是可想而知的。

3. 当前我国需要由水泥工业处置和利用的可燃性工业废弃物与国际上有很大不同

由于观念上、认识上的差异和政府在法规、指令上的不同，以及经济发展水平阶段的不同，目前国外发达国家在水泥厂用废橡胶制品、废轮胎、废纸张、废塑料、废油、纺织废弃物、废木料（家具废料、锯末）、工业溶液、污泥、污油、屠宰场废弃物经加工处理的肉粉和骨粉以及一部分危险性废弃物来代替燃料。这些替代燃料，来源稳定，数量大，发热量也高，一般一个企业仅仅烧其中几种，工艺过程比较易于控制。

而我国目前能够提供给水泥厂处置和利用的可燃性工业废弃物只有印刷厂的废油墨、污水处理厂的污泥、各种化学工业的有机溶剂和废液、废油漆以及各种工业的污油渣等。这些可燃性工业废弃物来源点多，但量小，品种多，发热量也不大。而大量需要利用水泥工业来处置的往往是一些没有热焓的无机的危险品。这样必然在处置工艺上，要比国外混烧那些来源稳定、量大、品种相对简单、发热量较大并且绝大部分水泥厂不处置危险工业废弃物的情况复杂得多；而水泥厂在处置和利用可燃性工业废弃物的经济效益较差，仅仅取得社会效益和环境效益。

4. 科学研究和技术开发还跟不上实际工作需要

20世纪90年代中期以来，我国水泥行业的各个科学研究和工程设计单位都开始关注水泥工业处置和利用工业和生活可燃性废弃物的工作，但工业实践太少，市场需求不旺。因此，研究的深度不够，特别是针对不同类型的可燃性废弃物燃烧过程的特点，对工艺和产品的影响，相应可燃废弃物的储存、输送、计量，专用燃烧器的设计，以及自动化控制，气体成分的测量等都有待进一步加强。

根据上述分析，为了促进水泥工业处置和利用可燃性工业废弃物（其中包括一部分危险品）事业的发展，笔者提出以下工作建议供政府和有关单位参考。

（1）继续抓紧做好已获当地政府许可的北京水泥厂有限责任公司和上海万安企业总公司的工业实践活动。不断地完善工艺设备和相应的技术改造。通过燃烧不同种类和数量的可燃性工业废弃物，实际掌握混烧不同品种可燃废弃物的工艺操作技术、自动化技术，加强对产品质量和大气排放状况的长期监控，总结规律，提高认识，不断改进。

目前这两个工业实践单位在试烧时，存在的主要问题是：混烧的可燃性废弃物数量太小，替代率过低（北京水泥厂有限责任公司混烧工业废弃物设计能力1万吨/年，实际2001年只混烧了3000多吨，2002年计划烧6000多吨；上海万安企业总公司2001年实际混烧处理液体废弃物930吨，固体废弃物1537吨，共计2467吨。

这样小的混烧数量有些问题不易显现和暴露出来，从而失去了解决这些问题的实践机会，使我们在这一领域的体会和认识不能深化。因此，必须在巩固现有混烧水平的基础上，在确保工艺操作正常，大气排放标准达标，水泥产品不受影响的前提下，有意识地逐步增大可燃性工业废弃物的混烧比例。

北京市、上海市人民政府的有关部门要加强统一协调，全力支持这两厂的工业实践活动。

（2）国家宏观经济发展调控部门应当根据我国国情和国内区域经济发展不平衡的现实，提出我国可燃性工业废弃物（其中包括一部分危险品）处置和利用的技术路线。

对于采用利用水泥工业处置可燃性工业废弃物，要从法律法规、产品质量标准、环境标准、税收政策、处置废弃物的价格体系进行系统的补充和完善。促使废弃物的处置和利用过程中物质流和资金流同向流动，保证这项事业健康、有序地发展。对于水泥企业处置和利用可燃性工业废弃物（包括一部分危险品），政府有关部门要建立资质认可和处置许可制度。建议这种认可和许可所应具备的条件和入门台阶要高一些，尽量与国际水平接轨。防止草率决策，简单投产，一哄而起，一旦控制不严，极易造成对环境的污染和对产品质量的威胁。

（3）政府有关部门要进一步加大对环境保护和各类废弃物处置法规、条令的执法力度。确保这些工业废弃物处于受控状态，按照我国有关法规、条令加以处置和利用。要牢固树立可持续发展的战略思想，树立我们有责任共同保护人类生活的家园——地球的责任感。打破地方保护主义和狭隘的地方利益的思想。从源头防止可燃性废弃物处于不受控状态和采用不科学、不合理处置办法的可能性。最大限度地使可燃性废弃物能得到科学、合理、安全的处置和利用。

（4）水泥行业要把处置和利用可燃性工业废弃物作为本行业走可持续发展道路和产业结构调整的重要内容。

水泥工业过去在大力推广利用其他工业的固体废弃物来替代传统的矿物质原材料方面做出了很大的贡献。其结果不但可以减少对自然资源的消耗量，同时使其他工业生产过程产生的废弃物得到科学、合理、安全、有效地利用并解决了这些工业废弃物所带来的环境问题，水泥工业从中也得到了一定的经济效益。今天，水泥工业应当敏锐地抓住处置和利用可燃性工业废弃物的机遇，通过替代传统的矿物质燃料，减少对大气的CO_2的总排放量，减少对环境（大气、土壤、河流、地下水等）的影响，继续对人类可持续发展做出应有贡献。水泥工业自身也将进一步提高产品的竞争力，给企业带来一定的效益。

就水泥工业采用这项技术的条件来讲，先进的工艺装备，大规模的生产能力，科学的管理，良好的环境保护措施是必需的。因此，推广处置和利用可燃性工业废弃物替代传统燃料，对于我国水泥工业调整结构将是一个积极而有效的因素之一。

六、结语

世界上一些发达国家（如欧洲各国、日本、北美），在政府的推动和全社会的支持下，经过水泥企业的努力，目前已经广泛地开展了水泥工业处置和利用可燃性废弃物的工作，并达到了较高的水平，取得了良好的社会效益、经济效益和环境效益。国际可持续发展商务委员会WBCSD组织（World Business Council for Sustainable Development）已经把增加AFR的使用，作为水泥工业可持续发展的战略措施之一。

我国是一个经济发展高速增长的发展中国家，经济总量已达世界第6位（2001年GDP已达11590亿美元），但人均国民总收入2001年在世界上只排138位（890美元/人），并且国内各地区之间发展也很不平衡。我们在处置和利用工业可燃性废弃物的工作中，不论在人们的思想观念和环境保护意识上，政府制定的法律、法规和执法力度上，以及在制定关于工业和生活中可燃性废弃物的总体方案和技术路线等方面均与国际上发达国家有很大的差别。这是现阶段我国国情所决定的。

因此，关于水泥工业处置和利用可燃性废弃物的工作，必须根据客观条件积极而又稳妥地，有计划、按步骤地在政府法规和政策的指引下，加强试点工作，及时总结试点取得的经验，不搞盲目上马。要促进相关法规、条令、技术规范、环境和产品质量标准的制定和完善，为推广这项事业做到有法可依，做到规范操作，有序逐步展开。

新世纪，我国已进入加快建设小康社会和全面推进社会主义现代化建设的新阶段。随着我国经济的进一步发展，人们意识和观念的转变，法律体系的不断完善和执法力度的加强，科学技术水平进一步提高，水泥工业处置和利用可燃性废弃物这项使社会环境、废弃物产生者、废弃物处置和利用者三赢的事业必然会得到长足的健康的发展。

如果说国际上发达国家用了近30年的时间，取得了现有的成果，我们有优越的社会主义制度，有人们日益增加的可持续发展的意识，在借鉴国际上发展这项事业的经验和教训的基础上，我们有理由用比他们更短的时间，取得更大的成绩。

（原载于《建材工业信息》2002年第11期）

大力推进水泥回转窑处置和利用废弃物技术的应用发展

我国人口众多，能源、资源相对不足，人均拥有量远低于世界平均水平。由于我国正处于工业化和城镇化加快发展阶段，能源消耗强劲，消费规模不断扩大。尤其是经济粗放型增长方式没有得到根本改变，进一步加剧了能源供求矛盾和环境污染状况。“十五”期间国内生产总值平均每年增长9.5%，而能源消耗总量“十五”期间平均每年增长9.9%，能源消耗的增长高于国民经济的增长速度。能源和环境问题已经成为制约我国经济和社会发展的重要问题。根据全国人大通过的我国国民经济和社会发展“十一五”规划，提出了到2010年末我国单位国民经济产值的能耗要比2005年末降低20%，污染物排放总量减少10%的两个约束性指标。

建材工业是国民经济的重要原材料工业，同时也是耗能大户。在我国各工业部门能耗总量位居第三。在建材工业的各主要产业中，水泥工业是第一耗能大户，其能源消耗总量占建材工业耗能总量的60%左右。因此，如何减少水泥工业能耗总量和单位产品的能耗指标，成为人们关注的焦点，放在十分突出的位置。

为了解决水泥能耗和由于经济发展以及生活水平提高而大量增加的废弃物和生活垃圾造成的环境问题，我国从20世纪末开始，借鉴发达国家利用水泥回转窑处置和利用废弃物的成功做法，在个别有条件的企业进行小规模试验，进行了必要的探索，取得了宝贵的经验和认识。在“十五”期间，水泥行业在政府有关部门的支持下，对这项工作继续进行了开拓和探索。今年是“十一五”开局之年，我们很有必要对前几年这项工作的进展情况加以回顾和总结，肯定我们取得的成绩，找出影响这项工作开展的主要问题和症结，提出下一步的工作要点，以便在“十一五”期间促使该项工作取得明显的进步和成效，为我国的节能工作和环保事业做出应有的贡献。

一、“十五”期间的进展

20世纪，在政府有关鼓励利废政策的推动下，水泥工业在自身的发展中，不断探索和加大利用各种工业废弃物的力度。诸如高炉矿渣、电厂粉煤灰、煤矸石、赤泥、硫酸渣、电石渣、脱硫石膏等工业废渣，作为生产水泥的原材料得到了有效的利用。这一利废措施不但降低了水泥生产成本，同时也有效地解决了这些工业废弃物对环境造成的污染和影响。随着我国能源供应和需求矛盾的日趋紧张和经济快速发展所形成的各种工业废弃物品种及数量的剧增，除了继续加大利用工业废弃物中的有效成分，作为水泥生产的原材料之外，如何利用含有热焓的可燃废弃物的问题，开始提到日程上来。

和其他新生事物一样，利用水泥回转窑处置和利用可燃废弃物的这项工作，也是始于基层个别水泥企业——北京水泥厂和上海联合水泥公司等。他们根据当地废弃物的品种、数量和水泥生产线的具体工艺装备情况，借鉴国外这方面的成功经验，做了艰苦的摸索和试验工作，为今后这项工作的起步创造了条件。通过近几年的努力，我们在以下几个方面取得了进步。

1. 认识上的提高和统一

过去我们对于大量的可燃工业废弃物（包括危险废弃物）以及生活垃圾的处置方式，主要采取传统的填埋和用焚烧炉焚烧的办法。但是这种处置办法，其本身存在的弊病，随着时间的推移暴露的问题越来越突出。国外成功利用水泥回转窑处置和利用废弃物经验的介绍和宣传，特别是我国个别企业的小规模工业实践，表明利用水泥回转窑这种热工装置，处置和利用废弃物的方案是可行的。正确使用这种处置方法，可以充分利用水泥回转窑热工过程的特点，使废弃物做到无害化、减量化、资源化的处理。水泥产品质量得到保证，排放的废气达到国家标准，废弃物所含热焓得到利用，且没有废渣排出，不会造成二次污染。

目前，这种利用水泥回转窑处置和利用废弃物的方案与其他各种有效处置和利用废弃物的办法一样，也成为可选择的方案之一。

通过多次的调研和研讨，人们普遍认识到要想推广这项利国、利民的先进、实用技术，必须做到政府推动、企业主导、民众参与，三者相互联动，缺一不可。要走社会化和专业化相结合的路子。

2. 法治和政策环境得到改善

通过分析国外利用水泥回转窑处置和利用废弃物的成功经验和我国的小规模的工业实践，都表明政府对这项工作的推动力是这项事业能否顺利开展的关键。政府的推动力主要表现在几个方面：一是相关法律的制定和完善；二是对于相关法律执行情况的监督；三是制定相应的政策，如：税收政策的调整、产品技术标准的修订、大气排放污染物含量的标准确定、废弃物运输安全标准的制定、财政对于相应科研工作的支持，等等。

近几年，我国政府为了抓好环境保护和节约能源，进一步加强在这方面的立法和法律的修改工作，强化依法行政的观念。如：由全国人大常委会通过的修订后的《中华人民共和国固体废弃物污染防治法》（2005年4月1日起施行），由全国人大常委会通过的《中华人民共和国可再生能源法》（2006年1月1日起施行）等法律文件。与此同时，国务院也制定了相应的法规来推动建立节约型社会和发展循环经济，加强环境保护工作，如：2006年2月国务院发布《关于落实科学发展观加强环境保护的决定》，同年《环境保护违法违纪行为处分暂行规定》正式生效；2005年6月27日公布的《国务院关于做好建设节约型社会近期重点工作的通知》（国发〔2005〕21号），2005年7月2日公布的《国务院关于加快发展循环经济的若干意见》（国发〔2005〕22号），以及2006年8月8日公布的《国务院关于加强节能工作的决定》（国发〔2006〕28号）等文件。有关部委根据国家法律和国务院的法规，结合自身的职责也就某一领域的具体问题指定相应的政策来推动环境保护和节约资源、能源工作的开展。这些法律、法规虽然没有直接去描述有关利用水泥回转窑处置和利用废弃物的内容，但是总体精神是适合这项工作开展的。这就为今后推广这项技术奠定了法律和政策基础。

3. 科学研究工作取得新进展

目前，随着国内已普遍关注利用水泥回转窑处置和利用废弃物这项工作。许多科技工作者开始用更多的精力来从事有关利用水泥回转窑处置和利用废弃物的科学研究工作。不少科研设计单位都把这项科研工作作为本单位的技术发展后劲。近几年，从工作机理、基础水泥化学研究、针对不同品种和类型的可燃废弃物和危险废弃物进行收集、储存、运输、装卸、计量和燃烧过程的工艺技术和装备开发的研究已取得了一批成果。这些研究成果虽然是局部的和初步的，但为今后的规模推广创造了条件。

4. 工业性实践活动有了新进展

在这方面突出的典型就是北京水泥厂有限责任公司承建的“北京市处置固体废弃物示范工程”项目。这个项目是北京水泥厂有限责任公司，继在日产2000吨水泥熟料新型干法生产线上小批量地进行焚烧可燃废弃物和危险废物取得成功和进展后，在国家有关部委和北京市政府的大力支持下，采用引进先进技术和自行开发研制相结合的，由我国自行专门为利用水泥回转窑处置和利用废弃物而设计兴建的水泥生产线。设计处理废弃物能力为8万—10万吨/年。该示范线已于2006年投产。虽然该示范线刚刚投产不久，但是设计兴建示范线和投料处置的实践活动已经给我们以丰富的实践活动的机会，使我们对于利用水泥回转窑来处置和利用废弃物技术和工作有了更加深刻的体会。

二、尚存在的问题

尽管在“十五”期间，我们在利用水泥回转窑处置和利用废弃物工作方面取得了一些进展和进步，但是仅仅处于起步阶段，与我国现实节约能源和环境保护严峻形势对这项工作的要求相比，尚有巨大的差距。总体上看，存在以下主要问题：

1. 政府的推动力有待进一步加强

众所周知，推动利用水泥回转窑处置和利用废弃物的技术的应用和推广，绝不是单纯的技术问题，也不是仅仅靠水泥企业的努力所能解决的问题。它涉及社会管理的方方面面。这项技术应用和推广从宏观面上讲，必须建立在全社会成员的环保意识和节约能源责任的基础之上，特别是产生废弃物和危险废物的企业的管理者，更应该负有从源头减少废弃物和危险废物产生总量以及合理有效加以处置和利用的责任。政府要通过法律、法规和相应的政策提倡和推动废弃物的社会化、专业化的处置和利用。而在这方面目前做得还很不够。从仅有的工业实践来看，能够主动、自觉地按照有关法律、法规和政策要求，依靠社会力量，由专业部门来处置和管理废弃物和危险废物的大多数是外资和合资企业。而内资企业往往做得不够。究其原因，首先是外资和合资企业的经营者本身的法律意识和环保意识普遍比较强，其次也说明政府在法制建设、法制宣传和执法力度上做得还不够。

2. 工业实践的点少、面窄、时间短

经过“十五”期间的努力，利用水泥回转窑处置和利用废弃物的工作有所进展，但是就全国而言，也仅仅在个别企业进行了局部的工业实践，且从处置废弃物的种类、数量来看都还很少，进行工业实践的时间也远远不够。这样的情况就使我们对这项工作不论从技术层面还是从管理层面都缺乏必要的经验和教训的积累。

在已经进行工业实践的企业中，也仅有北京水泥厂有限责任公司的示范线是在设计中全面考虑了处置和利用废弃物和危险废物的新型干法水泥生产线。其他的工业实践，基本是在原有的水泥生产线上做局部改造，完成对利用水泥回转窑处理和利用废弃物的实验的。而北京水泥厂有限公司的示范线投产至今也还不到半年，仍需要继续进行必要的运行实践，从中发现问题和解决问题，积累经验。

3. 科学研究和技术开发工作仍显不足

利用水泥回转窑处置和利用废弃物技术，是用废弃物中的有效成分来替代传统生产水泥的原料和燃料，且对水泥产品质量和废气排放对大气环境不会产生不良影响。因此，要想合理有效地利用水泥回转窑处置和利用废弃物，就必须开展一系列有针对性的科学研究和技术开发工作。目前我们虽然有一些科研设计部门、高等院校开展了这方面的研究开发工作，但是由于政府财政支持力度不够，企业真正的业务需求还不多，因此这方面的科研开发工作仍处于起步阶段，北京水泥厂有限公司这条处置废弃物的示范线的处置装备，大多是国外引进的，它反映了我国在这方面的技术和装备开发水平与国外有着较大的差距。

三、今后工作的建议

根据国家经济和社会发展的“十一五”规划的基本思路和总体要求，水泥工业必须坚持以科学发展观为指导，坚持以节能降耗、环境保护工作为重点，按照循环经济的发展模式，走资源、能源节约型，环境友好型的道路，实现产业、社会、环境协调发展。

利用水泥回转窑处置和利用废弃物技术的应用和推广，是实现上述工作目标的重要措施之一。我们要在总结“十五”期间这项工作的基础上，肯定成绩，树立信心，针对存在的主要问题，开展有针对性的工作，力争在“十一五”期间使这项技术得到更广泛的应用和推广。建议将以下几个方面作为工作重点。

1. 政府要切实加强法律保证和政策支持力度

在应用和推广利用水泥回转窑处置和利用废弃物的工作中，政府的推动是这项技术能否成功应用和推广的关键。在今后的工作中要进一步加强有关各种废弃物的管理的法规建设，并且要加大执法力度。做到对于废弃物的收集、储存、运输、处置和利用都有明确的法规约束。对于违规的单位和个人，要根据法规的有关规定予以必要的处罚。做到依法行政、违法必究。从源头上解决废弃物和危险废弃物的违规处置，所带来的污染环境的严重后果，并解决利用水泥回转窑处置和利用废弃物的来源问题。

在广泛调查研究的基础上，国家有关部门要抓紧制定该项技术所涉及的有关在采用了可燃废弃物替代燃料的情况下，水泥产品质量和窑尾废气排放标准的确定。使水泥企业的生产和管理有章可循。

为了推广该项技术，政府有关部门应当制定鼓励和支持政策，使企业在为社会公益事业做出贡献的同时也能得到相应的经济回报。本人在2002年就撰文提出了意见，即要想推动利用水泥回转窑处置和利用废弃物的工作的应用和推广，必须使废弃物的物流流向与处置所需资金流流向一致。从这几年的实践经验更说明了这一观点的重要性。因此，政府要采取有效措施促使废弃物产生者依法合理有效地处置废弃物，走社会化、专业化的路子，改变思路，由原来的“谁污染、谁处理”转变成为“谁污染、谁承担相应的法律和经济责任”。从源头上，解决资金流向的问题。

2. 积极有序地开展工业实践

正如前面所述，“十五”期间，在利用水泥回转窑处置和利用废弃物的工业实践活动，点少、面窄、时间短。所处置的废弃物品种和总量都比较少。这样，我们对完成这项系统工程的内在规律、应解决的技术要点、工厂生产管理制度的调整等都还处于摸索阶段。今后我们要在各级政府的支持下，积极稳妥地选择有条件的大中城市，有序地扩大利用水泥回转窑处置和利用废弃物的试点工作。据了解，不少地方政府支持有条件的水泥生产企业开展此项工作。但是，他们往往把利用水泥回转窑来处置城市生活垃圾作为重点。由于目前我国经济发展程度和人们的生活水平，与发达国家尚有较大的差距，加之我国对于生活废弃物的重复利用水平较高，经过分检后生活垃圾的发热量较低，水分和灰粉较高，这在已经建立起来的垃圾焚烧厂的运行数据中可以得到验证。因此，建议有关利用水泥回转窑处置和利用废弃物的试点，有条件的还是第一步从处置可燃工业废弃物开始，逐步积累经验，逐步扩大处置和利用废弃物的种类和总量。在条件成熟时，配合市政管理部门和环境保护部门，有序地开展利用水泥回转窑处置和利用生活垃圾的试点工作。

3. 系统开展科学研究和技术开发工作

利用水泥回转窑处置和利用废弃物，相对于使用天然矿物和化石燃料的传统水泥生产工艺和技术有着很大的不同。“十五”期间虽然我们做过一些研究和开发工作，但是由于我们自己的实践机会比较少，大多数还停留在对国外有关技术的消化和引进中，而真正属于我们自己的东西还很少，很不全面和系统。因此，为了今后能合理成功地应用和推广这项技术，必须下定决心，在引进和消化国外先进技术的同时，结合我国需要处置和利用废弃物的具体情况，系统地开展科学研究和技术开发工作。

当前可将以下几个问题作为重点。

（1）固态（块状、粉状）、液态、半液态、黏着物等各种形态废弃物的收集、储存、运输、卸载、均化、计量等环节的工艺和装备的设计与开发。

（2）不同形态、不同成分废弃物的合理的加料点的选择。

（3）使用不同种类替代燃料时燃烧器的设计与制造。

（4）利用水泥回转窑处置废弃物时的系统工艺技术研究，包括原料配料、燃料和燃烧控制、系统操作工艺参数的调整、耐火材料的使用寿命、成品的质量分析和控制。

（5）根据国家大气排放污染物标准，针对利用水泥回转窑处置废弃物的具体情况，在保证产品质量的前提下，确定有效的除尘装置和合理的工艺操作参数，使窑尾废气排放达到国家标准。要研制有效的控制主要污染物的在线检测仪表。

（6）进一步加强基础理论研究，着重在使用废弃物替代原、燃材料时的水泥成品的成分和结构的研究。对于水泥成品中重金属允许含量和渗出条件的研究。

在开展科研和技术开发工作中，政府应当给予必要的财政支持。在每年的科研工作计划中应根据实际的工作需要，确定若干专题进行攻关。所需经费，银行可给予优惠贷款，政府可以给予政策性的适当的补贴。

上述科研开发工作可由科学技术管理部门或委托有关协会组织有计划、有组织有序地进行，避免当前相互封闭、各自为战的状态，更合理地运用有限的人力和财力，争取更大的成效。

国际上发达国家从20世纪70年代开始，进行利用水泥回转窑处置和利用废弃物技术的研究和应用工作，经过30多年曲折探索和不懈的努力，才达到当前的水平，在节约能源和环境保护方面做出了积极的贡献。

我国开展此项工作仅仅是几年的时间，虽然仍处于起步阶段，但是我们已有了一个很好的开局。北京水泥厂有限公司示范线的建成投产，集中说明了这一点。我们要认真总结经验和教训，树立科学发展观，走资源、能源节约型、环境友好型的可持续水泥产业发展道路。按照政府推动、企业主导、公众参与的思路，积极而稳妥地大力推进利用水泥回转窑处置和利用废弃物技术的应用推广，在水泥产业自身发展的同时，一定会为我国节约资源、能源和环境保护事业做出应有的贡献！

（原载于《中国水泥》2006年第11期）

水泥工业能耗现状与节能途径

能源的供给和消费是关系着国民经济和社会发展、国家安全和可持续发展的重大问题。我国是一个正处于经济社会快速发展且人口众多的发展中国家。2006年我国国内生产总值21.0871万亿元，比上年同期增长11.1%，居世界第四位，但GDP仅占世界的5.5%。同年能源生产总量19.82亿吨标准煤，同比增长10%，能源消费总量为24.6亿吨标准煤，同比增长9.61%，而能源消费却占世界的13.8%。我国经济的高速增长从某种意义上讲是依靠巨大的能源消耗来维持的，这样的经济增长方式和能源的巨大消耗不论从现在还是长远看，都是不可持续的。在全国总能耗中，建材工业能耗约占9%，占全国工业能耗的13%左右。水泥制造业是建材工业中的耗能大户。有关统计资料显示，2005年水泥制造业能源消耗总量占建材工业能源消耗总量的75.5%。

为实现我国国民经济又好又快发展，实施可持续发展战略，我们应从我国的能源形势出发，主动调整产业结构，改变经济增长方式，全面开展节能降耗工作。水泥工业作为国民经济的重要产业和高耗能产业，应当责无旁贷地加大节能降耗的工作力度，为实现水泥产业的可持续发展，实现在“十一五”期间万元GDP产值能耗降20%和污染物排放总量减少10%的目标，做出不懈努力。

根据“中国水泥年鉴”统计数据，2005年全国水泥产量为106885万吨，比上年增长985%，同年水泥制造业能源消耗总量1.17亿吨标准煤，比上年增长10.72%，占建材工业能源消耗总量的75.49%。2002—2005年水泥制造业能源总量年平均增长12.94%，见表1。

表1　2002—2005年水泥制造业能源消耗总量

年度	能源消耗总量（万吨标准煤）	增长率（%）
2002	8309	
2003	9281	11.70
2004	10940	17.88
2005	11728	7.2

一、造成水泥行业能源消耗大的主要原因

1. 水泥总量迅速增长

水泥行业是基础原材料行业，是需求拉动性产业。它的总产量需求与国家固定资产投资的增长有密切的关系，见表2。根据表2，“十五”时期全社会水泥产量增长率与固定资产投资完成额增长率的比率（即水泥产量的弹性系数）为0.62，即全社会固定资产投资额增长1%，水泥产量将增长0.62%。我国当前经济发展主要由固定资产投资、消费和进出口贸易三驾马车来驱动，其中固定资产投资占有重要地位。从近几年经济数据分析，固定资产投资的增长率均大于国民经济GDP的增长率。这种经济形态对水泥产量增长的拉动作用是显而易见的。

表2　水泥产量与固定资产投资增长对比表

年度	固定资产投资完成额（亿元）	固定资产投资完成额增长率（%）	水泥产量（万吨）	水泥年产量增长率（%）	水泥产量弹性系数
2000	32918	10.26	59319	5.73	0.56
2001	37214	13.05	66104	11.44	0.88
2002	43500	16.89	72500	9.68	0.57

续表

2003	55567	27.74	86208	18.91	0.68
2004	70477	26.83	96682	12.15	0.45
2005	88604	25.72	106885	10.55	0.41
2006	109870	24.00	124000	16.01	0.67

2. 水泥产业结构不尽合理

长期以来我国水泥生产以立窑或湿法等落后工艺为主。改革开放以来，经过近20年的不断努力，特别是近10年来我们在新型干法水泥生产工艺、技术装备、基建成本、生产管理等方面取得了突破性进展，使得我国水泥工业结构调整取得明显进展。新型干法水泥比重从2000年前的不足10%提高到2006年的46%，并以其所具有的技术、经济、规模优势，主导着水泥工业的发展。我们也清楚地看到，尽管新型干法水泥的比重不断提高，但是立窑等落后生产方式仍占有半壁江山。这种情况与发达国家基本上都是采用新型干法工艺生产有着巨大的差距。因此，我国水泥行业结构调整的任务仍然是十分繁重的。正因为我国水泥产业结构中还有如此巨大数量的落后生产方式存在，导致我国水泥工业显现出能耗高、资源消耗大、对环境污染严重等弊端。

3. 水泥产品的单位能耗高

我国水泥产业的结构调整虽然有了长足的进步，然而，用落后方法生产的水泥产品产量在总产量中仍占很大比例。这些落后生产方法所生产的单位水泥产品所耗费的能量比新型干法工艺要高，见表3。

表3 水泥生产主要方法的单位水泥熟料的平均热耗

生产方法	热耗系数	热耗（吨熟料千克标准煤）
机立窑	139	160
干法中空窑	211	243
湿法窑	181	208
新型干法窑	100	115

表3中不同的水泥生产方法，除去单位水泥产品的热耗不同外，它们所生产产品的质量、资源利用率、劳动生产率及对环境的负荷也是不同的。

我国目前大力发展的新型干法水泥生产的技术指标与其他落后生产方法相比有很大的优越性，但是与国际先进水平仍有较大的差距。详见表4。除此之外，在产品质量、劳动生产率、环境负荷上都有不同程度的差距，见表4。

表4　国内新型干法生产技术指标与国际水平比较

项目	国际水平		国内水平	
	先进水平	一般水平	先进水平	一般水平
熟料烧成热耗（kJ/kg）	2842	2970	2970	3344—3760
水泥综合电耗（kWh/t）	85	95—100	90—95	110—115

二、水泥行业节能的途径

分析了我国水泥行业能源消耗高的主要原因，我们就不难找出解决问题的办法。

1. 调整国民经济的产业结构，改变经济增长方式，控制水泥需求总量

在国民经济的产业发展中要主动调整一、二、三产业所占的比例，在巩固农业为基础的地位、发展农产品深加工产业的基础上，大力发展第三产业，制定相关政策，积极发展以金融、贸易、交通、保险、文化、旅游等为代表的服务业，逐步把国民经济一、二、三产业的结构调整到一个合适的比例，改变当前工业生产占国民经济比重过大的状况，使我国经济发展“轻型化”。要积极改变目前主要以固定资产投资拉动经济增长方式，努力扩大合理的最终消费，促进经济发展。通过这些宏观经济层面的调整及我国人均混凝土累计量的不断增加，使我国水泥需求量的增长逐步放缓，把水泥产品年消费量控制在一个合理的水平。只有这样才能从总体上控制水泥行业的能源消耗。

2. 提高水泥、混凝土的实物质量，延长建筑物、构筑物的使用寿命

由于我国正处于经济高速增长周期，加上人口增长和生活水平不断改善等

原因，尽管采取了对宏观经济的结构调整，但在未来的10年或更长的时期内，水泥的总需求量仍然会有所增长。在这种形势下，我们必须更加重视提高水泥、混凝土的实物质量，延长建筑物、构筑物的使用寿命，避免由于水泥、混凝土的实物质量不高而导致的建筑物、构筑物寿命缩短，不得不进行加固或推倒重建，形成“重复建设”。

水泥是配制混凝土的重要原材料。我国在建筑上多使用C20、C30混凝土，而发达国家多采用C50、C60等高标号混凝土，并充分注意到混凝土骨料的质量，避免发生碱骨料反应，从而提高了建筑物、构筑物的使用寿命。由于我国建筑物、构筑物混凝土的标号低，也使我国水泥生产以标号32.5级和42.5级为主，其中32.5级及以下标号水泥占80%，我国建筑领域“肥梁胖柱”现象没有得到根本改变。有资料显示，我国建筑业对水泥的使用与发达国家相比，每立方米混凝土多耗水泥近80kg。国家建筑管理部门要修订建筑工程规范和标准，全面提高混凝土、水泥制品和构件的性能和质量，提高工程的耐久性，延长建筑物、构筑物的使用寿命，从而减少对水泥的实物消耗，达到节约资源和降低能耗的效果。

我国建筑体系是以钢筋混凝土结构和砌块混凝土结构为主体的，但从可循环利用和可再生角度出发，钢结构和钢、木结构的建筑物和构筑物是一种可以考虑的方案。事实上，国际上一些发达国家已经把上述两种建筑体系作为其重点发展的方向。这样做，客观上减少了对水泥产品总量的需求，降低了能耗需求和对环境的负荷。我国也应根据国情，在这方面进行分析研究、综合比较，采取必要的措施，逐步扩大钢结构、钢木结构在我国建筑体系中的比重。

3. 加决水泥产业结构调整步伐

淘汰落后生产能力，促进新型干法水泥健康有序发展。2006年全国水泥产量为12.4亿吨，其中新型干法水泥产量为5.7亿吨，已占总产量的46%，比2005年的40%提高了6个百分点。但是，我们也清楚地看到，我国水泥总产量中仍有6.7亿吨是用落后生产方法生产的。这将给资源和能源消耗带来巨大的影响。为此，国家发改委制定了“水泥工业发展专项规划”和“水泥工业产业发展政策”来规范、引导我国水泥工业的持续、稳定、健康发展。当前我们的主要任务是各地区要在上述2个文件的指导下，结合本地区的实际情况，把文件精神和政策要求落到实处。政府、企业和行业协会组织要正确把握好各自的职责定位，既不能缺位，也不能越位，更不能错位。在淘汰落后生产能力的问题上，主要依据质量、环保、安全等市场准入标准，淘汰那些质量低劣、环境污染严重、生产安全存在巨大隐患的落后生产企业；对其他采用落后生产方法的企业，主要通过市场竞争的方式，必要时可以辅之以行政手段。政府应积极引导，并在政策上支持这些企业改变生产工艺采用先进生产方法，做到依法行政。

在发展新型干法水泥时也要重视市场调研，注意做好区域和企业的发展规划。技术总是在不断进步的，新型干法水泥生产技术发展在我国已有20多年的历史，20世纪八九十年代，甚至21世纪初建立的新型干法水泥生产线也存在不同程度的技术水平低、规模小、能耗高、环保指标低的问题，我们必须高度重视，并采取积极措施适时加以提升改造。

4. 大力发展循环经济，努力发挥水泥工业节能利废的优势，为全社会节能降耗多做贡献

众所周知，在水泥生产工艺中可以利用各种其他工业产生的废渣、废料作为混合材料。例如：钢铁工业的高炉矿渣、钢渣，电厂排出的粉煤灰等。利用这些废渣、废料与水泥熟料及缓凝剂（石膏）混合粉磨制成相应品种的水泥成品。这样就相应减少了对水泥熟料的需求，相当于节省了煅烧熟料所需的能源。统计计算表明，仅此一项每年就可节省约1500万吨标准煤。

在水泥生产工艺中经过必要的处理，合理利用各种工业废渣、废料作为水泥原料使用已经取得了很大的成绩。例如：铝冶炼工业的赤泥，化工企业的电石渣、硫酸铁渣、磷肥渣，煤矿的煤矸石，电厂的粉煤灰等，都已经成功地大量用作生产水泥原料。这样可以大量节省天然原料，客观上既节省了资源也节省了宝贵的能源。根据2006年“中国水泥年鉴”统计，2005年水泥制造业固体废物利用量达22905万吨。2005年全国工业固体废物产生量为134449万吨，其中工业固体废物综合利用量为76993万吨。由水泥制造业综合利用的固体废物量为全国工业固体废物利用量的30%左右，占全国当年工业固体废物产生量的17%左右。

近年来我们借鉴国外先进经验，开始探索利用工业废弃物和生活垃圾作为生产水泥的替代燃料的工作。这方面工作我国仅仅是处于起步阶段，不论在科学技术研究、工艺装备的开发、政府政策法规制定、公众环保意识的提高等方面都有许多工作需要我们去突破，去做一些开创性的工作，使这项有着广阔前

景的节能环保技术扎扎实实、有序地在我国推广。目前，在北京市政府的大力支持下，“北京市处置固体废弃物示范工程”已经投入运行，并取得了一些十分宝贵的经验。国内不少设计研究单位都在积极开展这个领域的研究工作，政府有关职能部门也在制定相应的技术、质量、安全、环境标准和相关法规、条例来支持这项技术的推广。对这项技术的相关问题，本人有专文进行过论述，（详见《中国建材报》2007年4月30日《大力推广水泥回转窑处置和利用废弃物技术的应用发展》）在此不再赘述。

5. 优化设计，积极推广节能环保技术，采用节能环保装备；强化管理，努力降低水泥单位产品能耗

不论是新建或是改扩工程，设计工作的水平对水泥生产线建成之后技术经济指标都是起决定性作用的。为了把水泥企业建设成节能环保型企业，必须在生产线的设计中积极推广和采用先进实用的节能环保技术和产品。当前须重点关注以下几项节能环保技术的推广与应用。

（1）水泥窑余热发电技术。经过“八五”“九五”“十五”科技攻关和工程实践的不断完善，利用水泥回转窑余热纯低温发电技术日趋成熟，并且已经成为当前水泥行业节能减排工作的重点。在推广这项技术中应特别注意几个问题：一是尽量做到余热发电项目与水泥生产项目同时设计、同时建设、同时投产，最起码要做到同时设计，留有今后建设余热发电项目的可能性；二是当地政府职能部门要协调好有关水泥厂余热发电项目上网方式和上网电价的问题；三是要重视关于如何评价水泥回转窑余热发电的效能和技术指标问题上存在的某些误区。有些项目单纯比较“吨熟料发电量”的大小，而忽视整体水泥熟料烧成热耗的比较，存在某些片面性。

（2）节能粉磨技术。电力消耗占水泥制造业能源消耗总量的9.59%，2005年全国水泥制造业共消耗电能918亿千瓦时，同比增长12.68%，而同年水泥年产量106885万吨，同比增长9.85%，这两个数字的比较说明当前水泥制造业节约电能的任务是十分紧迫的。新型干法水泥生产方法，由于装备的机械化、电气化程度高，全员劳动生产率高等原因，在单位产品电能的消耗上并不比其他落后生产方法有明显的优越性。因此，我们必须在降低新型干法水泥的电耗方面开展深入的研究，努力降低单位产品的电耗，从而降低单位产品的能耗成本，以显示其更大的优越性，提高产品竞争力，有利于加快新型干法生产方

法的推广应用和水泥产业结构调整步伐。在水泥单位产品的电耗中，有60%—70%是消耗在对原料、固体燃料和水泥熟料的粉磨工艺过程上。因此，必须改变以球磨、管磨为主的粉磨工艺，大力采用性能先进的、以料层挤压粉磨工艺为主的辊式磨、辊压机及辊筒磨技术装备。通过采用节能粉磨技术，通常能使粉磨工艺节电30%—40%，水泥单位产品的电耗降低20%—30%，甚至更高。若水泥行业普遍采用节能粉磨技术，估算全年可节电150亿—250亿千瓦时的电能，相当于节省0.375亿—0.625亿吨标准煤。

（3）优化设计，注重细节，全方位为节能工作奠定基础。在设计工作中要确立贯彻“技术先进、生产可靠、经济实用、节能环保”的理念。

1）水泥生产线的总图和流程的设计是决定性的环节，要在满足工艺要求、厂内交通和设备检修空间的要求下，尽量做到工艺流程简单、布置紧凑，减少各类管道和电路的损耗，达到节能的目的。

2）不断研究开发高效节能的水泥熟料烧成系统，特别是预热器、分解炉、燃烧器和熟料冷却机等关键设备。

3）合理选择风机、泵类的设备能力及其拖动电机的额定功率。避免此类装置及其电机经常处于非额定工作状态，使电机效率降低，功率因数下降，增加电力消耗，增大电网的无功功率的需求。必要时可以采取加装电机的调速装置的措施，提高设备的效率。在新型干法水泥生产线，风机和泵类的电力消耗占水泥单位产品电耗的25%—35%，要充分重视此类设备的节能潜力。

4）粉状物料要尽量采用机械输送方案，减少采用空气动力的使用，从而降低设备电耗。

5）重视新型电气领域节电技术和设备的推广应用。当前应特别关注以下几个技术：一是变频节能设备的推广应用。近年来我国的变频节能设备不断取得技术突破，高压、低压不同电压等级的越来越大容量的节电设备开发成功。这项技术可广泛运用在容量较大、系统转动惯量大或设备对启动规程有特殊要求的设备，实现变频软启动，减少对电网的冲击，还可节电25%左右。这项技术还广泛运用在交流电机的变频调速装置上，其节电效果要根据电机所拖动的不同类型负荷特性和调速范围而决定。二是全方位地采用高、低压无功功率的就地补偿装置，包括自动调节的静电电容器组和进相机组的应用。通过这些技术措施，大大改善水泥企业用电的功率因数，减少对无功功率的需求，从而减少输人电能的有功电能损失。三是注重低压电机全相控技术的推广运用。这项节电技术可在拖动负荷轻载和重载时自动调整电动机的输出功率，使电机实现在最佳状态下运行，以达到最佳节电的目的。此节电产品平均节电率为15%—55%。四是采用绿色照明系统。水泥企业建筑物、构筑物、物料堆场和道路照明器具众多，要求各异。照明所需电能消耗占总耗电量的1%—25%。过去多采用白炽灯，效率低、耗电高、寿命短。目前要普遍更换为节能照明灯具。在道路照明的控制上可推广按光强来控制道路照明开启或关闭的自动化装置。有条件的企业可以把主要建筑物的照明采用太阳能电池的方案。虽然照明电力消耗占水泥企业的电力总消耗的比重不大，其本身的节电潜力还是很大的。

（4）加强企业管理，合理配料、精心操作，搞好设备维修，提高设备运转率同样对降低企业的能源消耗有着重要的作用。这方面不少企业已经做出了突出的成绩，值得不断总结推广。

三、结束语

我国能源资源品种多、储量因不同品种而不同、分布广泛，但人均能源资源较少，均达不到世界人均平均水平。改革开放以来，我国国民经济快速增长，但由于国民经济结构不合理，经济增长方式粗放，固定资产投资增长过快，能源消耗巨大。节能减排已经成为落实科学发展观和保持国民经济持续、快速、健康发展的关键问题。水泥产业是国家的重要原材料工业，也是耗能大户。我们必须站在全局的角度，从需求端控制水泥产品总量的增长，同时加快水泥产业自身的结构调整，创新思路，优化设计，加强企业管理，大力推广先进实用的节能技术和装备，努力完成水泥产业节能任务，为完成国家"十一五"节能减排目标，为使水泥产业成为资源节约型、环境友好型的可持续发展的绿色产业而贡献力量。

（原载于《新世纪水泥导报》2007年第5期）

我国能源形势与水泥工业的节能任务

能源的供给和消费是关系着国民经济和社会发展、国家安全和可持续发展的重大问题。我国是一个正处于经济社会快速发展且人口众多的发展中国家。2006年我国国内生产总值21.0871万亿元，比上年同期增长11.1%，居世界第四位，但GDP仅占世界的5.5%。同年能源生产总量19.82亿吨标准煤，同比增长10%，能源消费总量为24.6亿吨标准煤，同比增长9.61%，而能源消费却占世界的13.8%。我国经济的高速增长在某种意义上讲是依靠巨大的能源消耗来维持的，这样的经济增长方式和能源的巨大消耗不论从现在还是长远看，都是不可持续的。在全国总能耗中，建材工业能耗约占9%，占全国工业能耗的13%左右。水泥制造业是建材工业中的耗能大户。有关统计资料显示，2005年水泥制造业能源消耗总量占建材工业能源消耗总量的75.5%。

为实现我国国民经济又好又快发展，实施可持续发展战略，我们必须对我国的能源形势有一个清醒的认识，主动调整产业结构，改变经济增长方式，全面开展节能降耗工作。水泥工业作为国民经济的重要产业和高耗能产业，应当责无旁贷地加大节能降耗的工作力度，为实现水泥产业的可持续发展，实现在“十一五”期间万元GDP产值能耗降低20%和污染物排放总量减少10%的目标，做出不懈努力。

一、我国能源资源状况和能源结构

根据2006年“中国统计年鉴”，我国2005年主要能源基础储量煤炭3326.4亿吨、石油24.8972亿吨、天然气28185亿立方米。2005年我国人口为13.0756亿人，按人均计算，我国每人拥有254.39吨煤炭、1.90吨石油、2155.54立方米天然气的基础储量，详见表1。

表1　全国与我国人均主要能源基础储量表

主要能源基础储量	煤炭	石油	天然气
全国储量	3326.4（亿吨）	24.8972（亿吨）	28185（亿立方米）
人均储量	254.39（吨）	1.90（吨）	2155.54（立方米）

除去上述煤炭、石油、天然气3种化石能源资源之外，我国还有水能、核能资源及风能、太阳能、地热能、生物质能等可再生能源。

我国的能源资源具有品种齐全、分布广泛、总量丰富、人均拥有量较少等几个基本特点。煤炭、石油、天然气这些主要能源资源所拥有的储量丰度也不尽一样。根据BP石油公司（英国石油公司）2003年统计的资料，我国最为丰富的煤炭资源，在全球中占11.67%，居世界第三位；石油占1.7%，居世界第十二位；天然气占1.00%，居世界第二十位。我国人口众多，人均拥有的探明能源储量并不多，有的品种远低于世界平均水平。

根据BP石油公司2003年的统计资料，我国人均煤炭资源占世界人均水平的55.67%，石油占11.14%，天然气占4.38%。除煤炭资源较为丰富外，石油、天然气等能源资源均不能满足我国当前和长远发展的需要。

根据我国能源资源的条件，我国一次能源生产供应长期以来是以煤炭为主，其次是石油，第三位是水电及核电、其他动力能（包括风能、地热能等），最后是天然气提供的能源，详见表2。

表2　能源生产总量及构成

年份	能源生产总量（万吨标准煤）	原煤（%）	原油（%）	天然气（%）	水电、核电、风电（%）
1990	103922	74.2	19.0	2.0	4.8
1991	104844	74.1	19.2	2.0	4.7
1992	107256	74.3	18.9	2.0	4.8

续表

1993	111059	74.0	18.7	2.0	5.3
1994	118729	74.6	17.6	1.9	5.9
1995	129034	75.3	16.6	1.9	6.2
1996	132616	75.2	17.0	2.0	5.8
1997	132410	74.1	17.3	2.1	6.5
1998	124250	71.9	18.5	2.5	7.1
1999	125935	72.6	18.2	2.7	6.6
2000	128978	72.0	18.1	2.8	7.2
2001	137445	71.8	17.0	2.9	8.2
2002	143810	72.3	16.6	3.0	8.1
2003	163810	75.1	14.8	2.8	7.3
2004	187341	76.0	13.4	2.9	7.7
2005	206068	76.4	12.6	3.3	7.7

从表2中我们可以看出，我国能源生产是世界上为数不多的以煤炭为主的国家；我国自己生产的石油产品，由于资源储量和开采技术水平的原因，在整个能源生产总量中的比重逐年降低，自给率下降；而水电、核能、风能、地热能等可再生能源，随着国民经济对能源需求的增大和环保要求的日益严格、科学技术的进步，在能源生产中的比重日益加大，也是我们今后研究开发的重点。

二、我国能源消耗和对环境的影响

改革开放以来我国国民经济取得巨大的发展，而与此同时能源消耗也随之大幅度增加。以1990年与2005年相比，国内生产总值从18718.3亿元增加到183956.1亿元（均以当年价格计），增加到9.8倍；能源消费总量也从98703万吨标准煤增加到223319万吨标准煤，能源消费也增加了1.26倍。研究国家国民经济增长速度与能源消耗之间的关系。通常用能源消费弹性系数来表示，详见表3。即：

能源消费弹性系数＝能源消费年平均增长速度/国民经济年平均增长速度

表3　能源消费弹性系数

年份	国内生产总值（亿元）	国内生产总值比上年增长（%）	能源消费总量（万吨标准煤）	能源消费比上年增长（%）	能源消费弹性系数
1990	18718.3	3.8	98703	1.8	0.47
1991	21826.2	9.2	103783	5.1	0.55
1992	26937.3	14.2	109170	5.2	0.37
1993	35260.0	14.0	115993	6.2	0.45
1994	48108.5	13.1	122737	5.8	0.44
1995	59810.5	10.9	131176	6.9	0.63
1996	70142.5	10.0	138948	5.9	0.59
1997	77653.1	9.3	137798	−0.8	
1998	83024.3	7.8	132214	−4.1	
1999	88189.0	7.6	133831	1.2	0.16
2000	98000.5	8.4	138553	3.5	0.42
2001	108068.2	8.3	143199	3.4	0.41
2002	119095.7	9.1	151797	6.0	0.66
2003	135174.0	10.0	174990	15.3	1.53
2004	159586.7	10.1	203227	16.1	1.59
2005	183956.1	10.2	223319	9.9	0.97
2006	210871.0	11.1	246000	10.2	0.91

从能源消费弹性系数的概念出发，该系数越小，表明用较少的能源消费增长，得到较大的国民经济增长；反之，系数越大，表明用较多的能源消费，得到较小的国民经济的增长。若该系数大于1，则表明能源消费的增速大于国民经济增长的速度。从我国国民经济发展实际看，“十五”期间，从2002年起，钢铁、有色金属、化工和建材等重化工业的超常规发展，使得能源消费总量和增长速度大幅度增加。这期间能源消费弹性系数增大，超过1或接近1。由于能源消耗的迅猛增加，使得在一段时期内，煤、电、油、运高度紧张，形成瓶颈，制约国民经济的平稳、健康发展。

按照“十一五”规划的要求，国内生产总值年均增长7.5%，实现人均国内生产总值比2000年翻一番的目标。按此计算，到2010年国内生产总值将达到26.1万亿元（2005年价格）。若不改变经济增长方式和产业结构调整，预计能源消费总值将达到32亿吨标准煤。如此数量巨大的能源消耗和因此带来的能源资源和环境问题是我们必须要认真考虑的。

从另一个角度看，尽管我国能源消费总量很大，但由于我国人口数量大，实际人均能源消费只有世界平均水平的74%。详见图1。

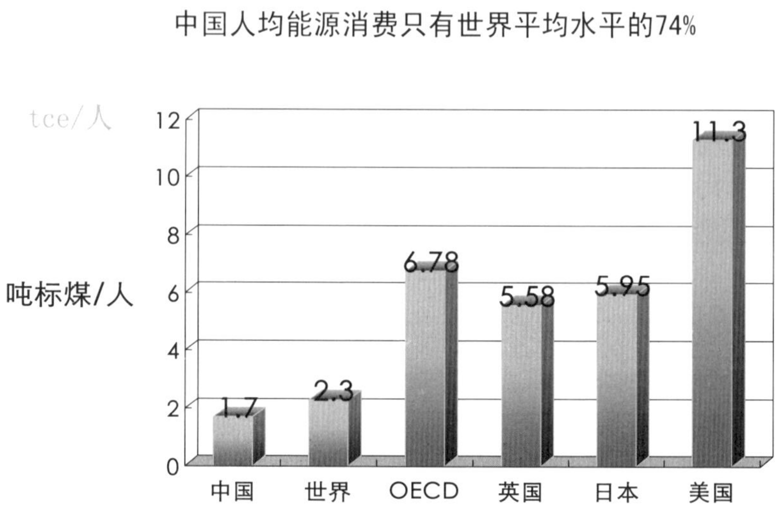

图1　中国与世界主要发达国家人均能源消费比较图

按照我国发展战略，我国将要在21世纪中叶进入中等发达国家的行列，那时人均GDP将达到1万美元，人均能源消费量的值约为4吨标准煤（以日本、韩国进入人均GDP为1万美元的能源消费为参考）。以那时人口控制在15亿人左右来计算，能源消费总量将达到60亿吨标准煤。这种数量巨大的能源消耗实际上是不可能实现的。

与此同时，这样巨大的能源消耗也带来了严重的环境问题。我国是世界上最大的煤炭消费国之一。2005年煤炭消费量为21.4亿吨，占能源消费总量的69%，远远高于世界28%的平均水平。煤烟型污染成为我国大气污染的一大特征。据估计，大约全国烟尘排放量的70%、二氧化硫排放量的90%、氮氧化物排放量的67%、二氧化碳排放量的70%来自燃煤。有资料介绍，能源消耗特别是化石燃料的消耗是二氧化碳排放的主要来源，大体上占到二氧化碳排放的75%。

能源生产和消费产生的环境问题日趋严重。2005年工业废气排放量达到268988亿立方米，比上年增加了13%，其中因燃料燃烧产生的工业废气排放量为155238亿立方米，比上年增加了16%。2005年二氧化硫排放量为2549万吨，比上年增加了13%。2005年烟尘排放量达到1183万吨，比上年增加了8%。详见表4。

表4　2004年与2005年大气环境的简明主要数据

年份	工业废气排放量（亿标立方米）	其中因燃料燃烧产生的废气（亿标立方米）	二氧化硫排放量（万吨）	烟尘排放量（万吨）
2004年	237696	139726	2255	1095
2005年	268988	155238	2549	1183
比上年增长（%）	13	11.1	13	8

除了传统的因燃煤而引起的污染尚未解决外，由于以汽油、柴油、天然气为燃料的机动车保有量大幅度增加，机动车尾气排放对大气环境的污染在一些大城市日趋严重。据有关单位测算，2003年全国机动车碳氢化合物（HC）、

一氧化碳（CO）和氮氧化物（NOx）排放量分别达836万吨、639万吨和549万吨，比1995年增加了2.5、2.1和3.0倍。在北京和广州，80%以上的一氧化碳、40%以上的氮氧化物来自汽车的尾气排放。在2005年监测的319个城市中，近45%的城市大气环境质量不到二级标准（主要污染物是二氧化硫和颗粒物）。全国527个市（县）中，出现酸雨的城市298个，占统计城市的56%。20世纪末世界银行的一项研究表明，由于大气污染，中国每年约17.8万人过早死亡，大气污染致病造成的工作日损失达740万人年。我国每年大气污染造成的经济损失占GDP的2%—3%。

三、我国节能降耗的形势

为了实现国民经济快速平稳的发展和满足人民生活水平不断提高的需求，我们必须全面贯彻落实科学发展观，走可持续发展道路，实施开源节流、节能降耗的能源战略。在“十一五”发展纲要中规定了“2010年末比2005年单位国内生产总值能源消耗降低20%，主要污染物排放总量减少10%”的2个约束性指标。经济要发展，人口在增加，人民生活水平在提高，都对能源消耗有着巨大的需求。因此，要完成这两个约束性指标绝非易事。“十一五”以来，我国加强了节能工作，国务院发布了加强节能工作的决定，加强了领导，制定了促进节能减排的一系列政策措施。开展了积极有效的工作，取得了一定的进展。

但是，我们必须清醒地看到，节能减排面临的形势仍然相当严峻。“十一五”节能降耗工作开局并不良好，2006年万元GDP能源消耗水平为1.26吨标准煤（2005年价格水平），只比2005年下降1.33%。尽管能耗水平的下降不可能是均匀的，5年下降20%并不等于每年都平均下降4%左右，但是由于第一年只下降了1.33%，以后4年要下降18.67%。进一步加大了今后4年实现“十一五”节能降耗目标的难度。

去年除北京市单位GDP能耗比上年下降了5.25%外，全国其他地区都没有完成2006年单位GDP能耗降低率的目标任务。

万元GDP能耗水平主要取决于两个因素：一个是国家的产业结构状况，反映各产业在国民经济总量的比重；另一个是各产业的能耗水平，反映各产业能源利用效率和消耗的情况。2006年，我们之所以没有完成年初确定的全国单位GDP能耗下降4%的目标，主要有以下几个原因：一是产业结构调整进展缓慢，服务业发展滞后，工业增长速度快于其他产业，工业中高耗能行业发展速度偏快；二是工业产品的单位能耗下降偏慢，与国际平均先进水平尚有较大差距；三是与我国所处的发展阶段和经济发展周期有一定关联。

在我国的能源消费结构中，工业、生活消费和交通运输邮电业一直占据前3位。根据2003年的数据统计，它们占能源消费的比重分别为69.98%、11.27%和7.45%，合计占到了88.7%。从多年的数据看，工业在我国的能源消费一直占据绝对比重，始终在70%左右徘徊，并没有明显的下降趋势；生活消费所占比重逐年稳步下降；交通运输邮电业所占比重在近10年有逐步上升的趋势。在工业内部，重化工业包括石油加工及核燃料加工业、化学原料及化学制品制造业、非金属矿物制品业、黑色金属冶炼及压延加工业、有色金属冶炼及压延加工业、电力热力的生产和供应业等六大高耗能行业占整个工业能源消费总量的70%—80%，占全部能源消费总量的45%—55%。生活消费的能源消耗主要是建筑耗能和家庭汽车耗能。因此，重化工业、建筑和交通是我国节能的重点领域。

我国自20世纪90年代中期以来进入了工业化、城镇化快速发展阶段，特别是自2002年以后又进入重化工业的加速发展阶段，预计到2020年以前我国都将处在这样一个特殊的发展阶段。因此，要完成"十一五"规划中提出的"十一五"期间万元GDP能耗降低20%的目标，实现的难度将是非常大的。在加快国民经济产业结构调整、节能三大领域把节能降耗的重点放在工业部门，尤其是重化工业各行业的同时，要重视和加强对建筑、交通领域的节能政策和措施的研究制定，并认真贯彻执行。

四、水泥工业的节能任务与途径

根据"中国水泥年鉴"统计数据，2005年全国水泥产量为106885万吨，比上年增长9.85%，同年水泥制造业能源消耗总量1.17亿吨标准煤。比上年增长10.72%，占建材工业能源消耗总量的75.49%。2002—2005年水泥制造业能源总量年平均增长12.94%。详见表5。

表5　2002—2005年水泥制造业能源消耗总量

年度	能源消耗总量（万吨标准煤）	增长率（%）
2002	8309	
2003	9281	11.70
2004	10940	17.88
2005	11728	7.2

造成水泥行业能源消耗大的主要原因是：

1. 水泥总量迅速增长

水泥行业是基础原材料行业，是需求拉动性产业。它的总产量需求与国家固定资产投资的增长有密切的关系。详见表6。

表6　水泥产量与固定资产投资增长对比表

年度	固定资产投资完成额（亿元）	固定资产投资完成额增长率	水泥产量（万吨）	水泥年产量增长率	水泥产量弹性系数
2000	32918	10.26	59319	5.730	0.56
2001	37214	13.05	66104	11.44	0.88
2002	43500	16.89	72500	9.68	0.57
2003	55567	27.74	86208	18.91	0.68
2004	70477	26.83	96682	12.15	0.45
2005	88604	25.72	106885	10.55	0.41
2006	109870	24.00	124000	16.01	0.67

根据表6，“十五”时期全社会水泥产量增长率与固定资产投资完成额增长率的比率（即水泥产量的弹性系数）为0.62，即全社会固定资产投资额增长1%，水泥产量将增长0.62%。

我国当前经济发展主要由固定资产投资、消费和进出口贸易三驾马车来驱动，其中固定资产投资占有重要地位。从近几年经济数据分析，固定资产投资的增长率均大于国民经济GDP的增长率。这种经济形态对水泥产量增长的拉动作用是显而易见的。

2. 水泥产业结构不尽合理

长期以来我国水泥生产以立窑或湿法等落后工艺为主。改革开放以来，经过近20年的不断努力，特别是近10年来我们在新型干法水泥生产工艺、技术装备、基建成本、生产管理等方面取得了突破性进展，使得我国水泥工业结构调整取得明显进展。新型干法水泥比重从2000年前的不足10%提高到2006年的46%，增加了36个百分点，并以其所具有的技术、经济、规模优势，主导着水泥工业的发展。我们也清楚地看到，尽管新型干法水泥的比重不断提高，但是立窑等落后生产方式仍占有半壁江山。这种情况与发达国家基本上都是采用新型干法工艺生产有着巨大的差距。因此，我国水泥行业结构调整的任务仍然是十分繁重的。正因为我国水泥产业结构中还有如此巨大数量的落后生产方式存在，导致我国水泥工业显现出能耗高、资源消耗大、对环境污染严重等弊端。

3. 水泥产品的单位能耗高

我国水泥产业的结构调整虽然有了长足的进步，然而，用落后方法生产的水泥产品产量在总产量中仍占很大比例。这些落后生产方法所生产的单位水泥产品所耗费的能量比新型干法工艺要高。详见表7。

表7 主要水泥生产方法的单位水泥熟料的平均热耗

生产方法	热耗系数	热耗（吨熟料千克标准煤）
机立窑	139	160
干法中空窑	211	243
湿法窑	181	208
新型干法	100	115

以上不同的水泥生产方法，除去单位水泥产品的热耗不同外，它们所生产产品的质量、资源利用率、劳动生产率及对环境的负荷也是不同的。

我国目前大力发展的新型干法水泥生产的技术指标与其他落后生产方法相比有很大的优越性，但是与国际先进水平仍有较大的差距。详见表8。

表8　国内新型干法生产技术指标与国际水平比较

项目	国际水平		国内水平	
	国际先进水平	国际一般水平	国内先进水平	国内一般水平
熟料烧成热耗（kJ/kg）	2842	2970	2970	3344—3760
水泥综合电耗（kWh/t）	85	95—100	90—95	110—115

除此之外，在产品质量、劳动生产率、环境负荷上都有不同程度的差距。

分析了我国水泥行业能源消耗高的主要原因，我们就不难找出解决问题的办法。水泥行业节能的途径主要有以下几种。

1. 调整国民经济的产业结构，改变经济增长方式。控制水泥需求总量。

在国民经济的产业发展中要主动调整一、二、三产业所占的比例，在巩固农业为基础的地位、发展农产品深加工产业的基础上，大力发展第三产业，制定相关政策，积极发展以金融、贸易、交通、保险、文化、旅游等为代表的服务业，逐步把国民经济一、二、三产业的结构调整到一个合适的比例，改变当前工业生产占国民经济比重过大的状况，使我国经济发展“轻型化”。要积极改变目前主要以固定资产投资拉动经济增长方式，努力扩大合理的最终消费，促进经济发展。通过这些宏观经济层面的调整及我国人均混凝土累计量的不断增加，使我国水泥需求量的增长逐步放缓，把水泥产品年消费量控制在一个合理的水平。只有这样才能从总体上控制水泥行业的能源消耗。

2. 提高水泥、混凝土的实物质量。延长建筑物、构筑物的使用寿命。

由于我国正处于经济高速增长周期，加上人口增长和生活水平不断改善等原因，尽管采取了对宏观经济的结构调整，但在未来的10年或更长的时期内，水泥的总需求量仍然会有所增长。在这种形势下，我们必须更加重视提高水泥、混凝土的实物质量，延长建筑物、构筑物的使用寿命，避免由于水泥、混凝土的实物质量不高而导致的建筑物、构筑物寿命缩短，不得不进行加固或推倒重建，形成“重复建设”。

水泥是配制混凝土的重要原材料。我国在建筑上多使用C20、C30混凝土，而国际发达国家多采用C50、C60等高标号混凝土，并充分注意到混凝土骨料的质量，避免发生碱骨料反应，从而提高了建筑物、构筑物的使用寿命。由于我国建筑物、构筑物混凝土的标号低，也使我国水泥生产以标号32.5级和42.5级为主。其中32.5级及以下标号水泥占80%。我国建筑领域“肥梁胖柱”现象没有得到根本改变。有资料显示，我国建筑业对水泥的使用与发达国家相比，每立方米混凝土多耗水泥近80千克。国家建筑管理部门要修订建筑工程规范和标准，全面提高混凝土、水泥制品和构件的性能和质量，提高工程的耐久性，延长建筑物、构筑物的使用寿命，从而减少对水泥的实物消耗，达到节约资源和降低能耗的效果。

我国建筑体系是以钢筋混凝土结构和砌块混凝土结构为主体的，但从可循环利用和可再生角度出发，钢结构和钢木结构的建筑物和构筑物是一种可以考虑的方案。事实上，国际上一些发达国家已经把上述两种建筑体系作为其重点发展的方向。这样做，客观上减少了对水泥产品总量的需求。降低了能耗需求和对环境的负荷。我国也应根据国情，在这方面进行分析研究、综合比较，采取必要的措施，逐步扩大钢结构、钢木结构在我国建筑体系中的比重。

3. 加快水泥产业结构调整步伐，淘汰落后生产能力，促进新型干法水泥健康有序发展。2006年全国水泥产量为12.4亿吨，其中新型干法水泥产量为5.7亿吨，已占总产量的46%，比2005年的40%提高了6个百分点。但是，我们也清楚地看到，我国水泥总产量中仍有6.7亿吨是用落后生产方法生产的。这将给资源和能源消耗带来巨大的影响。为此，国家发改委制定了“水泥工业发展专项规划”和“水泥工业产业发展政策”来规范、引导我国水泥工业的持续、稳定、健康发展。当前我们的主要任务是各地区要在上述两个文件的指导下，结合本地区的实际情况，把文件精神和政策要求落到实处。政府、企业和行业协会组织要正确把握好各自的职责定位，既不能缺位，也不能越位，更不能错位。在淘汰落后生产能力的问题上，主要依据质量、环保、安全等市场准入标准，淘汰那些质量低劣、环境污染严重、生产安全存在巨大隐患的落后生产企业；对其他采用落后生产方法的企业，主要通过市场竞争的方式，必要时可以辅之以行政手段。政府应积极引导，并在政策上支持这些企业改变生产工艺采用先进生产方法，做到依法行政。

在发展新型干法水泥时也要重视市场调研，注意做好区域和企业的发展规划。技术总是在不断进步的，新型干法水泥生产技术发展在我国已有20多年的历史，20世纪八九十年代，甚至21世纪初建立的新型干法水泥生产线也存在不同程度的技术水平低、规模小、能耗高、环保指标低的问题，必须引起我们的高度重视，并采取积极措施适时加以提升改造。

4．大力发展循环经济，努力发挥水泥工业节能利废的优势，为全社会节能降耗多做贡献。

众所周知，在水泥生产工艺中可以利用各种其他工业产生的废渣、废料作为混合材料。例如：钢铁工业的高炉矿渣、钢渣，电厂排出的粉煤灰等。利用这些废渣、废料与水泥熟料及缓凝剂（石膏）混合粉磨制成相应品种的水泥成品。这样就相应减少了对水泥熟料的需求，相当于节省了煅烧熟料所需的能源。统计计算表明，仅此一项每年就可节省约1500万吨标准煤。

在水泥生产工艺中经过必要的处理，合理利用各种工业废渣、废料作为水泥原料使用已经取得了很大的成绩。例如：铝冶炼工业的赤泥，化工企业的电石渣、硫酸铁渣、磷肥渣，煤矿的煤矸石，电厂的粉煤灰等，都已经成功地大量用作生产水泥原料。这样可以大量节省天然原料，客观上既节省了资源也节省了宝贵的能源。根据2006年“中国水泥年鉴”统计，2005年水泥制造业固体废物利用量达22905万吨。2005年全国工业固体废物产生量为134449万吨，其中工业固体废物综合利用量为76993万吨。由水泥制造业综合利用的固体废物量为全国工业固体废物利用量的30%左右，占全国当年工业固体废物产生量的17%左右。

近年来我们借鉴国外先进经验，开始探索利用工业废弃物和生活垃圾作为生产水泥的替代燃料的工作。这方面工作我国仅仅是处于起步阶段，不论在科学技术研究、工艺装备的开发、政府政策法规制定、公众环保意识的提高等方面都有许多工作需要我们去突破，去做一些开创性的工作，使这项有着广阔前景的节能环保技术扎实、有序地在我国推广。目前，在北京市政府的大力支持下，“北京市处置固体废弃物示范工程”已经投入运行，并取得了一些十分宝贵的经验。国内不少设计研究单位都在积极开展这个领域的研究工作，政府有关职能部门也在制定相应的技术、质量、安全、环境标准和相关法规、条例来支持这项技术的推广。对这项技术的相关问题，本人有专文进行过论述（详见中国建材报2007年4月30日《大力推广水泥回转窑处置和利用废弃物技术的应用发展》），在此不再赘述。

5. 优化设计，积极推广节能环保技术，采用节能环保装备。强化管理，努力降低水泥单位产品能耗。

不论是新建或是改扩工程，设计工作的水平对水泥生产线建成之后技术经济指标都是起决定性作用的。为了把水泥企业建设成节能环保型企业，必须在生产线的设计中积极推广和采用先进实用的节能环保技术和产品。

当前须重点关注以下几项节能环保技术的推广与应用。

水泥窑余热发电技术。经过“八五”“九五”“十五”科技攻关和工程实践的不断完善，利用水泥回转窑余热纯低温发电技术日趋成熟，并且已经成为当前水泥行业节能减排工作的重点。在推广这项技术中应特别注意几个问题：一是尽量做到余热发电项目与水泥生产项目同时设计、同时建设、同时投产，最起码要做到同时设计，留有今后建设余热发电项目的可能性；二是当地政府职能部门要协调好有关水泥厂余热发电项目上网方式和上网电价的问题；三是要重视关于如何评价水泥回转窑余热发电的效能和技术指标问题上存在的某些误区。有些项目单纯比较“吨熟料发电量”的大小，而忽视整体水泥熟料烧成热耗的比较，存在某些片面性。

节能粉磨技术。电力消耗占水泥制造业能源消耗总量的9.59%。2005年全国水泥制造业共消耗电能918亿千瓦时，同比增长12.68%，而同年水泥年产量106885万吨，同比增长9.85%。这两个数字的比较说明当前水泥制造业节约电能的任务是十分紧迫的。新型干法水泥生产方法，由于装备的机械化、电气化程度高，全员劳动生产率高等原因，在单位产品电能的消耗上并不比其他落后生产方法有明显的优越性。因此，我们必须在降低新型干法水泥的电耗方面开展深入的研究，努力降低单位产品的电耗，从而降低单位产品的能耗成本，以显示其更大的优越性，提高产品竞争力，有利于加快新型干法生产方法的推广应用和水泥产业结构调整步伐。在水泥单位产品的电耗中，有60%—70%是消耗在对原料、固体燃料和水泥熟料的粉磨工艺过程上。因此，必须改变以球磨、管磨为主的粉磨工艺，大力采用性能先进的、以料层挤压粉磨工艺为主的辊式磨、辊压机及辊筒磨技术装备。通过采用节能粉磨技术，通常能使粉磨工艺节电30%—40%，水泥单位产品的电耗降低20%—30%，甚至更高。若水泥行业普遍采用节能粉磨技术。估算全年可节电150亿—250亿千瓦时的电能，相当于节省0.375亿—0.625亿吨标准煤。

优化设计，注重细节，全方位为节能工作奠定基础。在设计工作中要确立贯彻“技术先进、生产可靠、经济实用、节能环保”的理念。

（1）水泥生产线的总图和流程的设计是决定性的环节，要在满足工艺要求、厂内交通和设备检修空间的要求下，尽量做到工艺流程简单、布置紧凑。减少各类管道和电路的损耗。达到节能的目的。

（2）不断研究开发高效节能的水泥熟料烧成系统，特别是预热器、分解炉、燃烧器和熟料冷却机等关键设备。

（3）合理选择风机、泵类的设备能力及其拖动电机的额定功率。避免此类装置及其电机经常处于非额定工作状态，使电机效率降低，功率因数下降，增加电力消耗，增大电网的无功功率的需求。必要时可以采取加装电机的调速装置的措施，提高设备的效率。在新型干法水泥生产线，风机和泵类的电力消耗约占水泥单位产品电耗的25%—35%，要充分重视此类设备的节能潜力。

（4）对粉状物料的输送，要尽量采用机械输送的方案，减少采用空气动力的使用，从而降低设备电耗。

（5）重视新型电气领域节电技术和设备的推广应用。当前应特别关注以下几个技术：一是变频节能设备的推广应用。近年来我国的变频节能设备不断取得技术突破，高压、低压不同电压等级的越来越大容量的节电设备开发成功。这项技术可广泛运用在容量较大、系统转动惯量大或设备对启动规程有特殊要求的设备，实现变频软启动，减少对电网的冲击，还可节电25%左右。这项技术还广泛运用在交流电机的变频调速装置上，其节电效果要根据电机所拖动的不同类型负荷特性和调速范围而决定。二是全方位地采用高、低压无功功率的就地补偿装置，包括自动调节的静电电容器组和进相机组的应用。通过这些技术措施，大大改善水泥企业用电的功率因数，减少对无功功率的需求，从而减少输入电能的有功电能损失。三是注重低压电机全相控技术的推广运用。这项节电技术可在拖动负荷轻载和重载时自动调整电动机的输出功率，使电机实现在最佳状态下运行，以达到最佳节电的目的。此节电产品平均节电率为15%—55%。四是采用绿色照明系统。水泥企业建筑物、构筑物、物料堆场和道路照明器具众多，要求各异。照明所需电能消耗占总耗电量的1%—2.5%。过去多采用白炽灯，效率低、耗电高、寿命短。目前要普遍更换为节能照明灯具。在道路照明的控制上可推广按光强来控制道路照明开启或关闭的自动化装置。有条件的企业可以把主要建筑物的照明采用太阳能电池的方案。虽然照明电力消耗占水泥企业的电力总消耗的比重不大，其本身的节电潜力还是很大的。

加强企业管理，合理配料、精心操作。搞好设备维修，提高设备运转率同样对降低企业的能源消耗有着重要的作用。这方面不少企业已经做出了突出的成绩，值得不断总结推广。

五、结束语

我国能源资源品种多、储量因不同品种而不同、分布广泛，但人均能源资源较少，均达不到世界人均平均水平。改革开放以来，我国国民经济快速增长，但由于国民经济结构不合理，经济增长方式粗放，固定资产投资增长过快，能源消耗巨大。节能减排已经成为落实科学发展观和保持国民经济持续、快速、健康发展的关键问题。水泥产业是国家的重要原材料工业，也是耗能大户。我们必须站在全局的角度，从需求端控制水泥产品总量的增长，同时加快水泥产业自身的结构调整。创新思路，优化设计，加强企业管理，大力推广先进实用的节能技术和装备，努力完成水泥产业节能任务，为完成国家“十一五”节能减排目标，为使水泥产业成为资源节约型、环境友好型的可持续发展的绿色产业而贡献力量。

（原载于《中国建材报》2007年8月29日第001版）

中国建材工业的节能现状与前景

一、前言

建筑材料产业是中国国民经济建设的重要基础原材料产业之一，按照中国现行统计口径，建筑材料主要包括水泥、平板玻璃及加工、建筑卫生陶瓷、房建材料、非金属矿及其制品、无机非金属新材料等门类。目前，中国已成为全球最大的建材生产和消费国，建材工业年能源消耗量占中国能源消耗总量的7%。建材工业生产既消耗能源，又有巨大的节能潜力，许多工业废弃物都可作为建材产品生产的替代原料和替代燃料；同时建材产品还可为建筑节能提供基础材料的支撑，一些新型建材产品可为新能源的发展提供基础材料和部件。在能源问题日益制约经济、社会发展的今天，中国政府已做出了建设节约型社会的战略部署，建材工业作为中国国民经济的重要产业和高耗能产业，在节能减排及能源结构调整中大有可为，在中国建设节约型社会中将起重要作用。

二、建材工业现状及在中国国民经济中的地位

1. 中国已成为全球最大的建材生产国

改革开放以来特别是进入21世纪，中国建材工业得到了快速的发展，主要行业生产技术水平已达到或接近国际先进水平，产业体系配套、完整，门类众多，品种齐全，规模庞大，基本满足了国民经济建设和人民生活水平提高对建材产品的需求，中国已经成为全球最大的建材生产国（见表1及表2）。

表1　2000—2007年中国建材工业主要产品产量及增长

年份	水泥（亿吨）	平板玻璃（亿重量箱）	陶瓷砖（亿平方米）
2000	5.97	1.84	18.21
2001	6.61	2.10	18.10
2002	7.25	2.34	18.69
2003	8.62	2.77	23.88
2004	9.67	3.70	29.62
2005	10.69	4.02	30.11
2006	12.37	4.66	50.24
2007	13.60	5.32	56.00
2000—2007年均增长（%）	12.48	16.38	17.41

数据来源：《中国统计年鉴》，《2008年中国统计摘要》，中国建材联合会。

表2　2006年中国建材主要产品产量及占世界总产量的比重

产品	中国产量	世界产量	中国/世界（%）
水泥（亿吨）	12.37	23.28	53.1
平板玻璃（亿重量箱）	4.66	5583（万吨） 约为11.2亿重量箱	41.6
陶瓷砖（亿平方米）	50.24	93.4	53.8

数据来源：《世界经济年鉴》，《中国统计年鉴》，中国建材联合会。

2. 建材工业和建筑业一并被列入中国国民经济发展的支柱产业

建材工业是中国国民经济的重要原材料工业，在国民经济发展中具有重要的地位和作用。在《国民经济和社会发展“九五”计划和2010年远景目标纲要》中，建材工业和建筑业一并被列入国民经济发展的支柱产业。2007年中国建材工业和建筑业增加值的总和已占到中国国内生产总值的7.21%。

表3　2000—2007年中国建材工业与建筑业增加值及占GDP比重

年份	国内生产总值（亿元）	建材工业与建筑业增加值（亿元）	占GDP比重（%）
2000	99215	6362	6.41
2001	109655	6955	6.34
2002	120333	7621	6.33
2003	135823	8926	6.57
2004	159878	10735	6.71
2005	183085	12409	6.78
2006	210871	14944	7.09
2007	249530	18003	7.21

数据来源：《中国统计年鉴》，中国建材联合会。

3. 中国建材工业年能耗总量位居各工业部门第三位

根据中国建材联合会的数据，2007年规模以上（指年销售额在500万元以上）建材工业企业的总能耗为1.95亿吨标煤（见图1），占中国能源消耗总量的7.35%，占中国工业能源消耗总量的11.14%，位居各工业部门第三位；其中煤炭和电力折合标准煤占建材能耗总量的90.50%，是建材工业的主要消耗能源（见图2）。

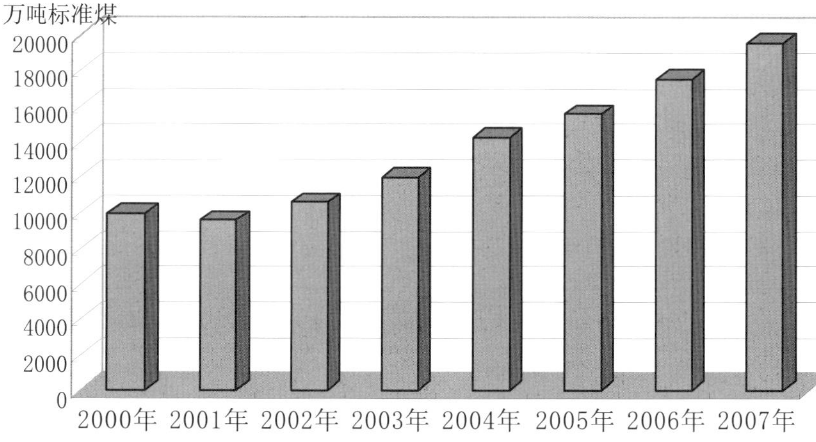

图1　2000—2007年规模以上建材企业能源消耗量

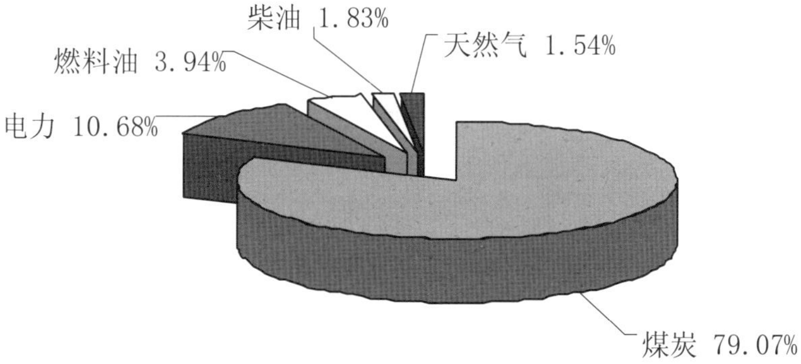

图2　中国建材工业能源消耗构成

三、中国建材工业节能取得的巨大成绩

中国建材工业的发展和进步，无不与以节约能源为中心的技术进步、结构调整紧密相关。特别是进入21世纪以来，在全行业的努力下，节能工作取得了显著成效。

1. 能源消耗的增长低于生产的增长

虽然建材工业能源消耗总量随生产的持续快速增长呈增加态势，但从建材工业增加值年均增长、主要产品产量增长速度和能源消耗增长率变化分析：

2000—2007年建材工业增加值年均增长率为20.08%，主要建材产品水泥、平板玻璃、陶瓷砖产量年均分别增长12.48%、16.38%和17.41%，而同期建材能源消耗总量年均增长为10.4%，建材能源消耗的增长低于生产的增长。

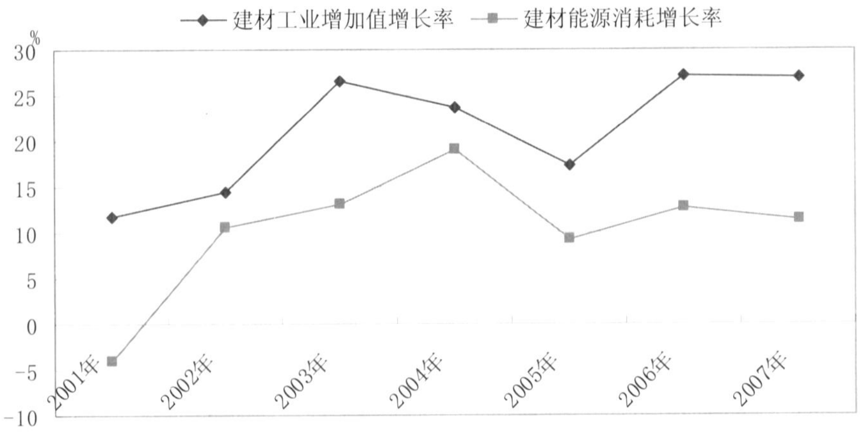

图3　2001—2007年建材工业增加值和能源消耗总量增长率

2. 主要产品单位综合能耗逐年下降

水泥工业，规模以上水泥企业水泥综合能耗已由2002年的129.1千克标煤/吨，下降到2007年的115千克标煤/吨，下降了10.92%。

玻璃工业，规模以上企业平板玻璃综合能耗也由2002年的20.3千克标煤/重箱，下降到2007年的17千克标煤/重箱，下降了16.26%。

墙体材料工业，累计节约能源超过8000多万吨标煤、利用废渣7亿多吨，取得了较好的社会和经济效益。

3. 建材工业万元增加值综合能耗大幅下降

随着建材行业结构的不断优化及水泥、平板玻璃等主要建材产品单位能耗的下降，建材工业万元增加值综合能耗大幅下降。2007年建材工业万元增加值能耗为5.1吨标准煤，比上年下降12%，与2000年10吨标准煤相比，降低幅度达49%（见图4）。

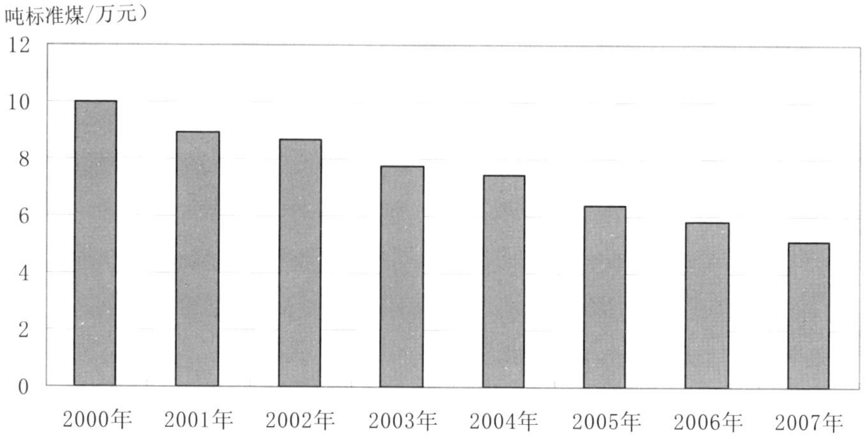

图4　2000—2007年建材工业万元增加值综合能耗

四、建材工业节能前景

1. 建材工业节能目标（2010年）

（1）总目标：到2010年，力争使建材工业万元增加值能耗比“十五”末期降低20%。

（2）主要行业节能目标。

水泥工业：新型干法水泥能耗指标达到中等发达国家水平。日产4000吨以上大型新型干法生产线熟料热耗小于740千卡/千克，每吨水泥综合电耗小于95千瓦时。

平板玻璃工业：平板玻璃综合能耗下降20%，浮法玻璃平均能耗降低到6500千焦/千克玻璃液以下。

建筑卫生陶瓷工业：建筑卫生陶瓷单位综合能耗下降约20%。

玻璃纤维工业：池窑拉丝生产线单位能耗达到1吨标煤/吨纱以下。

墙体材料工业：每万块标砖耗标煤下降15%以上。

2. 建材工业节能前景分析

（1）产业结构调整是中国建材工业最大的节能潜力所在。

尽管中国建材产业结构调整已取得明显成效，但水泥工业中以落后的立窑为主体的工艺所生产的水泥还占近50%，墙体材料中也仍有近一半为实心黏土砖，这种情况与发达国家基本上均是采用新型干法工艺和主要生产新型墙体材料产品有着巨大的差距。而正是由于这些落后工艺的存在，使得许多建材产品单位能耗水平与世界先进水平存在明显差距。如，目前大型水泥企业新型干法工艺的热耗指标已接近世界先进水平，但水泥综合电耗指标还有较大差距，世界先进水平的水泥综合电耗只有85千瓦时/吨水泥，而中国还在100千瓦时/吨水泥左右；现有的平板玻璃生产工艺已与国际接轨，但在产品质量和能耗上与国际水平仍存在一定的差距，目前平板玻璃平均热耗为7800千焦/千克玻璃液，比国际先进水平高出30%以上，熔窑热效率比发达国家低5%—10%。因此，加快淘汰落后工艺，大力发展先进工艺是中国建材工业未来最大的节能潜力所在。

如，水泥工业，通过大力发展新型干法工艺，加快淘汰立窑等落后工艺。按照“十一五”末累计淘汰落后生产能力2.5亿吨、新型干法水泥生产能力比重达到70%，则可实现节约标准煤超过1000万吨。

再如，墙体材料工业，通过积极推广新型墙体材料，按照“十一五”末新型墙体材料总量的比重达到55%以上，可实现节约标准煤超过800万吨。

（2）固体废弃物和废热在建材工业中的利用前景广阔。

对工业固体废弃物的利用前景广阔。中国有数以亿吨计的煤矸石、粉煤灰堆积存量，而且每年还以上亿吨的数量继续增加。许多工业废弃物都可作为生产建材产品的替代原料和替代燃料，如利用煤矸石、粉煤灰制砖取代部分实心黏土砖，不仅有利于节约土地，同时还可节约大量能源。据测算，每增加使用1亿吨煤矸石和粉煤灰制砖将实现节约能源600万吨左右标准煤。

对可燃废弃物的利用有很大的发展空间。在发达国家，许多可燃废弃物如废轮胎、塑料包装物、造纸废液、废机油、废油墨、废溶剂和生活垃圾等已广为用作水泥工业代用燃料，不少国家燃料代用率已超过40%，而中国在这方面刚刚起步，目前仅有少数企业在探索利用；生活垃圾的利用尚未付诸实施。

如果通过若干年努力使中国水泥工业利用可燃废弃物替代燃料率达到10%，将实现节约能源超过1000万吨标准煤。

窑炉余热利用将成为建材工业节能的重要措施。建材产品大多通过工业窑炉来生产，窑炉余热有很大的利用余地。近年来，水泥窑纯低温余热发电技术的应用得到了长足发展，技术水平不断提高，截止到2007年底，中国已有100

多条新型干法水泥熟料生产线安装了纯低温余热发电设备，每吨熟料发电量已达36千瓦时；利用浮法玻璃熔窑废气余热发电也开始起步，墙体材料、建筑卫生陶瓷工业的窑炉余热也都有很大的利用空间。

以水泥工业为例，采用纯低温余热发电技术，可使水泥生产外供电降低30%，若未来40%新型干法水泥生产线采用余热发电技术，将可实现节能约300万吨标煤。

（3）发展节能型材料，为建筑节能做贡献。

中国建筑能耗巨大。资料显示，建筑能耗的总量占全国能源总消费的比例呈逐年上升的趋势，已从1992年的15%提高到现在的27.5%。而目前中国的新建建筑中80%以上为高耗能建筑，单位建筑面积能耗是发达国家的2—3倍。因此，建筑节能必将是未来建筑发展的重点和方向。

建筑业与建材业同属一个大的产业链，建材业是建筑业的物质基础，对建材的选用很大程度上决定了建筑的“节能”程度。因此，发展节能建筑需要以节能型建筑结构体系和新型建材产品为重要支撑。在《建材工业“十一五”发展规划纲要》中已明确提出，积极开发和生产新型墙体材料和节能型门窗、屋顶材料，推广应用建筑综合节能保温体系和技术，充分利用各种工业废弃物，大力发展节能环保的新型墙体材料产品，同时加快发展节能型门窗等建筑围护材料。

（4）为发展新能源提供服务。

发展可再生能源是人类的必然选择。可再生能源在满足能源需求、改善能源结构、减少环境污染、促进经济发展等方面具有重要作用。从20世纪70年代发生世界性能源危机以来，许多国家都更加重视新能源和可再生能源的研究、开发和利用工作。中国在《可再生能源发展“十一五”规划》中明确提出，将加快发展水电、风电、太阳能热利用、沼气等技术成熟、市场竞争力强的可再生能源，尽快提高可再生能源在能源结构中的比重。

建筑材料在新能源的发展中将起到重要的作用。如，玻璃产品在太阳能利用中作为重要的支撑材料。在太阳能利用装置的制造过程中，透光材料、吸收涂层和各种反射薄膜、太阳能电池等都离不开玻璃，如晶体硅光伏发电系统中，每100瓦装置需钢化超白玻璃1—2平方米，集热式太阳能发电系统则要大量使用优质超白浮法玻璃制造聚热镜面，玻璃产品已成为太阳能开发与利用中不可缺少的材料。

又如，玻璃钢产品用于风力发电装置部件中。众所周知，风机叶片是风力发电系统的关键动部件，目前的叶片所用材质已由木质、帆布等发展为玻璃钢和金属（铝合金）等，其中玻璃钢叶片重量轻，比强度高，它的抗疲劳强度高，寿命也较长，在风力发电中的应用效果显著。风力发电始终受到世界各国的重视，中国风能资源丰富，发展风电业前景十分广阔，中国发布的《可再生能源中长期发展规划》中确定，到2010年，风电总装机容量将达到500万千瓦，2020年将达到3000万千瓦。随着风力发电的发展，玻璃钢在风力发电中的应用前景广阔。

五、建议

建筑材料产业作为中国国民经济建设的重要基础原材料产业，在建设节约型社会中不仅自身节能潜力大，而且对建筑节能及新能源的发展将起到重要作用，为推动建材工业节能水平的提高，实现建材工业的进一步节能，提出如下建议：

1. 设立“国家节能技术发展基金”，用于支持高等院校、大型企业等科研院所节能技术及装备的研究与开发。建材工业的节能技术与装备开发应列为重点支持领域。

2. 进一步扩大开放，加强国际合作。欢迎与各国政府、企业、民间组织多层次的合作，相互学习，不断吸收国际先进经验，推动中国建材工业节能技术与水平的进一步提高；为人类的可持续发展做贡献！

2008年9月23日

建筑垃圾　变废为宝　利国利民　大有可为

——建筑废弃物资源化之路

当前，我国正处在经济社会快速发展的历史进程。新型城镇化和社会主义新农村建设的深入推进、极大地改变着我国的城乡面貌。与此同时由于大量老旧建筑物、构筑物和道路的拆迁和新建，翻建，产生大量的建筑废弃物。这些建筑废弃物如不加以合理利用，将给我国城乡的生态环境带来严重污染的同时，也造成了巨大的资源浪费。我们必须下决心从法规和政策上给建筑垃圾以规范处置，政府的金融、税收、科技、环境管理等有关部门要给科学处置建筑垃圾的企业于支持，使这项利国利民的建筑废弃物资源化的事业健康发展。

一、我国建筑废弃物处置的现状和存在的主要问题

建筑废弃物的产生主要由拆除和新建建筑物、构筑物及道路等过程中产生的。根据有关机构调研，1吨建筑垃圾，若按堆高5米计算，占地约2.5亩。我国从2008—2010年，年均拆除建筑面积为6亿平方米，产生建筑垃圾7.8亿吨，占地19.5万亩。新建建筑面积6.7亿平方米，产生建筑垃圾3亿吨，占地7.5万亩。总共年均占地27万亩。当前我国正处于经济稳定增长期，新型城镇化和新农村建设步伐加快。据估算，新建建筑面积到2020年将新增约300亿平方米，由此产生建筑垃圾134亿吨。若单纯堆存将占地335万亩。目前，我国建筑垃圾已占各类垃圾总量的30%—40%。从各地统计数据表明，我国的建筑物废弃物的数量，每年还呈上升趋势。

目前，我国缺乏必要的行之有效的建筑废弃物分类、收集运输管理办法，

造成产生的建筑废弃物无法收集到处置企业。而收集到企业的建筑废弃物由于在收集前没有进行分类，建筑废弃物中含有大量的泥土和轻质混合物和其他材料，造成处置难度大，成本高，若没有相应的政府政策支持，处置企业运行困难。在利用建筑垃圾制成品和材料方面缺乏必要的政策支持，使得有效利用率不高。我国目前建筑废弃物的资源化率不足5%，与欧美国家的75%和日韩的95%的利用率相比，差距甚远。

目前，我国城乡建筑废弃物私拉乱倒现象非常严重，未经处理就堆放到道路和沟渠旁，甚至直接向河流、湖泊、池塘倾倒。这些建筑废弃物占用道路及河道、影响景观、污染环境，对自然生态环境造成了严重的破坏，给城市管理和生态文明建设带来了巨大的难题。因此，建筑垃圾进行资源化科学处置已迫在眉睫、刻不容缓，是发展循环经济的要组成部分，是加强生态文明建设的重要领域。

二、建筑废弃物资源化的循环经济产业链

建筑废弃物是一种多组分混合物，其中多以废混凝土、废砖瓦、废渣土为主，含有其他建筑材料：如废弃木材、废弃钢筋、废弃其他金属材料及塑料等物质组成。

完整的建筑垃圾资源化途径应由以下几个主要环节组成：拆除源头——渣土清运——加工生产——产品配送——市场应用。这些环节组成一个完成的循环经济产业链。

拆除源头。这是产生建筑垃圾的源头，我们必须以建筑垃圾减量化的原则来处置。首先要抓好城乡建筑规划工作，并使规划具有权威性、法定性，不能草率定案，并随领导人的喜好变化，而朝令夕改。其次，要十分慎重对待建筑物、构筑物的拆迁，能进行加固改造的不必非要拆除重建。在我国不少具有历史价值的建筑物和构筑物，就是在不做好科学评估的情况下遭到拆毁。不少城市大拆大建，失去了历史形成的城市风貌。造成当前的“千城一貌”和“千村一面”的状况，失去了这些城镇风貌所具有的重要价值。再次，在科学论证的前提下，必须拆除的建筑物、构筑物，要在拆除现场做好分选工作。要将建筑物、构筑物中的钢材和其他金属材料、木材、塑料、玻璃等材料最大限度地分

选出来。使这些可再生、可重复使用的材料得到回收和最大程度的物尽其用。与此同时，做好分选也使建筑垃圾的总量减少，减少运输费用，并为下一步建筑垃圾处理降低了难度，提高了效益。

渣土运输（建筑废弃物运输）。如何清洁、安全地把建筑物、构筑物拆除现场的建筑垃圾运到建筑垃圾加工工厂是建筑垃圾资源化的重要环节。坚决杜绝“疯狂渣土车”的现象发生。首先，要规范渣土运输企业。要改变不少地方渣土运输企业小、散、乱的状态。要支持整合渣土运输企业，规范企业运营行为。其次，要规范渣土运输车辆的技术标准。严防企业使用报废车、超标车。要有良好的密封和遮盖设施，防止运输过程的遗洒，污染环境。要有符合管理部门要求的安全标识。保障道路安全通行。再次，要加强渣土运输企业和运营司机的法治教育，严禁将运输的建筑垃圾随意倾倒和填埋。违者将受到必要的惩处。造成事故的还要追究相应的法律责任。

加工生产。这是实现建筑垃圾资源化再利用的关键。

建筑废弃物经过分选后，大多以废混凝土、废砖瓦为主，它们具有一定的强度、硬度、耐腐蚀性和耐久性。根据其性能和市场需求，目前，主要有以下再利用的途径。

一是生产再生粗细骨料。建筑废弃物经破碎、筛分和收集后，可根据收集物的颗粒大小、物体强度等性能，分别生产再生粗骨料、再生细骨料和再生微粉。它们可以根据需要，在作为骨料在生产混凝土、砌筑砂浆、建材行业的原材料使用。粗细骨料添加固化类材料后也可用于道路路面基层使用

二是生产再生砖、再生砌块等建筑制品。建筑废弃物破碎、筛分后，根据收集物的颗粒大小、物体强度等性能，添加相应的辅助原料，经干燥，制成各类空心砖、多孔砌块、墙体板材等建筑制品。这种产品具有强度高、自重轻、耐久性好、尺寸规整以及保温隔热性能优越、大量节约天然原材料的特点。

三是生产各类道路材料。废弃路面沥青混凝土混合料经破碎、筛分可按一定比例直接用于生产道路沥青混凝土；废弃道路混凝土经破碎、筛分可加工生产再生骨料，可用于配制再生道路混凝土。

四是生产其他施工辅助材料。建筑废弃物经适当处置后还可用于地基基础、桩基基础、市政工程充填材料等。

这些建筑废弃物生产的产品，具有大量节约天然原材料、节约能源、节约土地占用、减少环境污染、减少温室气体排放、经济效益优良且性能达到产品规范要求的特点。

产品配送。这是将建筑垃圾再生产品安全运送到使用场所的重要环节，是发展物流行业的重要方面。与渣土运输环节相似，要改变当前物流配送企业散、小、乱和非专业化的现状。整合发展专业性的物流配送企业，配备专业化的运输车辆，提高物流运输效率，降低物流运输成本，保障行车安全。同时也是节能降耗、减少排放、改善空气质量的措施之一。

市场应用。这是我们建筑垃圾资源化处置，发展循环经济的最终落脚点和根本目的。首先，要加大对应用建筑垃圾生产的产品在建筑、道路、市政建设中的支持宣传力度。大力提倡发展循环经济的必要性。其次，政府有关部门要在产品技术标准、财税政策、市政市容管理、建筑垃圾处置专业装备和技术研发等方面给予必要的政策支持。再次，企业在建筑废弃物资源化利用一定要因地制宜，要根据当地市场需求确定产品品种和产能。企业要积极开拓市场，努力为产品使用单位提供全方位的服务，确保提供的产品质量符合国家的技术标准的要求。

据有关行业协会的统计资料表明：每一亿吨建筑垃圾经资源化处置，约可生产再生砖243亿标砖、再生骨料1000万吨。相应节省天然混合料3600万吨、天然骨料1000万吨、节煤270万吨、减排130万吨CO_2。新增产值85亿元。若此一亿吨建筑废弃物堆放，将占地2.5万亩土地，并会产生环境生态污染。

由此可见，依据我国每年新增建筑废弃物多达15亿吨以上，加上原有的多年累积量，若建筑废弃物资源化能形成循环经济产业链，那么将产生几千亿新的经济增长点，同时具有显著的社会效益和环境效益。

三、世界发达国家建筑废弃物资源化的状况

美国：每年有3.25亿吨废弃混凝土以再生骨料的形式被循环利用，再生骨料中约68%用于道路基层和基础，6%用于拌制新混凝土，9%用于拌制沥青混凝土，3%用于边坡防护，7%的用于一般回填，其他应用为7%。

韩国：2011年建筑废弃物产生量为6800万吨，其中废混凝土及废沥青混凝土占84%左右，目前再利用率达98.1%。 但目前大部分用于经济价值低的覆土、填土等用途，用于道路基层、混凝土骨料等高附加值的再利用较少。近来因天然骨料供应紧缺，对于循环骨料需求剧增等社会条件的变化，企业对处置建筑废弃物生产设施的投资也随之而增加。

韩国制定了“建筑废弃物再生促进法”。在该法律的规范下，每五年制订推进计划 并制定相应的推进政策来保证计划的实施，努力构建资源循环型社会。

丹麦、芬兰、瑞典等北欧国家：丹麦在1989年与芬兰、瑞典等北欧国家实施了统一的北欧环境标志，建立了自己的垃圾处理体系，再循环资源率达到90%。

芬兰、瑞典对不处理利用的建筑垃圾征收每吨500欧元的高额填埋费用，而对交予建筑垃圾处理企业的建筑垃圾，按市场原则调节。由处置企业根据建筑垃圾的品种、品质定价，品种、品质好的少收取处置费用，反之要多收处置费用。

奥地利：针对建筑废弃物排放收取高额费用，同时提高使用天然资源的消耗成本。从而促进了建筑废弃物的资源化处置的进展。另外，在各个产生建筑废弃物的企业几乎都购置了移动式建筑废物的处置设备，随时产生，随时处置，避免了建筑废弃物的运输，达到节能降耗、保护环境的作用。

归纳世界发达国家的在处置建筑废弃物的经验，在以下几个方面对我们有着深刻的启示。

一是严格的法律体系。如美国的《综合环境反应，赔偿和责任法》，德国的《循环经济与废物管理法》，日本的《建设循环法》，韩国的《建筑废弃物再生促进法》等。这些都从法律层面严格规定了建筑废弃物产生、收集、清运到加工制造产品再利用的全过程有关责任人应遵守的行为规则以及违反这些规则行为人所应当承担的法律责任。

二是政府制定配套支持政策。如德国在1978年就实施了环境标志。该标志表明该产品不但质量符合标准，而且在生产、使用、消费及处理过程中符合环保要求。环保标志使广大消费者行动起来，通过购买产品的选择作为保护环境的手段。

美国通过增加科研经费，促进新技术的研究及应用。

在德国、芬兰、瑞典如前所述，政府对不处理利用的建筑垃圾征收每吨

500欧元的高额填埋费用，以促进产生建筑垃圾的企业将建筑垃圾按品种、品质交予建筑垃圾处置企业进行循环利用，并按市场原则调节处置费的价格。

日本的道路施工中强制优先使用30%的再生骨料。对达不到使用比例而使用天然骨料的，每吨要收取高额的费用，以此来推动和保证建筑垃圾再生产品的应用。

三是做好建筑垃圾源头分类。德国、美国政府都规定在产生建筑垃圾的现场要进行分类，分别进行堆放和储存，以降低建筑垃圾循环再利用的成本，并且使分选出来的物料得到充分的利用。

四、关于进一步推进建筑垃圾资源化的建议

根据我国在建筑垃圾资源化处置的实际存在的问题，借鉴国外成功经验，结合我国国情，提出如下建议：

1. 加强法律、法规建设，严格执法、落实政策。自2003年以来我国陆续制定了《中华人民共和国清洁生产促进法》《中华人民共和国固体废物污染环境防治法》《中华人民共和国循环经济促进法》等法律。其有关内容从法律层面，原则规范了建筑垃圾的产生、收集、运输、加工再利用的各个环节的行为主体应遵守的行为准则和违反这些行为准则应当承担的法律责任。有关部委，据此也先后制定了一系列有关促进资源综合利用的法规和规范性文件。这些都对促进建筑垃圾资源化工作起到推动作用。但当前的现实是，有法不依、执法不严，违法获利、违法成本低，政策落实难度大，建筑垃圾资源化的企业经营困难，建筑垃圾资源综合利用水平低。为此，建议在不断补充完善相关法律、法规和政策的同时将严格执法和落实政策作为当前和今后工作的重点。否则，目前建筑垃圾乱丢、乱堆，到处倾倒，污染环境破坏生态的现象将越演越烈，势必会造成难以挽回的严重后果。

2. 健全政府管理体制，统一协调、各负其职。推进建筑垃圾资源化涉及发改、城建、市容、交通、环保、公安、工信、金融、财税、国土等等多个政府职能部门，且地域性明显。目前，各级政府在管理中往往出现“分头出击”、“各管一段”缺乏统一协调，缺乏工作合力。为此建议，在国务院统一领导下，中央政府制定指导推进建筑垃圾资源化的方针政策，地方政府可根据

本地实际情况制定相关的实施意见和规范性文件。明确推进工作的主体是地、市政府。要在各级政府领导班子中明确工作负责人，明确工作目标，建立工作协调机制。各职能部门要在地方政府统一领导下，根据工作部署开展行政执法工作，要相互配合、做好衔接，合力推进。

3. 建立科学、有效的运行机制，明确政府、企业责任。

建筑垃圾资源化事业具有明显的社会公益属性。因此，在推动建筑废弃物综合再利用产业发展时，必须建立“政府推动、企业为主、社会参与”的科学合理的运行机制。实现“政府依法推行、政策支持，企业具体市场运行，社会公众积极参与”有效的运行机制。

4. 政府当前急需开展的工作。一是，在推进新型城镇化和新农村建设规划和实施中，必须同时做好建筑垃圾资源化处置规划方案和具体实施办法。否则，不得批准规划，更不得开工建设。二是，抓紧开展建筑垃圾资源化产业发展规划。中央政府负责全国规划制定，并以此指导地方政府开展工作。地方政府可以地、市政府为重点开展产业规划工作。三是，加强适合我国国情的建筑垃圾资源化先进实用的工艺技术装备研究和推广工作。加大科研投入，提高建筑垃圾资源化处置的科技水平，进一步降低能耗、减少排放。四是，政府有关职能部门，加大执法力度，杜绝一切对建筑垃圾违法倾倒、野蛮运输、破坏环境的不法行为。从政策上支持建筑垃圾企业的建设和正常运行，使其发挥最大的社会效益和环境效益。五是，努力提高建筑垃圾资源化产品的应用推广水平。政府应率先将建筑废弃物制造的建材产品纳入政府优先采购的绿色产品，为社会做出示范，提高对建筑废弃物资源化产品的信任度。适时推出在新建、改建建筑物、构筑物和道路中建筑物废弃物资源化产品的使用比例的要求。不达到使用比例的给予必要的处罚，并不得获得竣工验收。六是，监督建筑垃圾资源化企业，严格按国家和地方的有关法律、法规和技术标准、环境标准要求，组织好生产运行，为社会提供质量高、服务好的环保产品，增强社会对产品的信任度。七是，建立建筑垃圾资源化再利用信息平台。利用信息技术提供供需要求、技术交流、宣传推广、政策解读等信息，促进建筑垃圾资源化工作的发展。

五、结语

建筑垃圾资源化产业，既节约了不可再生的自然资源，减少了环境危害，又实现了建筑垃圾的循环利用，提高了经济效益、社会效益、生态效益，实现了双赢和多赢，对我国城乡面貌的改善、品位的提升，对能源和土地资源的节约利用，都有着十分重要的意义，是清洁生产、变废为宝、循环利用、利国利民的一个新兴产业，一定会为我国的生态文明建设、建设美丽中国做出新的更大贡献。

2013年10月

水泥工业大气污染物防治的任务与对策

刚刚闭幕的人大十二届二次会议上，李克强总理在政府工作报告中郑重提出“我们要像对贫困宣战一样，坚决向污染宣战”，并指出要“出重拳强化污染防治”。这些都表明我们必须把加强生态环境保护，建设生态文明放在经济社会发展更加突出的位置。

政府工作报告确定了2014年单位国内生产总值能耗下降3.9%以上，单位国内生产总值二氧化碳排放量下降4%，二氧化硫、化学需氧量、氨氮排放量均下降2%，氮氧化物排放量下降5%，万元工业增加值用水量下降5.2%等约束性指标。

改善人们赖以生存的空气质量，减少雾霾发生，是人民的殷切期盼。要完成上述约束性环境指标，我们各个行业、每个公民都要下定决心从自身做起，“用硬措施完成硬任务”。

我国已经成为全球最大的水泥生产国和消费国。2013年全国水泥熟料产量为13.6亿吨，水泥产量超过24亿吨。我国水泥产量和消费量均占全球的60%以上。这些产品为我国国民经济和社会发展，提供了雄厚的物质保证。与此同时，水泥工业属于高消耗、高排放的产业。根据统计数据，水泥工业的总能耗大约为全国能源消费量的5%（2010年数据）；据测算，水泥工业颗粒物排放、二氧化硫和氮氧化物的排放量分别占全国工业生产总排放量的30%—40%、3%—4%和10%—12%。这样大的能源消耗和污染物的排放，将对我国经济的可持续发展和生态环境带来严重影响。我们要下定决心，积极行动起来，打好水泥工业大气污染物防治的攻坚战。

根据本次会议的议题，重点研讨水泥工业氮氧化物排放管理与控制。根据第一次全国污染物普查报告，2007年我国氮氧化物排放总量为1797.7万吨。据测算，2011年前，全国氮氧化物的排放量年增长率为5%—8%。按照目前的发展趋势，若不采取断然措施，到2030年我国氮氧化物排放量将达到3540万吨，势必造成严重的环境危害。氮氧化物是涉及环境问题最多的污染物。酸雨、灰霾、光化学污染、水体富氧化等多有它的参与。因此。控制减少氮氧化物排放，将有益于减少臭氧生成、减少颗粒物灰霾、防治水体富营养化、修复生态系统。

根据环境保护部资料，氮氧化物排放主要来自工业排放和机动车尾气排放。其中，燃煤电厂占40%、机动车尾气占30%、水泥行业占20%、生活及其他工业排放占10%。我国“十二五”规划提出，到2015年末氮氧化物排放要比2010年下降10%的约束性指标。经过“十二五”前三年的实践，2011年、2012年、2013年全国氮氧化物排放量分别达到2404万吨、2337万吨和2240万吨。全国氮氧化物大体下降了2%，只完成约束性指标的20%左右①。因此，“十二五”后两年的削减氮氧化物排放的任务十分艰巨。

为此，国务院在2013年9月发布《大气污染防治行动计划》（大气十条）。2013年12月环境保护部和国家质检总局发布新修订的《水泥工业大气污染物排放标准》《水泥单位产品能源消耗限额》和新制定的《水泥窑协同处置固体废物污染控制标准》等更加严格的排放标准。这将有力地推动我国大气污染物防治特别是水泥工业大气污染物防治工作的进展。

新修订的《水泥工业大气污染物排放标准》要求氮氧化物排放限值由800mg/m^{3}收严到400mg/m^3。规定新建企业从2014年3月1日起执行新标准，现有企业则在标准发布后给予一年多过渡期，过渡期内仍执行原标准，到2015年7月1日后执行新标准。我国制定的水泥工业氮氧化物排放的新标准已经达到了国际先进水平，关键在于我们水泥企业要认真执行新标准，在于政府严格监管、严格执法。

我国水泥工业氮氧化物排放总量2010年、2012年分别为220万吨和240万吨；吨水泥熟料氮氧化物排放分别为1.87千克和1.68千克②。从以上两组数字我们可以看出，随着水泥生产企业减排工作力度的增加，单位水泥熟料的氮氧化物的排放量在有所减少，但由于水泥产量的增加，水泥工业氮氧化物排放总量还在增加。今后，为了满足国民经济社会发展的需要，特别是现阶段投资仍然

① 孙秀艳（人民日报记者）《氮氧化物减排为何滞后》，2014年3月1日第9版。

② 吴善淦《水泥工业细颗粒物污染现状与控制》，2013年第六届中国水泥环保大会。

是稳定经济增长的关键，作为固定资产投资和基本建设的重要原材料，水泥的需求总量在一段时间仍将是不断增大的趋势，因此，我们减排工作应当着重从降低生产单位水泥熟料氮氧化物的排放量入手，解决水泥工业氮氧化物对大气的污染问题。

水泥工业产生氮氧化物的排放的主要原因在于，在水泥熟料制备过程中，煤炭的燃烧过程而产生的氮氧化物的排放。

水泥工业氮氧化物排放管理与控制主要措施。

1. 优化水泥熟料烧成工艺，减低单位水泥熟料热耗降低用煤量。近20多年我国水泥工业在工艺技术和装备有了巨大进步，干法预热分解工艺已占我国水泥生产的90%以上，单位水泥熟料的热耗（煤耗）已由过去（湿法工艺）的240kg（标煤）/吨（熟料）左右大幅度降低到现在（干法预热分解工艺）110kg（标煤）/吨（熟料）左右。今后应进一步优化水泥制备工艺和技术装备，促进单位水泥熟料热耗的降低，从而减少氮氧化物的产生量。一是优化水泥原料配料，提高生料易烧性，必要时可使用矿化剂，降低烧成温度，减少用煤量；二是优化烧成工艺，提高废气余热（窑尾、窑头冷却机）回收综合利用效率；三是加强水泥烧成热力装备系统的隔热和密封，进一步减少热损失；四是利用计算机控制系统，采取智能控制技术，优化和稳定水泥烧成系统操作，减少系统波动，保持系统稳定长期运转，减低煤耗，减少氮氧化物的生成。

2. 优化和改进燃料燃烧技术和装备。根据水泥烧成系统燃烧煤炭产生氮氧化物的机理，为降低燃料燃烧时氮氧化物产生量，属于工程控制措施。目前通常采用以下技术措施。一是在窑头和分解炉采用低氮燃烧器或对现有的喷煤管进行优化设计，使助燃空气低氧燃烧，浓淡偏差燃烧等技术降低氮氧化物生成；二是燃料和空气分级燃烧技术和装备，使燃料燃烧时处于还原气氛之中，减少或抑制氮氧化物的生成，未完全燃烧的燃料与窑头送来的三次风过量空气汇合，在富氧环境中完全燃烧；三是火焰冷却技术和装备，使用喷水降低燃料火焰区域温度，从而减少氮氧化物的产生。

3. 燃烧后烟气脱硝技术和装备。目前水泥企业采用的烟气脱硝工程属于末端控制措施。主要是可选择性非催化剂还原法（SNCR）。即在没有催化剂的情况下，在830—1050℃范围向烟气喷射氨水、尿素等还原剂，使一氧化氮或二氧化氮还原成无害的水和氮气。该方法操作简单，脱氮效果比较高。欧美国家少数水泥企业也有采用选择性催化还原脱硝方法（SCR）。即利用NH_3与NO反应的选择性，选择合适的催化剂，在300—400℃环境中在催化剂表面将富氧烟气中的NO还原成N_2和H_2O。该方法脱氮效率能稳定在90%以上，相比SNCR技术，其氨逃逸浓度非常低，可避免对大气环境的二次污染。但其投资较大，操作烦琐。

除上述减少氮氧化物产生的方法外，在水泥原料和燃料的品种选择含氮量低的品种，也不失为一种好的选择。但对于大多数企业受具体地理和自然条件的限制难以如愿。

我国水泥工业防治氮氧化物污染工作，必须坚持企业负责、政府监管、社会参与的总体工作方针。

一是企业要履行好防治氮氧化物污染的法律主体责任。要始终把节能降耗工作放在企业负责的重要位置，通过工艺技术装备改造和优化运行操作，进一步降低单位水泥熟料的燃料消耗量，减少燃料燃烧时氮氧化物的产生量。要认真执行国家新修订的《水泥工业大气污染物排放标准》，针对每个企业氮氧化物排放水平，制定具体减排技术方案，并付诸实施，并保证长期与工艺装备同步运行。要把企业消减氮氧化物的固定资产折旧和运行费用计入企业运行成本，并通过企业财务成本核算，通过全企业的提效降耗，保证氮氧化物减排工作的长期运行。

二是政府要履行好执法主体和监管市场公平竞争环境的责任。要严格按照新修订的《水泥工业大气污染物防治标准》的有关规定，对所有企业一视同仁，做到实时监控、严格执法、保护守法者、打击违法者。对违规者，该处罚的处罚、该停产的停产、该关闭的关闭。要支持企业开展以企业为主体的产学研合作研究开发氮氧化物的减排技术和装备，可从项目立项和资金投入上给予必要的支持和帮助，促进我国水泥企业在氮氧化物减排领域技术的不断创新和发展。要探索和借鉴已出台的给电厂的“脱硝电价”的政策，在水泥企业氮氧化物减排达标的企业，对其有关税收实施减收等优惠政策，以激励企业对氮氧化物减排工作的积极性，确实减轻企业运行成本上升的压力。

三是广泛动员社会力量参与氮氧化物减排工作。企业和政府都要积极主动与社会力量沟通协作，及时公开企业有关氮氧化物排放和减排工作信息。社会组织和媒体要关注企业氮氧化物工作进展情况。充分发挥社会舆论监督的作用，鼓励先进企业、鞭挞违规污染环境的企业。社会组织和公益团体对于企业污染环境事故，根据我国有关法律可作为公益诉讼主体向司法部门提起诉讼。

只有政府、企业、社会各界形成贯彻《大气污染防治行动计划》的合力，并坚持不懈地实践，我们减排的目标才能达到，才能早一天还公众以蓝天白云和优良的生态环境。

2014年3月29日

建筑节能与绿色建筑

从2002年到2015年13年间，中国的能源消费占全世界的比重由12.7%迅速攀升至23%，已经成为世界第一大的能源生产和消费国。根据国家统计局公布的数据初步核算，2015年中国能源消费总量达到43亿吨标准煤。

我国不但能源消费总量大，并且我国的单位GDP能耗也很高，2015年达到0.721吨标煤/万元（按2010年价格计算）。按国家能源局提供的IEA的数据，分别是世界的2.2倍，日本的5.8倍、美国的3.5倍、印度的1.01倍。

巨大的能源消耗，特别是化石能源的消耗，所带来的排放温室气体、有毒、有害气体，给我们生存的环境带来严重的压力。

因此，我国政府将节能减排，作为发展经济的重要前提和内容贯彻到各项工作中去。国务院制定的《国民经济和社会发展第十三个五年规划纲要》明确，全国万元国内生产总值能耗2020年比2015年累计下降15%。与此同时到2020年末全国化学需氧量、二氧化硫、氨氮和氮氧化物比2015年下降10%、15%、10%和15%。

建筑能耗分广义上的建筑能耗和狭义的建筑能耗两个概念。广义上的建筑能耗，是指包括建造建筑物和构筑物所需的建筑材料的制造生产，建筑材料的运输，建筑施工，建筑物、构筑物建成后的使用运行，建筑物，构筑物使用寿命结束后的拆除利用等建筑物、构筑物全生命周期所需消耗的能源；狭义上的建筑能耗仅指建筑物、构筑物建成后在使用运行时所消耗的能源。通常我们所讨论的建筑能耗是指狭义上的建筑能耗范围。

我国建筑能耗占全社会能源消费28%—30%，是继工业耗能之后的第二耗能大户。2015年我国能源消费总量为43亿吨标准煤，仅建筑能耗就达到12亿—13亿吨。根据有关研究成果显示，目前，我国既有建筑面积超过500亿平方米，95%是高耗能建筑，城镇节能建筑既有建筑面积的比例仅为23.1%。建筑能耗水平与国际先进水平有着较大差距。仅以建筑供热为例，我国集中供热的一次能源消耗为20公斤标煤/平方米，高出同纬度甚至更高纬度欧洲国家一倍，而且欧洲国家的集中供热能耗还包括了夏季制冷和四季生活热水供应。

建筑节能是当今和今后我国节能减排工作的重要方面，必须下定决心、持之以恒地抓紧、抓好建筑节能，实现绿色低碳发展。

实现建筑业绿色低碳发展，必须实现建筑在全寿命周期内最大限度地节能、节地、节材、节水、保护环境和减少污染，为人们提供健康、适用和高效的使用空间，与自然和谐共生的建筑。

我国正处于新型工业化、新型城镇化和农业现代化建设快速发展的历史时期，深入推进建筑节能，加快发展绿色建筑，面临着难得的历史机遇。大力发展绿色建筑，以绿色低碳理念指导城乡建设，能够最大效率地利用资源、能源和最低限度影响环境，转变城乡建设发展模式，缓解资源、能源、环境压力，为公众提供健康、舒适、安全的生活、工作空间具有重要作用。

发展绿色建筑必须全面促进集成建筑节能、节地、节水、节材及环境保护等多项技术，促进建筑产业升级，带动节能环保建材、新能源新光源应用、节能技术服务、咨询等相关产业的发展。大力推动被动式低能耗建筑发展。

为此，我国在大力推进绿色建筑建设工作中采取了一系列积极有效的措施。一是制定《绿色建筑评价标准》（以下简称《标准》）。《标准》从节地与室外环境、节能与能源利用、节水与水资源利用、节材与材料资源利用、室内环境质量和运营管理等6个方面的指标体系来综合进行评价。每项指标都给出了明晰的要求和具体措施，起到了标准引领绿色建筑发展的重要作用。二是发布《绿色建筑行动方案》（以下简称《方案》）。《方案》是在认真总结“十一五”期间绿色建筑工作取得成绩的基础上，为进一步推动绿色建筑行动的开展，提出的全面指导性文件，对推动我国城乡建设走上绿色、低碳、循环科学发展之路具有积极的现实意义和长远的历史意义。三是加大绿色建筑的激励政策。对达到国家绿色建筑评价标准二星级、三星级建筑按平方给予一定奖励。奖励额度可占到绿色建筑成本增量的一半左右。对凡是新建建筑全部是绿色建筑的且两年内开工建设面积不少于200万平方米的城区，国家财政一次性给予资金补贴。在绿色建筑发展中加大金融、税收、土地、建设等方面的服务和优惠政策的制定实施。

据住建部统计，近五年，我国绿色建筑发展较快。截至2013年底，我国共有绿色建筑1446项，建筑面积约1.63亿平方米，仅2013年绿色建筑面积同比增加1.12倍。按照规划，到2015年末，城镇新建建筑中绿色建筑的比例达到20%是可以预期的。

尽管我们取得了一些进步，但也面临着一些比较突出的问题。建筑节能绿色发展中还受到城乡建设模式粗放，能源资源消耗高、利用效率低，重规模轻效率、重外观轻品质、重建设轻管理，建筑使用寿命低于设计使用年限等问题的严重挑战。为此，我们要在《绿色建筑行动方案》指导思想和基本原则指导下，努力发挥科技引领作用，大力推进发展绿色建筑的重点任务，促进我国绿色建筑行动科学持续发展。

建筑使用中的能源资源消耗主要用于采暖、空调、通风、人工照明、给水排水等方面，是做好建筑规划、设计和施工中建筑节能的工作重点。一是提高墙体的保温隔热性能。在建筑物能耗中，围护结构（墙体和屋面）的散热损失占整个建筑物热损失的60%左右。提高墙体，特别是外墙保温隔热性能，因地制宜采用隔热、安全（不燃或阻燃）、隔音等综合性能好、价格合理的新型墙体材料和内、外保温材料是建筑节能的重要措施。屋面设计中除重视防水防雨外也应重视保温隔热的措施和材料的使用。对既有的平顶建筑，“平改坡”是有效的措施。二是提高门窗综合性能。建筑物的门窗是建筑物与外界物质（人、空气、热量、光线）交流的通道。建筑物门窗的热损失占整个建筑物的热损失的40%左右。提高建筑物门窗的安全性、隔音、隔热、操作便利性等综合性能对提高建筑物使用品质和节能具有十分重要作用。塑钢门窗、低辐射（Low-E）镀膜节能玻璃、安全真空玻璃以及配套的五金件的研发利用，使建筑物门窗的综合性能有着显著的提高。三是优化建筑设计尽量采用自然通风和采光。根据建筑物所处的不同的气候条件，在规划设计中应尽量利用建筑物自身形成可控的自然空气流动和最大限度地利用日光采光。从而减少机械通风和人工电气照明，大幅度降低能源消耗。四是优先采用节能高效机电装备并实现智能化控制。根据各种机电设备使用情况，优选性能价格比高、运行费用低、能源消耗少的产品。大力推广节能灯、稀土照明灯、高效风机、高效水泵以及配套的电气装备（变压器、电动机、开关设备）。推广建筑物集中供热和制冷，提高设备能源转换效率。积极推进地热资源开发利用。大型建筑物要实现集散式智能化控制，进一步提高设备运行效率、降低资源能源消耗。五是努力实现建筑业工业化转型升级。实现绿色建筑发展，建筑工业化是重要突破口。推广适合工业化生产的预制装配式钢筋混凝土、钢结构建筑体系。建筑工业化是利用标准化设计，工业化生产标准结构件、部品、部件，装配式施工和信息化管理等方法来进行建筑物建造、使用和管理。据测算，与传统方法相比，建筑工业化可分别减少建造用木材近80%、水量60%、建材浪费20%、建造垃圾约80%、建造的综合能耗70%，建筑工期能减少30%—70%。六是推广可再生能源和资源循环利用。积极研发利用再生能源资源的收集、储存、利用装置。把建筑物作为太阳能收集转化的场所，利用硅晶电池、非晶硅薄膜太阳能电池、太阳能集热器把太阳能转化为电能、热能供建筑物使用，也可通过供电网、热力网向其他用户输送。通过建筑物表面材料的创新，使建筑外墙赋予其多种功能的界面（能量转化、净化内部空气、美化等）。加强雨水收集再利用设施开发利用。创造条件开展污水、地热的采集和换热利用工作。

为实现《绿色建筑行动方案》提出主要目标，必须抓住以下重点工作。

一、进一步加强领导和组织协调。实现《绿色建筑行动方案》的目标，是一个复杂的系统工程，需要多个领域和产业的协调配合。要在国家层面设计一个统一协调的领导体制，以增加各有关职能部委的工作合力。统一领导、分工负责，相互配合、共同推进《方案》目标的实现。各地方政府要根据国家的统一规划，根据本地的实际，做出绿色建筑发展规划。对《方案》已规定的政策要落实到位。

二、进一步加强监督检查。要定期或不定期开展对新建和既有建筑按《方案》和有关法规进行检查。对绿色建筑典型要给予表彰和推广。对违规和超标耗能排放的，对相关责任单位和人要依法依规给予处罚，并责令限期改正。对在建筑施工中使用假冒伪劣材料和设备的，要依法予以严厉处罚。每个年度要向社会公布《方案》落实的情况。做到信息公开，接受社会和公众的监督。

三、进一步加强绿色建筑技术研发。实现《方案》的各项目标，我们还缺乏强有力的科技支撑，在相关技术和产品、装备等方面还存在着明显的不足。在建筑规划、建筑设计、节能绿色建材、节能高效机电设备、再生能源、污水处理利用、建筑垃圾回收利用等方面要分专业、分学科确立科研开发专项，采用以企业为主体、市场为导向，产学研合作技术研发，争取在一些重要领域取得突破。实现拥有自主知识产权的、适用于不同气候条件、不同建筑类型的绿色建筑配套的新技术、新产品、新材料和新工艺，提升绿色建筑技术集成水平。政府应当在项目立项、资金、金融、信息等方面给予必要的支持。

四、进一步完善绿色建筑评价体系。在《方案》的基础上，开展不同地区、不同建筑类型的绿色建筑标识评价的技术细则的研究和发布。要继续加强有关绿色建筑的技术、产品标准的修订工作，并与绿色建筑评价条款相衔接，用标准的提升引领绿色建筑的发展。

五、进一步开展广泛的国际科技合作。继续推进建筑节能与绿色建筑的国际交流与合作。学习国际先进的设计理念和方法，在重点领域和关键技术、产品研发等方面与先进国家采取多种方式的合作。加强人才交流和培养，尽快提高我国发展绿色建筑的各类人才的水平。

发展绿色建筑和建筑节能是实现我国科学、可持续发展战略的重要方面。我们已经有了良好的开端，但今后的任务仍十分艰巨，还有不少困难需要我们去克服，我们要在《方案》的指引下脚踏实地、扎实工作、改革创新，激发市场主体的积极性和创造力，就一定能实现我们的预期目标。

2016年12月

辑五

会议讲话

加快水泥科技步伐，迎接新世纪的挑战

今年正值世纪之交，是人类历史上极其重要的一年，也是我国“九五”的最后一年。《中国建筑材料工业跨世纪发展战略》确定了建材工业“由大变弥、靠新出强”的发展战略，并明确提出，水泥工业要依靠技术进步，大力发展预分解窑及当代先进工艺技术。五年来，水泥工业的面貌发生了很大变化，推广和应用新型干法水泥生产技术已成为全行业的共识和举措，并取得了令世人瞩目的成就。这一切是我们全行业共同奋斗的结果，我们还将继续努力，创造更好的明天。

今天，我们邀请水泥界的同人们聚集在一起，总结过去，增强我们前进的信心和勇气；表彰第三批确认的新型干法水泥达标达产生产线的企业，使我们学有榜样；还要对目前水泥技术进步专题进行交流研讨，切磋技艺，让新技术得到更多、更好的运用，共同研讨和展望下一个世纪新型干法窑外分解技术的发展。

下面，我先讲几点意见。

一、达标达产工作的回顾

众所周知，以悬浮预热和窑外分解技术为核心的新型干法水泥技术是当代最先进的水泥煅烧技术。自20世纪70年代初问世以来立即在世界水泥界引起强烈的反响。它具有高效、优质、低耗等一系列优点，是水泥煅烧工艺的又一次革命。

1976年，我国第一条700t/d预分解窑在石岭水泥厂诞生，随后又有一批预分解窑相继投产，标志着我国的水泥技术进入了新的历史阶段。

正如所有的新技术一样，我们对新型干法技术经历了一个从认识—实践—

再认识—再实践的过程。从引进到开发，再到不断提高和不断完善的过程，广大水泥工作者为此做出了艰苦的努力，取得了喜人的结果。目前，新型干法工艺生产线已遍布全国，产量不断提高，已投产的700t/d及其以上的生产线已从“九五”初期的80多条增加到目前的近120条，还有一批生产线正在筹建或建设中，而且在近几年中解决了优化设计、降低投资、提高技术水平、提高装备国产化率和制造水平方面一系列问题，技术上不断进行创新和提高，有些已进入了国际先进水平的行列。现代企业制度的建立，管理水平和职工素质的提高，又为生产线的顺利达标达产提供了保证。近年来新建的和改扩建的如葛洲坝集团水泥厂、华新水泥厂、山东水泥厂等新生产线达标达产就是最好的例证。这一切，都为大力发展新型干法水泥奠定了很好的基础。

1. 新型干法水泥的达标达产工作

1985年，我国已成为世界第一水泥生产大国但从生产技术上看，我们与发达国家的差距尚很大，它们的水泥生产几乎是新型干法的天下，而我国却仍是以立窑水泥为主，如：1995年我国水泥产量为4.76亿吨，占世界水泥总产量的1/3以上，而立窑水泥占了81.5%，在比例不大的回转窑水泥中，新型干法水泥所占比例不足三成，更重要的是，在已投产的新型干法水泥生产线中，除了几条引进的生产线和少数经过多年技改和攻关成功才得以达产的外，其余绝大部分生产线未达标达产。如1996年700t/d及其以上已投产的新塑干法水泥线有80多条，设计熟料生产能力近3700万吨，而实际达产能力仅65%左右，可见其未达产的能力损失是相当惊人的。

面对早期新型干法水泥技术的不成熟和不完整性，针对早期兴建的一批生产线中普遍存在设计上的缺陷、设备选型、设备制造、施工安装中的问题，以及管理水平偏低、企业员工素质跟不上等综合因素，国家建材局曾先后以一些企业为试点，组织多次攻关和技改，开展达标达产工作，取得了进展，积累了宝贵的经验，为后来全面开展达标达产工作打下了基础。

进入“九五”以后，国家明确提出大力推广新型干法水泥技术。一方面，我们资源和财力有限，而另一方面已建成的大批新型干法水泥生产线不能达标达产，那么新技术的优越性就不能充分体现，优势也不能发挥，大量的投入更得不到应有的回报。为此，国家建材局党组经过考虑和研究，适时地提出了全面抓好新型干法水泥窑达标达产工作问题，并将其列入当年局重点工作之一。

1996年4月11日，国家建材局下发了建材生产发132号文《关于印发新型干法水泥企业达标达产协调领导小组名单和开展达标达产工作意见的通知》，确定了以主管副局长为首的协调领导小组，下设顾问组、办公室和秘书处，为该项工作提供了组织保证。文件中同时明确了开展达标达产工作的目的和任务，以及工作方式、方法等。从此，以企业为主体，各级建材主管部门重视和帮助，设计单位和装备制造及施工安装企业做好服务工作的多方协同配合的新型干法水泥线的达标达产工作就开展起来了。

2. 达标达产工作取得了预期的成果

自全国开展达标达产工作至今已有四年多，在以企业为主和各方人员的配合下，已经取得了预期的成果，具体表现在以下几方面。

（1）做好宣传和发动工作，调动了各方面的积极性。

按局达标达产协调领导小组的工作要求，始终把做好宣传发动工作，调动各方面的积极性放在重要位置。工作开始以后，许多企业都成立了专门的领导和工作小组，有专人负责，与地方主管部门和国家建材局建立联系制度，制订了达标达产计划，落实措施；各地方主管部门将该项工作落实在专门的业务处，做好各个项目的指导和服务工作；设计单位也是闻风而动，变等企业上门为主动找上门为企业服务，对自己设计的生产线都进行了普遍的回访，了解问题所在和企业需求，主动提出改造方案，积极参与企业的达标达产活动，多方位地配合开展达标达产工作。同时设计单位还以此为契机，提出今后要每设计投产一条线，就要很快达标继而达产一条线，决不能再走以前投产多年后再回来搞达标达产的老路。设备制造厂家也主动了解企业所用设备存在的问题，有针对性地给予解决。同时也为进一步开发制造新的设备提供了借鉴。

（2）抓好试点企业的达标达产工作，推动工作深入开展。

1996年底，局达标达产协调领导小组在企业申请的基础上，研究确定了耀县水泥厂5号窑2000t/d线、洛阳水泥厂1000t/d线、窑街水泥厂700t/d生产线的达标达产的试点生产线，并组织局专家组对试点企业逐一进行技术咨询，帮助确定技改方案等，相关的设计单位也通力合作，各地方人民政府和行业主管部门也给予了大力支持。通过不到一年时间的努力，耀县水泥厂5号窑不但顺利通过了达标达产，而且建立了现代企业管理制度，使全厂上下人心大振，企业生产捷报频传，形成了党、政、工、青都以生产和经营为核心，齐抓共管，协同作战的良好局面。洛阳水泥厂经过几次技改，局面也有了很大的改观。窑街水泥厂试点前是一个设备几乎报废，人心涣散，濒临倒闭的企业，由于主管部门帮助他们及时调整领导班子，在政策上、资金上给予支持和帮助，最后在新班子和全体职工的努力下，在设计单位的帮助和配合下，不但挽救了企业，还出现了职工以主人翁精神投入技改，危难中同舟共济的许多感人事例，也顺利地通过了达标达产确认。他们的成功，无疑给全国的达标达产工作起到了示范作用。

（3）达标达产工作有利于行业政策的落实和贯彻。

如果说达标达产对企业来说是一项系统工程的话，那么推动整个工作的开展也应结合各方面的形势和需求。随着国家整个经济形势的发展和对建材业的需求，新型干法生产线的达标达产工作也必须和各个时期建材工作重点结合起来，例如局领导提出水泥企业的达标达产工作应和建材工业结构调整结合起来，和大中型改革脱困结合起来等，无疑对整个工作的推动起到积极的作用。

此外，结合企业的需求，国家建材局组织了两次专业技术培训，一次为预分解窑企业举办，重点讲解生产中遇到的一些普遍性难题；另一次为中小型回转窑企业举办，主要为配合国家“上大改小”的政策，集中介绍当时有关院所用新型干法技术成功改造中小回转窑的经验，为企业的改造工作指路和解难。

在短短几年中，国家建材局组织了多次全国性的技术研讨和交流会议，多方面、多层次地推动水泥工业的科技进步工作。同时各地主管部门也相继多次召开达标达产会议，贯彻落实国家行业政策，拓宽了思路，取得了好的结果。

（4）达标达产工作的开展，使企业的生产和管理水平全面迈上了新的台阶。

从1997年至今，局达标达产协调领导小组审核、确认、表彰了三批符合达标达产条件的生产线企业，前后共有52条生产线得到达标达产确认。据调查，至去年底，全国已投产700t/d及其以上的新型干法水泥生产线有113条左右，现已确认的达产生产线有53条（有一条为国家建材局在1996年以前验收确认的），其中有37条是1996年全面开展达标达产工作以后达产的，占了总确认数的2/3以上。加上有的企业已达标达产但未申请确认的，估计实际达标达产（主要指能力达产）的生产线有60条左右。其中，4000t/d级的最好，除华新5号窑去年刚投产，以及4家外资企业未申报外，其他9条生产线全部达产确认；

2000t/d级的达产情况也高于平均水平；700t/d和1000t/d级生产线达产情况较差些。但是90%以上的生产线的技术水平和能力都有不同程度的提高。我们还了解到许多企业正在落实技改计划，到2000年底前后，还有近20条生产线计划达标达产。如果不考虑新投产的几条生产线，那么应达标达产生产线的达标率可达75%左右。还有20条左右生产线正在或准备采取措施努力达标达产，预计在1年至2年内可望达标达产，只剩10多条生产线困难较大，主要是资金、人员素质和体制问题，而不是技术问题。

如果再看一下本次确认的生产线，我们可以发现，21条生产线有19条是20世纪90年代后期投产的，其技术水平和管理水平都有很大的提高。例如，山东水泥厂3号窑2000t/d生产线投产即达标，运行一年来共生产水泥703964吨，日均产量达2114.58吨，熟料平均标号65.06MPa。还有北京新港水泥制造有限公司720t/d生产线，年均日产量达870.1吨，年产量达26.2万吨。实践证明，达标达产工作绝不仅仅是企业生产中的几个指标和产量问题，也不是单纯的技术问题。在市场经济条件下，企业的体制、机制、管理水平、员工素质等都十分重要，而如何适应市场竞争的需要，抓住商机，使企业取得更大的发展空间也是必不可少的。因此顺利经过达标达产确认的企业都经历过多方面的考验，大部分企业都在各方面提高到一个新的水平，迈上了新的台阶。

3. 达标达产工作已基本完成了历史使命

从上面达标达产工作取得的预期成果可以看出，由国家建材局牵头，有组织、有领导地全面开展新型干法水泥生产线的达标达产工作已基本完成了历史使命。其特征之一是原有未达产企业基本上都能以自身为主体，结合和依靠多方面力量，针对管理上、工艺和设备以及外部生产条件等诸方面存在的问题，经过认真调查研究，做出公正、客观和全面的分析，提出切合实际的解决办法，落实各项达产措施，取得了显著成效，使大多数企业完成了达标达产。其特征之二是新型干法水泥生产技术的成熟和提高，使老生产线改造成功，使新生产线顺利达标达产。所以，现在除了少数老生产线需再将达产措施实施以外，新建新型干法水泥生产线已不再存在目前意义上的达标达产问题了，在此，我代表国家建材局向五年来积极参与新型于法水泥企业达标达产工作的全国各地的新型干法水泥生产企业，科研、设计单位，设备制造和施工安装单位的广大职工，以及各地人民政府和行业主管部门的同志们，向所有给予这项工作以支持、帮助的各界同志和朋友们表示衷心的感谢！对所有经过艰苦奋斗，锐意进取，尊重科技，加强管理，取得达标达产的新型干法水泥生产线表示热烈的祝贺！

今后，我们新型干法水泥生产线应是面向新世纪，向新的高度攀登，向着高新技术型、生态型的可持续发展方向迈进。

二、面向新世纪的我国水泥工业

再过两个多月，人类就要进入21世纪了，新的世纪将是一个经济更加迅猛发展，并以信息科学、生物科学和新材料科学为主体带动科学技术全面进步，全球经济一体化的进程将大大加快。面对这样一个新世纪的到来，我国的每一个水泥工作者都要认真思考，分析国内外水泥行业发展的现状和存在的问题，并结合新世纪科学技术和经济的发展，把国家建材局提出的跨世纪战略落实到我国水泥工业的下一步发展中去。

下面谈几点意见。

1. 当前水泥工业形势

当前，我国的水泥行业的形势可谓喜忧参半。一方面，经过“九五”的努力，水泥行业在调整结构方面已迈出了可喜的一步，淘汰落后生产工艺，大力推广新型干法水泥技术已是大势所趋。新型干法水泥技术在我国已日臻完善，早期建设的一批新型干法水泥窑运用新技术逐步得以有效地改造，新建的生产线技术水平明显提高。同时还锻炼和培训出了一批技术的开拓者和应用者队伍。另一方面，由于各种原因，水泥行业结构调整的路还很长，面对建材行业经济形势整体好转的局面，而作为建材工业骨干的水泥行业却经济效益不理想，拖了建材扭亏脱困的后腿。今年1—7月份，水泥亏损企业共2116户，占统计总数的46%。我局重点联系的5个亏损在5000万元以上的大户有3户属水泥企业，而且都有新型干法生产线，因此形势还是十分严峻的。

2. 抓住机遇，大力发展新型干法水泥

最近，国务院副总理吴邦国、国家经贸委主任盛华仁等领导同志分别做出指示：加快发展新型干法窑外分解水泥，积极调整水泥工业结构。国家经贸委还准备将发展新型干法水泥项目列入国家贴息技改重点行业（或产品）范围。贯彻国务院领导同志的有关指示精神，抓住这一有利时机，大力发展新型干法窑外分

解水泥，是当前和“十五”期间我国建材工作中的一项重要任务，也是在座的新型干法水泥企业，特别是大型水泥企业（集团）扩大规模的难得机遇。

在大力发展新型干法水泥的过程中，要注意处理好以下几方面的问题。

一是要坚持“大厂搞熟料，小厂搞粉磨”即“上大改小”的调整方针。在控制总量的前提下，改扩建窑外分解水泥生产线，要同时淘汰关闭一批小水泥熟料生产厂。

二是要坚持以改造扩建为主发展新型干法水泥。目前我国的新型干法水泥企业大都具备改造扩建的市场、资源、配套资金和人才条件及管理运营基础，扩建窑外分解生产线可以达到投资省、工期短、达标达产快、经济效益好等效果。

三是要注意发挥资本市场的作用。我国新型干法水泥发展较快的几家企业，资本运作方面大多比较成功。即使有国家贴息贷款支持，也要积极融资，通过资本运作，更好地实现生产要素的整合配置，促进新型干法水泥更快地发展。

四是发展新型干法水泥要充分配合西部大开发战略。要鼓励和支持到西部去投资，建设大规模新型干法水泥厂，避免出现低水平的重复，更不允许将东中部淘汰和禁止投资的落后设备向西部地区进行“梯次转移”。

应该看到，通过这两年清理整顿“两小”，已经取缔、关闭、淘汰落后的小水泥生产能力6000多万吨，这也为大力发展新型干法水泥提供了市场空间。发展先进和淘汰落后是相互关联的，希望在座的新型干法水泥企业在发展的同时，也要为淘汰落后的小水泥做出贡献。

3. 依靠不断技术创新，降低成本，提高产质量

近年来，水泥行业的技术创新工作已从原先的局部性改革、改造转入专项技术开发创新的轨道，取得喜人的成效。且不说优化设计、降低投入所带来的效益，就说在生产过程中专项技术创新成果的应用的作用也是不可低估的。如我们新型干法水泥技术从引进国外烧油技术，到适应我国国情的烧煤技术，直到现在的烧无烟煤或低挥发性煤技术，不但使新型干法工艺得以在我国普遍应用，而且在企业能因地制宜利用资源、降低成本方面发挥了极大的作用。又如耐火材料新品种的开发利用，以及配套技术的应用，给新型干法窑提高窑衬寿命，降低成本方面带来了福音。新近随着生态型建材产业的提出，一些水泥厂又在利用工业和社会生活的废弃物作原燃料生产水泥，为使水泥工业成为一个环境友好的绿色产业创造条件。近年来我们在生料、水泥和燃料利用挤压粉磨

技术，新一代篦式冷却机的开发应用，废气余热利用等方面又取得了一系列新的进展。随着新技术的应用，我们的产品质量也在不断提高，也进一步降低了消耗和成本，提高了经济效益，这一切都会促进我国建材工业的可持续发展。

科学技术是第一生产力，我们必须紧紧依靠技术进步，让技术创新成果不断地转化为生产力，加快水泥行业发展的步伐。

4. 追求最大的经济效益是企业的最终目标

在市场经济大潮中，企业是经济的主体，没有好的经济效益，企业就无法生存，更谈不上发展。因此企业的领导也好，职工也好，要始终把追求企业的最大经济效益作为最终目标。

企业的经济效益是一个结果，结果的好坏和多少却是取决于企业的生产和管理的方方面面和全过程。生产线全面建成投产，生产控制和管理就是决定性的因素。现代化的企业必须有现代的体制和机制，这是企业能否良好运转的前提；生产中新技术的应用，技术水平和能力的发挥，各工段、各环节的最大限度地降低成本，产量和质量的保证等等归根到底人的素质会起到关键性的作用，因为任何技术都是靠人去掌握和发挥效能的，忽视了人员素质的提高，一切都将会成为泡影。企业的管理工作，包括技术管理、生产管理、经营管理也都是靠人来完成，企业管理者应有驾驭全局的能力，向管理要效益绝不是一句空话。

最后要提的是企业产品的营销和市场开拓问题。在市场竞争日益激烈的今天，企业的规模、布局、产品种类、营销策略和措施会直接关系企业的存亡。如今，凡是成功的企业都是这方面的胜利者。

同志们，我们开展全面的达标达产工作至今，新型干法水泥的技术进步和创新工作已达到一个新的水平。随着我国的第一条新型干法水泥窑完成了达产确认，在市场经济的推动下，企业为主体自觉地应用现有技术改造原有生产线工作已基本或正在完成。可以说，下一步工作已不再是原有概念上的达标达产问题，而是在新的起点上的技术提高问题，是在新形势下大力发展新型干法水泥生产问题，所以我们这次会议的意义也就在此。通过本次会议的研讨希望对大家有这方面的启发，会议最后，我们还要参观本次会议的东道主之一——葛洲坝工程局水泥厂，看看他们是怎样快速、高效、低投入地建设现代化的水泥生产线，他们是如何创造性地运用新技术生产出多品种的优质水泥，他们又怎么在激烈的市场竞争中成功地取得好的经济效益，我相信大家看后会得到一定的启发。

希望全体与会的企业代表，科研、设计单位和设备制造等方面的代表，大家要进一步认清在下一个世纪新型干法水泥发展的美好前景，在国家建材局党组提出的“由大变强、靠新出强”跨世纪战略的指引下，继续奋发图强，锐意进取，大胆创新，努力攀登，大力推广和发展新型干法水泥生产技术，加快我国的水泥结构调整步伐，为我国国民经济持续、快速、健康发展，为我国国民经济实施可持续发展战略，贡献我们的力量，再创我们的辉煌。

（在全国新型干法水泥企业［生产线］达标达产工作总结表彰暨新技术研讨会上的讲话，原载于《新世纪水泥导报》2000年第6期）

水泥行业健康发展生机无限

主要问题仍需解决不容忽视

今年上半年，我国经济出现了重要转机。经济发展速度加快，增长质量明显提高。我们建材工业经济形势也和全国工业形势基本保持一致，上半年整体经济形势也有了明显好转。

今年上半年建材工业经济形势与去年同期相比有了明显的好转。据各省市建材主管部门上报的统计资料，主要建材产品产量与去年同期相比，都有不同程度的提高。重点统计的25种建材产品有15种产量提高，只有10种减少。其中，水泥产量增长了10.26%。玻璃行业由于淘汰小玻璃取得一定成效，产量增长4.68%，增速有所减缓是正常的。完成工业增加值422亿元，同比增长13.03%。从产品销售收入看，上半年实现产品销售收入1256.22亿元，比上年同期增长13.55%，从实现利润情况来看，全行业盈亏相抵后实现利润总额26.61亿元，比去年同期增长了1300%。

一、水泥行业经济形势

1. 产销情况。据汇总的90家大型水泥企业统计资料，今年1—7月份累计生产水泥4775万吨，同比增长12.4%；累计销售水泥4752万吨，同比增长11.6%。7月份当月产销率为98.61%，比上月增加0.34个百分点，上半年共出口水泥273.4万吨，比去年同期增长1.22%。

2. 经济效益变化情况。上半年销售收入在500万元以上的水泥企业累计实现销售收入520.8亿元，全行业盈亏相抵后亏损2.96亿元，与去年同期盈亏相抵后亏损8.3亿元相比，减亏幅度还是很大的。水泥行业亏损企业共2109户，占统计总体的46%，亏损企业累计亏损额21.48亿元。国家重点考核的302户亏损建材企业，目前仍有58产水泥企业未扭亏；在我局重点联系的5个亏损在5000万元以上的大户中，有3户属于水泥行业，分别是海南昌江、重庆、松江水泥厂。

3. 价格变化情况。今年上半年就水泥价格水平而言，总体上应该说仍然处于低谷，1—7月份全国水泥平均价格319.83元，比去年同期略有提高，东北等少数地区水泥价格与去年同期相比提高幅度明显，最高价格达到382.40元，平均价格为351.45元，其他大部分地区水泥价格与去年同期相比基本持平，特别是广东地区与去年同期相比，水泥价格降低幅度最大。目前山东、河南等省部分地区水泥价格不到160元，是近年来最低的。

总之，当前水泥行业的经济形势可以概括为产量、销量、销售收入明显增长，但是由于行业生产能力严重过剩、市场无序竞争等原因，导致水泥行业产品销售虽有好转，贷款回笼亦有所加快，但价格水平仍然严重偏低，行业整体经济效益差的局面。

二、当前水泥生产经营存在的主要问题

1. 水泥总量得不到有效控制，淘汰小水泥厂进展缓慢，重复建设时有发生。去年以来我们加大了淘汰小水泥厂的工作力度，国务院专门下发了49号文件，各地方政府也积极行动起来，认真地开展淘汰小水泥厂工作。但从实际情况来看，由于缺少必要的经济手段，加上少数地方严重存在的地方保护主义倾向，导致淘汰小水泥厂工作进展不太理想。去年我们一共淘汰了落后的小水泥厂生产能力超过了4000万吨的目标，但是，这4000万吨中很大一部分是近年来由于水泥市场竞争激烈、销售疲软，一些落后的小水泥厂不得不自行关停的生产能力。所以，这并不能完全说明我们淘汰小水泥所取得的成绩。而今年要淘汰的6000万吨生产能力，目前很大一部分仍然在生产，其中相当一部分小水泥厂由于生产成本较低，经营手段比较灵活，地方政府又给了一些优惠政策，目前仍然能够维持生产，而且有一定的经济效益。要把这些小水泥厂在今年年内全部淘汰完毕，从目前实际情况看难度是非常大的。这些小水泥厂生产能力若不能如期淘汰对整个水泥市场的冲击是非常大的。另外，国家三令五申要坚决制止重复建设，从目前情况看，重复建设上项目甚至上低水平的落后水泥生产

工艺的现象还时有发生，这些都直接影响着我们水泥行业总量控制和限产保价目标的实现。

2. 市场无序竞争，导致水泥价格水平严重偏低。由于目前我国水泥行业大而不强、缺少大集团大公司，因而生产过于分散、集中度低，导致无序竞争十分严重。特别是一些新投产的企业为急于打开产品销路，扩大市场份额，不惜通过降价，甚至低于成本销售来占领市场，增加自身市场份额。加之水泥行业内各企业之间在市场方面缺少必要的协调，缺少必要的价格自律，因而导致水泥行业就整体而言价格水平严重偏低，造成近年来水泥行业盈亏相抵后出现全行业的巨额亏损，这种局面是非常令人痛心的。

3. 原燃材料涨价、人工费用提高对产品成本的影响。今年上半年由于整个原材料行业的市场回暖，生产水泥所需的各种原燃材料除煤炭外也都有不同程度的提高。此外，今年上半年由于工资费用水平的提高也给水泥企业经济效益增加了不小的压力，建材产品销售成本提高了9%。

4. 管理水平滑坡，费用水平提高。当前，相当多的企业缺乏科学的管理，存在管理不严、权责不清，制度松弛等现象，以致跑、冒、滴、漏严重，浪费惊人。相当一部分水泥厂管理水平与前几年相比不但没有提高，反而有所降低。从上半年情况看，水泥行业销售费用、管理费用和财务费用与去年同期相比都有不同程度的提高。特别是一些大企业（集团）在发展过程中，片面追求“做大”，没有在“做强”上下功夫：有的大企业的管理还不适应企业规模扩张的要求，经营机制没有转换，内部的管理和制度建设也与现代大公司有不小差距；大部分大企业科技开发、产品开发和市场开发能力不足，缺少自有技术和名优产品。这些问题必须引起我们的高度重视，并努力加以改进和完善。

三、下半年需要重点抓好的几项工作

1. 坚决控制好水泥总量，完成淘汰小水泥厂工作目标。控制水泥总量，首先和最关键的一点就是淘汰落后的小水泥厂。淘汰小水泥厂目标不实现，建材工业结构就不可能得到优化，总量也就不可能得到控制。淘汰小水泥厂的主要责任在各级政府，但我们必须注意发挥大水泥厂在这方面的积极作用。大水泥厂可以通过兼并和整体收购等多种方式，将有条件的小水泥厂改为粉磨站或转产其他有市场前景的产品，这样一方面达到自身资本的低成本扩张，另一方面也可以通过以资金换取小水泥厂市场达到淘汰小水泥厂的目的；这是一项“双赢”的策略，像山东水泥厂在这方面的一些成功做法就值得学习和借鉴。

要控制住水泥产品总量，在搞好淘汰落后小水泥厂的同时还必须坚决制止新的低水平的重复建设。今后一段时间除了国家有计划重点发展的新型干法水泥生产工艺以外，其他的落后的生产工艺都不能够新上项目，搞重复建设，造成新的资源浪费和总量失控，冲击和干扰整个水泥行业的限产保价工作。

2. 重点支持大集团（大公司）的发展，促进企业扭亏脱困。近年来，水泥行业的企业组织结构正在发生着深刻的、意义深远的变化。中国联合水泥公司、河北渤海水泥集团、安徽海螺水泥集团等一批大企业大公司通过控股、参股、兼并、收购和直接划转等方式，实现低成本扩张和跨地区发展，经济实力得到进一步增强。不久前，冀东水泥股份有限公司出资设立冀东水泥吉林有限责任公司，租赁经营濒临破产的松江水泥厂，成功地走出了跨地区发展的重要一步。

下半年，我们将通过实施一批重点企业技术改造项目，加快水泥行业产业升级步伐。要以市场为导向，以资本为纽带，优势企业为龙头，推进强强联合，培育若干拥有名优产品、先进技术、竞争力强的大型企业和企业集团。要通过实施必要的倾斜政策，鼓励有实力的大集团（大公司）兼并有困难的国有中小企业，使他们早日实现脱困，最终形成以大企业为主导、大中小企业合理分工、有机联系、协调发展的格局。

3. 要严格管理，向管理要效益。有一部分企业对管理重视不够，抓得不严，抓得不紧，存在实际管理水平滑坡现象。管理是企业永恒的主题，管理也是一项投入少见效大的工程。我们必须通过深化企业内部的各项改革，切实提高企业管理水平，挖潜降耗，向管理要效益。要把加强企业管理同建立现代企业制度紧密结合起来。为了促进建材企业管理水平的提高，国家建材局决定今年在全国建材行业开展“管理年”活动，并就此提出了具体要求，希望大家积极响应，开展好本企业的管理年活动，抓出水平、抓出成效。

4. 要旗帜鲜明地反对低价倾销，提倡价格自律。近年来，我们为了实现国有建材企业的扭亏脱困，在规范建材市场竞争秩序方面进行了大胆的探索。1998年我们以玻璃行业为突破口，开展了玻璃行业的反低价倾销、价格自律工作。两年来的实践证明，玻璃行业的价格自律是比较成功的。目前，玻璃行业市场秩序与两年前相比明显好转，价格水平已经基本上由过去行业性地低于成本价，回升至一个比较合理的价格水平。多数国有大中型玻璃企业在正常经营情况下，能够实现盈利，从而保证了玻璃行业先进生产能力和先进企业能够健康、稳步地发展。玻璃行业的实践为我们建材工业内其他行业开展反低价倾销和价格自律工作积累和准备了经验。从行业外的情况看，钢铁行业在反低价倾销、价格自律方面也是卓有成效的。当然，水泥行业搞反低价倾销、行业价格自律，不是一件简单的事情，绝不能一味照搬行业内和行业外的经验，要根据本行业的特点和实际情况出发，探索一整套行之有效的办法。比如说，水泥行业产品“量大、笨重、价值低”，销售半径短，区域性强，这就是和玻璃行业、钢铁行业所不同的。因此，水泥行业反低价倾销、价格自律必须依托区域性的行业组织，搞区域性的价格自律。

当前搞价格自律要克服认识上的一个误区。现在有些人一提价格自律就担心有搞行业垄断、价格串通、不正当的价格竞争之嫌。有这种思想和看法是不正确的，我们提倡的价格自律是要求不搞低于成本的倾销，不是制定统一价格，干预企业正常经营。关于这一点我不想做过多的说明，《中华人民共和国价格法》以及前年下半年以来国家计委等有关部门颁布的关于反低价倾销和价格自律的一系列政策文件规定，包括最近国家计委《关于认真贯彻〈价格法〉严格规范市场价格竞争秩序的通知》都有了比较全面的完整的说明和规定，大家可以重新好好学习。

要特别强调的是，我们在水泥行业开展反低价倾销和价格自律，必须始终如一地坚持依法办事，要学习和掌握《价格法》和《反不正当竞争法》，紧紧依靠政府价格主管部门和行业主管部门，发挥协会等行业自律组织的作用，发挥大水泥厂在行业和区域方面的带头和示范作用。只有这样，我们的价格自律才能够有效地开展起来，才真正能够适时地引导企业将竞争重点由价格竞争转向服务、品牌、质量、技术和新产品开发等方面的竞争上来，并使企业从中得到经济利益上的实惠。

5. 要始终抓好安全生产工作。今年上半年，建材行业安全生产情况总体是好的，没有发生特大安全生产事故。但是，一些企业在生产经营过程中，重效益，轻安全，安全事故也时有发生，局部地区安全事故发生率和去年同时期相比呈上升趋势。仅就1—5月份统计，建材行业发生安全生产事故共计114起，死亡人数138人，重伤85人，轻伤8人，直接经济损失近700万元。其中一次死亡人数3—9人的安全事故共7起，死亡人数29人。这些安全事故的发生，都与重视安全生产不够、缺乏安全意识、安全制度不健全、责任不落实、措施不得力、管理不严、有章不循有直接的关系。水泥工业兼有采掘工业和窑炉工业的特点，既有矿山开采，又有大型窑炉设备，水泥企业安全生产是建材行业安全生产重点，必须长抓不懈、绝对不能放松。

同志们，今年所剩时间不多，各项工作任务都很重。希望通过这次会议的召开，大家对当前水泥行业所面临的形势能有一个客观的、正确的、清楚的认识，能够在认真分析形势、存在的问题的基础上，取得共识，并采取必要的行动和措施，为实现我们水泥行业扭亏脱困和长期健康稳步发展做出应有的贡献。

（在全国重点水泥厂经营工作研讨会上的讲话，
原载于《建材工业信息》2000年第10期）

建材产业必须走低碳发展之路

首先对“中国建材”杂志社举办的“低碳经济建材产业发展峰会”召开表示热烈祝贺！并希望通过本次峰会对建材产业在发展低碳经济中如何调整产业结构，促进节能减排、推动自主创新、实现产业可持续发展起到积极作用。

能源和气候变化已经成为全人类共同关注的重大而迫切的问题，而这两者都与高碳排放有着密切的关联：碳密集的能源结构和生产方式、能源消费方式，导致全球的能源的巨大消费，促使能源供应的紧张，最终的结果将是不可持续的；而高碳的排放，则对地球生态环境产生严重的破坏，大气污染、温室效应等越来越威胁到世界经济和社会发展，乃至人类的生存。面对这些危机，以低能耗、低污染、低排放为基本特点的低碳经济应运而生。走低碳发展之路，逐步减少对化石能源等高碳资源的依赖，已成为世界各国促进经济社会和环境可持续发展的重要选择。

低碳经济是以碳排放为度量的人类经济活动，是以低能耗、低污染、低排放为基础的经济模式，其中包括低碳能源系统、低碳技术、低碳产业体系。低碳经济的实质是提高能源利用效率和创新清洁能源结构，其核心是技术创新、制度创新和发展观的转变。

在2008年国际金融危机影响下，各国纷纷提出用绿色经济和绿色新政应对金融危机和气候变化的双重挑战，把发展低碳经济看作是缓解当前经济危机和今后长期发展，实现全球经济转型的重要途径。我国作为世界人口最多、经济基础薄弱和经济快速增长的发展中大国，面临着长期和艰苦的发展任务。我们需要从贯彻落实科学发展观的高度，通过学习和借鉴发达国家的有效经验和做法，积极推动我国低碳经济发展。

（一）加强低碳经济发展战略研究，建立完善的法律制度。要采取更加有力有效的措施建立和完善我国应对气候变化的法律制度。一方面提高立法层次，以法律规范形式明确我国应对气候变化的基本方针和原则。另一方面规范应对气候变化工作纳入各级政府国民经济和社会发展规划及年度计划，统筹协调各级政府及其部门的应对气候变化行动。

（二）研究探索利用市场化机制，推动企业自愿节能减排。发展低碳经济应充分利用市场手段，把“碳排放”作为一种“商品”进行交易，使企业能够在减少碳排放的同时，获得相应的经济利益。2008年8月成立的北京环境交易所和上海环境能源交易所为我国环境类权益提供了市场交易平台，推进了环境权益交易的市场化进程。

（三）加强经济结构调整，大力发展清洁能源和可再生能源。我国正处在工业化、城镇化的快速发展阶段，我们必须在努力增加能源供给的同时，坚持节约优先、提高能源利用效率，推动企业自主创新，鼓励节能新技术研发，形成新的经济增长点。同时，完善发展风能、太阳能、生物能、地热能、潮汐能等可再生能源的配套鼓励政策，实现多能互补，扩大可再生能源在总能源供应中的比重，从而减少碳排放。

（四）建立有效的低碳技术开发和转让制度。应当抓紧研究和建立支持低碳技术研发和低碳技术转让的政府引导资金；加强技术方面的能力建设和人员培训，提高自主创新能力；加强与发达国家的合作，引进和消化发达国家在发展低碳经济中的新技术。

（五）建立和完善温室气体排放的检测体系。要逐步建立和形成排放检测的指标体系、标准体系、考核体系和相应的奖惩体系。适时颁布环境会计准则体系。

除此之外，政府应在加强金融、税收对可持续发展的支持，加强和完善国际合作机制等政策促进低碳经济发展。

建材产业是国民经济和社会发展的重要的原材料产业；同时建材产业又是消耗资源、能源大的产业是工业领域六大耗能产业之一；同时也是排放温室气体的大户。当前，由于国民经济的快速发展，拉动了建材产业产能和产量的高速增长。在产业规划布局和产业结构调整滞后的情况下，使得某些建材产品如水泥、平板玻璃的产能过剩。因此，如何使建材产业在推进低碳经济发展的环境下，促进产业可持续健康发展，面临着巨大的挑战，同时也面临着难得的机遇。关键在于我们如何变压力为调整产业结构的动力，在于我们分析建材产业未来发展的前景，着重在总量控制、淘汰落后、兼并重组、节能减排、自主创新五个方面确实针对建材产业各个领域进行研究和探索，扎实推进产业结构调整的有效措施。在推动低碳经济发展的进程中，在加强应对气候变化能力建设和我国工业化、城镇化的进程中使建材产业成为资源、能源消耗少、温室气体排放小，与环境友好的新型的绿色产业，为我国对外承诺的到2020年单位国内生产总值的能耗比2005年降低40%至45%贡献建材产业的力量；为推动我国低碳经济的发展探索有利的途径。我相信经过全行业的共同努力，这个目标一定能够达到。

（2009年12月20日，在《中国建材》杂志社主办的
低碳经济建材产业发展峰会上的讲话）

发挥桥梁纽带作用，为建材行业科学发展做好服务

十年前，在国务院机构改革，撤销国家建材局的大背景下，为了加强力量，在中国特色社会主义市场经济条件下，服务行业，引导行业健康持续发展，中国建筑材料联合会进行了重组。虽然我那时调离了国家建材局，到国务院其他部门工作，但始终关注着建材产业的发展，也始终关注着建材联合会的工作，同时在我的参事工作中得到建材联合会的大力帮助和支持。再此，对于中国建材联合会领导和工作人员，以及建材联合会的各个会员单位对我工作的支持和帮助，表示衷心的感谢。

建材联合会重组的十年，正值我国经济快速增长的十年，是经济发展从注重量的增长向注重质的提高的十年，也是建材产业实施“由大变强，靠新出强”发展战略的关键十年。十年来，建材联合会以“自律、中介、维权、服务”为宗旨，坚持“影响”和“引导”的工作定位，充分发挥联合会在建材行业和政府部门的影响力和代表性，很好地起到政府和企业之间的桥梁纽带作用，通过做好双向服务工作，促进了建材产业快速健康发展。

建材联合会重组以来，在实践过程中发生着一系列适应自身定位的变化和调整。

一是机构定位的转变。从政府行业管理部门向社会社团中介组织的转变；从代表政府管理行业的领导者向为行业发展服务，维护企业正当权益代表者的转变。

二是思想意识的转变。从政府领导者、管理者的思想意识、思维逻辑向服务者的思想意识、思维逻辑转变。努力根据政府和企业的实际需求，发挥自身优势，主动开展服务工作。

三是引导行业发展的方式方法的转变。从政府的行政管理办法，向为政府或企业提供咨询服务、提出相关建议，及时反映行业运行和发展中的带有普遍

性、倾向性问题和相关信息，反映企业需求，维护企业正当利益，通过“影响”和“引导”做好“双向”服务工作转变。

四是工作作风的转变。过去国家机关虽有下基层调研，但更多的是听汇报、批文件，现在由于定位的变化和思想意识的转变，更多的是深入基层、深入企业、深入实际了解真实情况，提出解决问题的政策建议更有针对性和实效性。

通过以上的转变，联合会在会长的领导下，准确把握联合会的自身定位，认真贯彻党中央、国务院的一系列的方针政策，以科学发展为主题，转变经济发展方式为主线，紧密结合建材产业发展实际，积极主动开展工作，得到了政府有关部门、行业、企业和广大会员的认可，为我国建材行业实现“由大变强，靠新出强”战略和可持续发展做出了积极贡献。

刚刚“两会”通过的“十二五”规划，为今后五年我国的国民经济社会发展勾画了美好蓝图。建材行业的发展是机遇与挑战并存、压力和发展潜力和空间同在，未来联合会的工作，应当是任重而道远。

针对今后建材行业的发展，对联合会今后工作重点提出以下建议供参考。

一是着力调整产业结构，促进产业优化升级；

二是着力推进科技创新，增强产业自身内在发展动力；

三是着力开展节能减排，发展绿色建材产业；

四是着力实施“走出去”战略，提高建材产业国际竞争力。

要实现上述建材产业的发展目标和工作重点，我们每个联合会会员单位，必须深入学习贯彻科学发展观，牢固树立可持续发展的理念，认真落实国务院的一系列有关产业发展的具体方针政策。与此同时，联合会也应当更好地发挥上联政府、下联企业的桥梁纽带作用，充分挖掘自身的独特优势，坚持加强联合会自身组织建设，制度建设和人才队伍建设，创新工作体系，搭建更多有效工作平台，创造性地开展服务，更好地凝聚和团结行业各方面力量，为推进建材产业的科学发展、绿色发展做出新的更大的贡献。

（2011年3月31日，在中国建材联合会重组十周年座谈会上的讲话）

认清形势　抓住机遇　应对挑战　迎难而上

我根据去年12月召开的中央经济工作会议的主要精神，结合自己的学习，谈谈体会，供大家参考。

分三个部分。

一、我国全面建设小康社会取得的新成就

突出几个“新”：

综合国力迈上新台阶。经济平稳较快发展，2007—2011年，我国国内生产总值GDP年均增长10.5%，同期世界经济平均增速的3倍多。2011年GDP达到47.2万亿美元，成为世界第二大经济体。全国财政收入达到10.37万亿美元，人均国内生产总值超过5400美元，进入中等偏上收入国家行列。我国经济总量占世界的份额到2011年提高到10%左右。中国对世界经济增长的贡献率超过20%。2012年我国国内生产总值达到519322亿美元，比2011年增加7.8%。人均国内生产总值达到5447美元。2012年进出口总额跃居世界第一位（总额为38667亿美元，美国为38628.59美元，同比增加了3.5%），国家外汇储备余额居世界第一位（3.31万亿美元）。

结构调整取得新成就。表现在：社会主义新农村建设稳步推进，农业综合生产能力持续提高，2012年粮食生产实现“九连增”，粮食综合生产能力稳定跃上了1万亿斤新台阶，达到58957万吨，比2011年增产1836万吨，增长3.2%。我国粮食产量占世界粮食产量的五分之一。我们用占世界9%的耕地，养活了占世界21%的人口；战略性新兴产业发展壮大，传统产业不断实现技术和产品升级，现代服务业加快发展，基础设施进一步完善；区域发展的协调性增强；城镇化步伐加快，城镇化率2011年为51.3%。

社会发展取得新成绩。表现在：覆盖城乡居民的社会保障体系的初步建成，基本医疗保障服务体系和公共卫生服务体系不断完善；城乡免费义务教育全面实现；保障性住房建设大规模推进，“十二五”期间保障性住房建设计划3600万套，2011年和2012年合计建设了1700万套，2013年保障性住房建设目标为600万套。

科研投入持续增加，科技创新能力不断提高；文化事业和文化产业快速发展；社会管理得到加强。

生态文明建设取得新进展。表现在：深入贯彻节约资源和保护环境的基本国策，充分运用经济、法律和必要的行政手段，大力推进节能减排和生态环境保护。节能减排成为约束性指标。2011年我国的单位GDP能耗为每万元消耗0.814吨标准煤，比2002年下降了12.9%。初步估算，2012年中国单位GDP能耗下降3.5%以上。2010年化学需氧量和二氧化硫，分别比2005年下降了12.45%和14.29%。今后还要进一步加大控制力度。我国已向世界承诺，到2020年单位GDP二氧化碳排放量要比2005年下降40%到45%。江河湖海的污染治理力度加大。森林覆盖率持续提高。循环经济得到快速发展，再生资源回收再利用得到重视（城市矿山、工业产品的再制造）。

人民生活获得新改善。表现在：城镇新增就业预计超过1200万人。居民收入较快增长，并出现两个“高于”：一是城乡居民收入增速高于国民经济增速，二是农村居民人均纯收入增速高于城镇居民人均可支配收入增速。（2011年分别是21810元和6977元，同比增长8.4%和11.4%）城乡居民家庭财产稳定增加，居民家庭恩格尔系数有所下降（2011年城市居民家庭和农村家庭居民分别是36.3%和40.4%），消费结构加快升级，衣食住行条件明显改善。

改革开放有新突破。营业税改征增值税试点有序推进，鼓励民间投资政策逐步落实，利率市场迈出新步伐，国有企业特别是垄断性行业改革和发展有新举措。

二、深刻认识我国发展面临的国内的机遇和挑战

我国经济社会发展存在哪些有利因素和条件？有哪些阻碍发展的困难和挑战？

主要有利因素和条件：

一是经济发展的物质技术基础更加坚固。我国产业体系比较完整，战略性新兴产业发展取得积极成效；基础设施日益完备，能源和交通保障能力显著提高；财政金融体系运行稳健，社会资金相对充裕；劳动力资源丰富，人口红利仍然存在（总量、素质、结构）等。

二是我国市场需求潜力巨大。产业结构优化升级带动市场需求不断扩大。第一产业正朝着现代农业发展，不断提高土地产出率、资源利用率、劳动生产率，这将有效增加农产品的供给，还将有效提高农民收入，促进农民生活水平的提高；第二产业正朝着技术密集和高附加值生产力发展，不断增加对资本和技术的需求，还将提高职工的收入，促进居民的消费；第三产业无论是生产性服务业还是生活性服务业正在加速发展，是当前和今后吸纳劳动力的主要行业，是促进经济增长和促进消费的重要举措。

三是宏观调控体系不断完善。政府宏观调控经验不断丰富，行政管理体制改革不断深化，宏观经济调控的针对性、灵活性、前瞻性和有效性不断提高。

四是社会主义制度的优越性日益显现。实践证明，我国的社会主义市场经济体制，可以包容和释放巨大的经济社会发展潜力。随着我国深化各个领域的改革，进一步扩大开放，新的更大的制度优越性和发展潜力将会不断创造和释放出来。

主要的困难和挑战：

一是经济增长下行压力加大。2012年我国GDP同比增长7.8%，这是进入21世纪以来中国经济增速的最低值。2012年分季度看，分别是8.1%、7.6%、7.4%、7.9%，走出一个“V”字形的曲线，扭转了从2011年以来6个月的经济增速下降的趋势。要形成稳定的回升态势，还必须采取更加有力的措施。

二是经济结构调整进展缓慢。尽管近年来结构调整不断推进，但第一产业基础不稳、第二产业核心竞争力不强、第三产业发展不快的问题仍然突出。各个产业内部的结构也不尽合理，部分产业产能严重过剩，造成资源浪费、企业之间恶性竞争、行业利润率下降。

三是科技创新能力不强。以企业为主体、市场为导向、产学研相结合的技术创新体系尚不健全。表现在自主知识产权和名牌产品缺乏，新兴产业发展的带动力较弱。

四是经济发展与资源环境矛盾突出。由于总体经济发展方式粗放，资源消耗量巨大，利用率低，污染物排放对生态的影响日益严重，生态恶化的趋势没有得到有效控制。国际上对我国节能减排的期望很高，压力很大。

三、深刻认识我国发展面临国际的机遇和挑战

国际环境有利于我国发展的条件。

一是和平与发展的时代主题没有变。虽然局部动荡和局部战争时有发生，但维护和平、制约战争、牵制霸权的因素不断增长，新的世界大战短期内打不起来，我们还有可能争取到较长时间的和平发展国际环境。国际力量的对比，正朝着有利于维护和平方向发展。

二是经济全球化的大势没有变。虽然2008年爆发的国际金融危机使世界经济形势变化充满了不确定性，同时导致各种形式的保护主义愈演愈烈，使多边贸易投资自由化面临困难，但经济全球化深入发展的大趋势没有中断。市场配置资源中的基础性作用没有变。这有利于我们坚持社会主义市场经济的改革方向，坚持互利共赢的开放战略，坚持充分利用“两个市场、两种资源”加快实施“走出去”战略的步伐。

三是世界新的科技革命方兴未艾，我国发挥后发优势实现加快发展。当今新一轮科技革命正带动着新一轮产业革命（《第三次工业革命》——美国杰里米·里夫金著，他认为信息革命和制造业的融合，加上能源、材料、生物等领域的技术突破，正孕育着新一轮产业变革）。我们可以利用国内市场空间大和产业化能力强，特别是社会主义制度可以集中力量办大事的优越性，在重点领域实施攻关突破，推动产业结构升级，实现跨越发展。

四是世界力量对比变化，提升我国在国际事物的话语权面临机遇。国际金融危机引发了世界政治经济格局深刻变化，新兴市场国家和发展中国家的实力大大增强，初步打破了西方发达国家对世界经济的长期垄断，增加了发展中国家在世界经济治理中的发言权和规则制定权。

国际环境对我国发展不利和挑战的问题。

一是国际经济环境短期难以明显好转。世界经济将摆脱危机影响进入调整转型期。国际金融危机的深层次影响还在不断显现，世界经济复苏的不稳定、

不确定性上升，面临下行压力和潜在风险有所加大。全球经济复苏乏力的状况可能要持续较长一段时间。

二是全球各领域全方位竞争日益激烈。国际金融危机对全球经济发展形成严重冲击，全球供应结构和需求结构都发生了深刻变化，导致全球市场争夺更加激烈，各种形式保护主义抬头，从投资、技术、标准、制度甚至意识形态层面。

三是国际金融商品市场仍可能持续动荡。由于世界经济复苏艰难，市场信心恢复困难，国际资本流动加剧，导致国际外汇、证券等市场可能大幅波动；为了刺激经济增长，增加本国产品出口竞争力，美、日、欧盟等发达国家和经济体仍维持和实施较宽松的货币政策，造成国际大宗产品的价格上升，增加我国进口能源资源的成本，使我们面临着较大的输入性通胀压力。

四是地缘政治风险有所加大。美国谋求世界霸权的野心不死，不断激化若干敏感地区紧张空气，特别是在我国周边地区支持一些国家与我国发生事端，使我国发展的良好周边环境受到影响。

通过国内外世情、国情对我国经济社会发展的有利因素和面临的困难的初步分析，我们可以看到，当前和今后一个时期，我国仍处于可以大有作为的重要战略机遇期，我们要增强机遇意识、忧患意识，主动适应国内、国际环境的变化，充分利用有利条件，有效化解不利因素，迎难而上，积极应对，变压力为改革发展的新动力，一定能使我国国民经济和社会发展再上新台阶，为实现两个百年梦想做出新贡献。

明年经济工作，继续把握稳中求进的工作总基调，立足全局，突出重点，扎实开局。

1. 加强和改善宏观调控，促进经济持续健康发展。

GDP—7.5%，CPI—3.5%，外贸进出口—8%，新增就业—900万人以上，城乡居民人均收入与经济同步增长。继续实施积极的财政政策和稳健的货币政策。

稳增长、调结构、控物价、防风险。

2. 夯实农业基础，保障农产品供给。

重中之重不能动摇。农业现代化同步推进。

3. 加快调整产业结构，提高产业整体素质。

长期的战略任务。化解产能过剩作为工作重点。消化一批、转移一批、整合一批、淘汰一批，严把市场准入关、畅通退出关。战略性新兴产业、传统产业和服务业的发展。技术创新体系的建设。

4. 积极稳妥推进城镇化，着力提高城镇化质量。

关键是有序推进农业转移人口的市民化。要走集约、智能、绿色、低碳的新型城镇化道路。

5. 加强民生保障，提高人民生活水平。抓好就业工作；全覆盖、保基本、多层次、可持续的城乡社会保障体系建设。

6. 全面深化经济体制改革，坚定不移扩大开放。

改革进入深水区和攻坚期，及时推出改革新举措、加强顶层设计和总体规划、坚持有效改革路径（总体方案、路线图、时间表）。

对外经济工作任务艰巨。（出口、对外投资，利用外资和扩大国内紧缺的原材料进口等。）

（2013年2月，在中国建材工程建设协会四届四次会员大会上的讲话）

低碳高端智慧园区　产业技术创新发展

今天的会议非常重要，因为这次会议是联盟成立后的第一届理事会第一次会议，会议的主要任务有两项：

一是要选举确定联盟未来的领导机构——联盟理事会，要明确我们联盟的章程，并且要选举确定未来联盟的执行机构秘书处人员。只有有了明确的组织机构，联盟才有可能更加顺利地展开相应的工作。

本次会议的第二项任务是要听取和通过联盟工作汇报和未来工作计划。

低碳高端智慧园区联盟从去年底开始筹备，到现在已经过去了半年多时间，半年的时间里，在北京经开的积极推动下，在联盟单位的热情参与下，联盟已经依照既定的目标，开展了不少工作。到目前为止，联盟的组织架构已经基本成型，联盟的相关制度逐步建立，联盟也有了自己的刊物，而联盟的核心工作——推动低碳高端智慧园区建设，也正在通过云服务平台试点工作的逐步开展，往前推进，而且，我们的云服务平台也得到了北京市科委绿色通道项目的直接资助。可以说，半年的时间虽然不长，但是联盟的相关工作还是卓有成效和有目共睹的，这和我们发起单位——北京经开的努力分不开，更离不开联盟各成员单位的通力协作。尤其是在云平台的建设和低碳园区的建造过程中，以北京工业大学、施耐德公司和中国联通等在内的各联盟单位，都做出了积极的贡献，感谢大家！

在产学研合作促进会指导下的联盟中，低碳高端智慧园区联盟是相对特殊的，因为我们不仅有明确的发展目标，有园区实体的依托，更有可以落地的实体项目，这为联盟的未来发展，打下了良好的基础。这使我们有可能通过我们的努力，通过产学研合作的机制，真正为中国产业园区的低碳高端智慧化发展探索一条新路，这也是我同意担任本联盟会长的重要原因之一。

新型城市化发展道路提出后，产业园区的建设成为一个热点，也成为新一轮投资的方向。但是，我们也看到，中国目前的产业园区建设和运营仍以单个园区开发企业为主，园区产品从规划设计、建设施工到运营管理、后期服务的整个产业链条上缺乏有效链接；高等院校、科研机构和园区入园企业在园区平台内缺乏战略层面的产学研协同配合，还难形成合力来共同实现研究项目攻关和科研成果产业化。可以说，我们“中国低碳高端智慧园区产业技术创新战略联盟”的成立恰逢其时，它搭建了以企业为主体，市场为纽带，园区建设低碳化、高端化、智慧化为目标的技术创新平台，形成了优势互补、利益共享、风险共担的创新发展模式，我相信，联盟的工作有望在推进中国低碳高端智慧园区的现代化过程中发挥重要作用，产生积极而深远的影响！

未来，我希望我们联盟要突出做好以下工作：

一是要突出重点，要选择对提高低碳高端智慧园区建设运营具有共性与前瞻性的核心技术，集中联盟成员的力量开发攻关，重点突破。

二是要坚持以企业为主体，市场为导向，把联盟构建的基点放在企业共同需求的基础上。

三是要切实发挥产学研各方优势，建立共同投入、利益共享机制。

四是联盟的发展要保持开放性，使联盟始终保持活力和生命力。

五是要充分发挥低碳高端智慧试点园区的引领和带动作用。

作为会长，我也将积极参与联盟的工作，为联盟争取更好的发展资源和发展空间。我也期待，未来联盟各成员单位，尤其是我们在座的这些重点单位，能够利用联盟这一平台，在获得自身发展的同时，为中国低碳高端智慧园区的建设做出我们自己的贡献！

（2013年3月，在中国低碳高端智慧园区产业技术创新战略联盟第一届理事会第一次会议上的讲话）

科技创新与科技成果产业化

很高兴出席中国·濮阳科技成果转化暨产学研高峰论坛，并与各位一起就推动产学研合作，促进科技成果转化进行交流和探讨。

一、当今世界，科学技术进步比历史上任何时候都更加深刻地影响着经济发展、社会进步和人民生活质量的提高。我国“国民经济和社会发展第十二个五年规划纲要”明确提出以科学发展为主题，以转变经济发展方式为主线，坚持把科技进步和创新作为加快转变经济发展方式的重要支撑，对自主创新和创新能力建设提出了更高的要求。

要实现国家“十二五”发展规划对自主创新和创新能力建设的新要求，必须拓展我们对创新的认识，将科学研究、技术开发、科技成果商业化和社会推广应用等活动作为一个价值创造、转换并增值循环的统一创新系统来研究和思考。避免将其中的各个子系统，割裂开来，要加强各个子系统之间的耦合和反馈，使整个创新体系产生对经济社会发展产生更大的影响力。

实际上，科学研究和技术开发活动主要追求的目标是科学价值和技术价值，科技成果的商业化和社会推广应用活动主要追求的是经济价值和社会价值。只有将这些在科技创新整体活动中既相互独立又相互关联、密不可分的各项活动，在追求统一的价值目标取向的作用下，才能对经济社会发展产生巨大的推动力。

国家自主创新能力就是一个国家在一定的历史发展阶段，从事科学研究、技术开发、工程化、商业化和社会推广应用以促进发展的能力，是如何集聚整合创新资源并将其转化为财富的能力。从根本上讲就是要解决科技与经济社会发展结合的问题，就是要推动产学研合作，促进科技成果产业化，实现科技进步对国民经济和社会发展的巨大驱动力。

二、进入21世纪以来，我国已经进入必须依靠科技创新和进步支撑引领社会发展的历史阶段。科技创新和科技成果产业化对我国的经济社会发展发挥了巨大的推动作用。但是我国的科技实力和创新能力，特别是科技成果产业化能力与国际发达国家还有着明显的差距，还难以满足经济社会发展日益增长的科技需求。造成这种状况的原因是多方面的，其中科技创新体系中的体制机制存在的问题是其重要方面。因此，加快建立以企业为主体的技术创新体系，促进科技成果的商业化的进程。

在市场经济的体制下，企业的生产经营市场主体地位决定了其是科技与经济结合的核心，决定了其在发展经济，转变经济发展方式，促进经济结构调整中起到关键性作用。我们重点引导和支持创新要素向企业集聚，加快建立以企业为主体、市场为导向、产学研相结合的技术创新体系。通过国家技术创新工程的实施，成长了一批以企业为主导、以产业共性技术攻关为核心的产业技术创新战略联盟，在企业设立的国家重点实验室和工程中心分别达到99个和148个，建立了一批面向企业特别是中小企业的技术中心。通过这些体制机制的创新使企业在战略性新兴产业的发展和传统产业的升级转型中发挥着基础性作用。近年来，我国企业研发支出在全社会研发支出中的比重超过70%，研发人员数量超过190万人，研究开发机构比10年前增长90%，发明专利申请数比10年前提高近10倍。

但总体上，我国企业创新能力还有待进一步提高。主要表现，一是研发能力还较弱。大中型工业企业有研发活动的只有30%，研发投入强度不到1%。二是技术集成能力较弱。企业在整合技术成果形成有市场竞争力的产品能力不够。三是市场开拓能力较弱。产品的技术含量不高，应对市场变化的反应不够快，抗风险能力较差。

三、为了强化和完善以企业为主体的技术研发创新体制机制，我们要做好以下工作：

一是建立企业牵头产学研联合承担的以重大产品、示范工程和产业化为目标的国家科技项目的管理机制，引导企业成为技术创新决策、研发投入、科技活动组织和面对市场商业化的主体；二是支持企业研发机构建设，国家重点实验室、国家工程（技术）研究中心重点在行业骨干企业布局；三是大力支持中小企业技术创新，充分发挥中小企业“专、精、特、新”的优势，引导协调中小企业与大型企业进行协同创新，共同发展之路；四是不断完善产学研合作创新体系的运行机制，充分发挥各自优势，在统一的创新目标下，明确各自在整个创新体系中的位置和作用，清晰科技活动中的投入和成果利益分配和知识产权保护的责任。形成目标一致、分工明确、责权清晰、统一协调的以企业为主体、市场为导向、产学研相结合的技术创新体系。

当前，要深入实施国家技术创新工程，增强企业创新能力。

一是加强产业技术创新战略联盟建设。以共同培育发展战略性新兴产业和提升改造传统产业为目标，以完善产业技术创新链为核心，组成有关企业、院校、科研院所和事业单位参与的协同创新组织，完善联盟的有效运行机制。二是强化技术创新平台布局和建设。整合创新资源和开放服务，面向行业、地区和企业创新进行开放和服务，避免重复建设，反对相互封锁壁垒。三是大力培育发展创新型企业。在激烈的市场竞争中通过科技创新和创新成果的产业化取得发展的企业，要重点加以培育和扶持，加强企业的创新能力建设，发挥其在行业中引领示范作用。

政府在促进企业科技成果商业化的工作中起着关键性作用。

一是推进和完善有关支持企业技术创新的财税政策。大力引导金融机构与企业的合作，制定优惠政策加大金融机构对企业科研开发新技术、新产品的支持力度，落实企业研发费用加计扣除的政策，运用财政、税收、金融等政策，鼓励企业提高知识产权创造、保护、管理、运用的能力。二是加强科技法制建设。要贯彻科教兴国与依法治国方略的有机统一，不断提升科技工作规范化管理水平。完善科研项目和经费管理、科研评价和审计监督等制度，健全科技决策、执行和评价相对分开、相互监督的运行机制，注重决策咨询，提升依法科学民主管理水平。三是坚定不移地实施知识产权战略。加强科技创新知识产权政策法规建设和管理能力建设，推进知识产权转化运用体系建设，促进科技创新知识产权创造和保护。四是促进科研院所、高等院校向企业转移技术成果、加强服务，协助企业将技术成果商业化，推向市场。五是鼓励人才合理流动。推动科研院所、高等院校与企业人才双向流动，支持企业吸引集聚更多各类优秀科技人才。六是为企业创新提供优质服务。搭建各领域科技创新信息平台，做好信息服务，发展各类科技领域中介服务机构，开展国内外科技交流活动，科技宏观数据和产业技术发展预测，努力为企业科技创新服务。

推动产学研合作，提高我国的科技水平，促进科技成果转化为实实在在的生产力，将是我国经济社会发展的根本驱动力。我们已经有了一定的探索，我们要坚持和完善以企业为主体、市场为导向、产学研合作的技术创新体系，在建设中国特色的社会主义现代化的征程中，为实现伟大的“中国梦”发挥更大的作用，做出更大的贡献。

（2013年5月16日，在第二届中国·濮阳科技成果转化暨产学研合作洽谈会上的讲话）

把水泥工业打造成新型原材料产业和新型环保产业

首先祝贺本届水泥环保大会的召开！通过本届大会这个平台，大家相互交流、共同研讨我国水泥行业环境保护事业的状况，总结我们取得的成绩和进步，分析存在的问题，明确今后水泥工业环境保护事业发展的方向，提出相关的政策建议，相信这一定能对我国水泥工业的健康、可持续发展，使水泥工业提升为节能环保、清洁生产、处置废弃物的新型原材料和新型环保产业做出贡献。

目前，我国已经成为全球最大的水泥生产国和消费国。2012年全国水泥熟料产量13.4亿吨，水泥产量22.1亿吨。我国水泥产量和消费量均占全球的50%以上。这些产品为我国国民经济和社会发展，提供了雄厚的物质保证。与此同时，水泥工业属于高消耗、高排放的产业。根据统计数据，水泥工业的总能耗为全国能源消费量的5%左右（2010年数据）；粉尘、二氧化硫和氮氧化物的排放量分别占全国工业生产总排放量的31.7%、4.8%和4.7%。这样大的能源消耗和污染物的排放，将对我国经济的可持续发展和生态环境带来严重影响。水泥工业应积极应对产业不利的发展因素，变被动为主动，变压力为动力，以科技创新为驱动力，大力开展节能减排工作，积极探索发展新型环保产业，着力推动产业结构调整和升级优化。

要抓好水泥产业环保工作，我们必须树立危机意识，增强做好工作的责任心和使命感。我国在“十二五”国民经济和社会发展规划中要求，单位国内生产总值能耗和二氧化碳排放分别降低16%和17%，主要污染物排放总量减少8%至10%。据此，工信部发布的《建材工业“十二五”发展规划》提出“十二五”时期建材工业能耗和排放指标为：单位工业增加值能耗和二氧化碳排放降低18%至20%；到2015年水泥行业能耗和排放水平接近和达到国际先进水平。随着以可吸入颗粒物（PM10）和细颗粒物（PM2.5）为特征污染物的我国区域性大气环境问题日益突出，国务院发布了《大气污染物防治行动计划》（以下称简《行动计划》）。《行动计划》提出，到2017年全国地市及以上城市可吸入颗粒物浓度比2012年下降10%以上，优良天数逐年提高；京津冀、长三角、珠三角等区域细颗粒物浓度分别下降25%、20%、15%左右。这些经济和社会发展的约束性指标的提出，无疑是对水泥工业的节能减排工作提出更加严格的要求。我们每一个水泥产业工作者都要以对国家和人民高度负责的精神，面对严重形势，增强信心，做好水泥工业节能减排和环境保护这篇大文章，向人民和历史交出满意的答卷。

要抓好水泥工业环保工作，我们必须从全局和系统分析问题以确立目标。事物都是相互联系和相互作用的。因此，我们在做好水泥工业环保工作中必须认清事物的本质，把节能和环保作为一个统一的系统来考虑问题，把国民经济各个产业作为一个统一的系统来确定我们的工作。我们要把节约资源能源消耗、减少污染物排放、提升产品质量、提高生产效率、保证生产安全、增加企业市场竞争力等诸多因素作为统一的系统来统一谋划和决策。避免单向思维，把复杂事物简单化，顾其一点不计其余，而造成能耗和污染物排放转移。在确定工作方案和工作指标时一定要做全面评估和考量，防止综合效果产生偏差，使我们工作的效果与我们工作的初衷相一致。

要抓好水泥工业环保工作，我们必须大力推动科技创新，促进产业优化升级。从水泥工业自身讲，对环境的污染主要是烟尘、扬尘、气体污染物、温室气体及噪声等。经过改革开放30多年的努力，我们立足整个水泥生产工艺和装备技术水平进步的基础上，已经在水泥工艺设备尾气收尘技术和装备、水泥工厂区域无组织扬尘的防治、燃料的清洁燃烧技术和装备、水泥生产中的噪声的消除和隔音等方面，取得了长足的进步。不少企业在消除污染物排放水平达到或超过国际先进水平。但是，我国水泥工业的整体而言，还存在环境保护事业发展不平衡的现状；同时，我国能源消耗和环境状况对经济发展的制约愈加突出，国家对水泥工业的节能环保工作提出更加严格的要求。因此，我们必须依靠科技创新和技术突破，进一步减少水泥生产过程中的烟尘、扬尘、二氧化硫、氮氧化物、氟化氢、二氧化碳等污染物的排放，推进水泥工业的清洁生产。我们还要利用水泥工业的独特优势，积极推进各类工业废弃物、生活垃圾、建筑垃圾、污泥的协同处置和利用，推进废弃物的无害化、资源化，发展循环经济。要积极探索二氧化碳气体的收集、储存和再利用的途径和技术研究。我们要建立以企业为主体、市场为导向、产学研合作的科技创新体制。在政府政策引导和支持下，明确攻关目标，发挥各自优势，借鉴国外先进经验，大胆探索、勇于实践，突破技术瓶颈，使我国水泥工业的环保技术取得新进展、环保事业获得新发展。

要抓好水泥工业环保工作，政府职能部门必须发挥政策引导、市场监管的职责。十八大和十八届三中全会进一步明确，处理好政府和市场的关系，既要使市场在资源配置中起决定性作用，又要更好地发挥政府作用。转变政府职能，建设法制政府和服务型政府，更加注重保障公平竞争、加强市场监管、维护市场秩序。把该管的要坚决管，管到位、管出效果，坚持有所为、有所不为，着力提高宏观调控和科学管理水平。“减政放权”决不能成为某些政府职能部门“不作为”和“失职”“渎职”的借口。面对涉及生态环境建设和经济可持续发展的水泥工业环保工作，具有很明显的社会性和公益性，正确发挥政府作用更为关键。政府应在产业规划、环境规划和污染物排放标准的制定；对水泥工业环保技术的科研开发的政策资金支持；对水泥企业发展环保产业的合理的资金补贴；对水泥企业污染物排放的监测和依法监管等诸多方面进一步加强工作。让在市场竞争中遵纪守法环境保护做得好的企业受到鼓励和支持，让目无法纪破坏环境的企业受到法律的制裁和惩处，这样才能使广大水泥企业在法制环境中平等竞争，优胜劣汰，加速产业结构调整，把水泥工业打造成新型原材料产业和新型环保产业。

做好水泥工业环保工作是国家赋予我们的艰巨任务。也是水泥工业健康、可持续发展的内在需要，我们要迎难而上，攻坚克难，持之以恒，取得水泥工业环保工作的新成就。

（2013年11月23日，在第六届中国水泥环保大会上的讲话）

从履行社会责任与可持续角度看绿色建材产业发展

首先祝贺第四届（2013年）中国社会责任与可持续发展年会的召开！通过本届年会以“商业伦理和可持续发展”为主题所搭建的平台，出席年会的各位嘉宾、各位专家相互交流和研讨我国企业和公民在履行社会责任和实施可持续发展战略方面取得的成绩和进步，分析存在的问题，借鉴国内外先进的理念和实践，进一步明确和强化企业发展战略，把履行好社会责任作为企业做大、做强，可持续发展，提高企业竞争力的根本内生动力。

企业履行社会责任，不仅仅是责任更是发展动力。

企业是社会经济的基本组成单元，它的生产运营具有社会性。企业特别是制造业和服务业，在其生产经营过程中，占用和消耗了大量的自然资源、人力资源和社会资源，通过自身的生产经营程序，产生了用于社会的产品和服务。当这些产品与服务被社会接受时，这些产品与服务扣除生产运营成本之后的附加值，产生了企业应有的回报——利润。而企业作为社会经济的基本组成单位，也必须对社会承担必要的责任。其中交纳法定的政府税收（如：增值税、所得税、资源税等），职工的工资、休假、保险等，作为企业利用和消耗自然资源、人力资源的应有的最起码的社会责任——称之为“事后履责”。

为了企业的做大、做强和长远发展，企业还必须在生产经营过程中做到，通过技术手段和先进管理，最大限度地减少对自然资源、人力资源的消耗，减少各类污染物的排放，积极发展废弃物的循环再利用，采取有力措施进行自然生态环境的恢复，以减少对自然资源的索取和对自然环境的破坏。否则企业无法长期有序发展——称之为“事中履责”。

所有企业投资者在进行投资决策前都应根据国家的宏观经济政策和产业发展规划，进行投资项目的评估。

使投资项目能促进产业结构调整产业优化升级，并为发展先进生产力提供必要的技术装备、人力资源和经营管理模式。在项目投资时就如何与所在社区协同发展提出规划和实施意见——称之为“事前履责”。

企业通过其“事前履责”“事中履责”和“事后履责”使得企业在得到生产经营应有的回报，实现其本身的价值的同时，为社会提供了应尽的义务和责任，使企业发展得到有利的条件和空间。而企业的壮大和可持续发展也为社会的进步和发展，提供了物力、财力和人力的条件，可以说是相互促进、相互依存的关系。

产业转型和绿色发展——当前我国企业特别是制造业最急迫的社会责任。

积极发展绿色经济和循环经济，大力推进节能减排，研发低碳技术，提高能源利用效能，减少污染物和温室气体排放，实现绿色生产、绿色消费，既是调整经济结构，加快转变经济发展方式，促进经济健康、可持续发展的内在要求，也是积极应对气候变化、生态文明建设的重要举措，更是企业最急迫需要履行的社会责任。传统的原材料产业——建材产业显得更为紧迫和典型。

目前，我国已经成为全球最大的建材生产国和消费国。我国建材工业无论生产规模、产品产量、产品品种，还是国民人均年建材产品的消费量都是世界最多的（2012年水泥1.7吨/人·年、玻璃0.58重量箱/人·年、陶瓷7.17平方米/人·年、玻璃纤维2.2kg/人·年）。我国建材工业的技术装备总体水平以及产品质量也取得了巨大的进步。建材工业为我国的国民经济社会发展做出了重要贡献，提供了坚实的物资保障。

但是，当前我国建材工业仍然没有摆脱“四大五低”的状况。即产品产量大、企业数量大、职工队伍大、能源消耗大；劳动生产率低、生产集约化低、产品技术含量低、市场应变能力低、经济效益低。建材工业仍属于“两高一剩”产业（高消耗、高排放、产能过剩）。

建材工业的总能耗仅次于冶金和化工，属于工业部门第三位，建材工业能耗总量占全国能耗总量和工业部门能耗总量的7%和10%，建材工业废气排放量占全国工业废气排放总量的18%。仅水泥工业粉尘、SO_2和NO_x的排放量占全国工业生产总排放量的31.7%、4.8%和4.7%。建材工业是国家重点调控的行业之一。

正因如此，建材产业的产业转型绿色发展已刻不容缓，不论是整个行业还是企业都要把产业转型绿色发展，作为当前首要任务和必须履行的社会责任，非如此，行业将得不到持续发展，企业将不能为社会所容纳，更不用说是发展。

推进建材工业的绿色发展，必须走新型工业化道路，成为新型原材料工业。

建材工业走新型工业化道路就要用高新技术和先进实用技术提升改造建材工业。当前科技发展突飞猛进，新的科技成果不断涌现。我们要瞄准障碍建材工业各个领域发展的技术瓶颈，积极建立以企业为主体、市场为导向、产学研合作的技术创新体制，协同攻关、运用新的技术理论和最新成果，紧紧抓住“两减少，两提高”（即减少资源、能源消耗，减少污染物排放；提高产品质量，提高生产效率），使建材工业的技术工艺取得突破，技术和装备真正取得更新换代的成果。

我们要结合国家发展战略性新兴产业的契机，大力推进建材产业与之相应的有关领域的发展。在新材料、新能源、新光源等方面取得进步和发展。新兴产业所具有的技术先进性和经济带动力，使得建材行业的新兴产业也得到相应的快速发展。如国家目前确定发展“节能环保”“新能源”“新材料”等战略性新兴产业，为我们建材新兴产业的发展提出和创造了良好的发展空间。近年来我们的水泥、玻璃、陶瓷和玻璃纤维等行业在“节能环保”方面做了大量有效的工作，促进了这些产业的技术进步和行业可持续发展。由此还创办和发展了一批专门从事建材行业节能环保业务的企业，并取得了很好的业绩。我们为“新能源”产业的发展，积极发展了为新能源产业配套的玻璃纤维制品（风电叶片）、玻璃制品（光伏发电的基板和面板、新一代信息技术的手机面板、大型显示器件等）。“生物”技术中的生物陶瓷产业的发展、利用建材窑炉生产中排放的CO_2（温室气体）净化后成为宝贵的化工原料，用于生物制药行业等都说明国家明确和支持的战略性新兴产业带动了建材相应的领域的新兴产业的发展。因此，我们建材新兴产业的发展必须与国家明确和支持的新兴产业的发展方向相一致，促进建材产业转型升级，实现绿色发展。

推进建材工业的绿色发展，必须走发展循环经济之路，成为新型环保产业。

要充分利用建材工业自身的工艺特点，处置工业副产品、城市和生活废弃物，使这些废弃物通过建材生产工艺转化成为建材工业的原料和燃料。这既是废弃物的处置工程又是节能环保工程，是实现建材产业绿色发展和可持续发展的重大途径。据中国环境公报统计，2011年全国工业固体废物产生量为32亿吨，综合利用率（含利用往年储存量）为20亿吨，综合利用率为60.5%左右。

这些工业废物若不进行无害化、资源化处置将占用大量土地堆存，极易造成对土壤、水源的污染，是形成扬尘的源头，给空气造成污染。特别是危险物的排放和堆存，更是污染灾害性事故的重要起因。我国城市生活垃圾产生量常年稳定在1.5亿吨以上。我国城镇污水处理厂每年产生含水量80%的污泥2000余万吨。这些生活垃圾和污泥，目前仍以填埋处理方式为主，附之焚烧方式进行处置。其他均为未处置就直接丢弃。这种状况给居民的生活环境造成严重的影响，给我国生态环境造成严重破坏。

我国建材工业利用工业废渣和尾矿用于建材生产的原料使用已有较长的历史。建材工业利用各类工业废弃物每年达6亿吨以上，其中煤矸石量占全国50%以上，综合利用粉煤灰量占全国30%以上。目前，正进一步在发展循环经济的理念的指导下，在保证建材产品质量的前提下，扩大应用废渣的品种和使用量。

今年以来随着我国城镇化进程的加快，每年产生的建筑垃圾数量巨大。建材工业在处置建筑垃圾使其变废为宝进行无害化、资源化处置取得明显的进展。为节约资源、减少垃圾占地，减少对环境的污染起到积极作用。

利用水泥窑无害化最终协同处置城市垃圾、污泥、有毒有害废弃物工作，在经历20世纪90年代起步和近十几年的试点和逐步展开，我们对关键技术已经初步掌握，一些示范工程陆续实施正在扩大应用范围。

我们要利用建材工业在发展循环经济、废弃物综合利用的独特优势，把建材工业打造成城乡环境的“清洁器”，成长为新型的环保产业。

推进建材工业的绿色发展，必须大力推进绿色建筑材料产品生产，成为加快绿色建筑发展的重要推动力。

我国建筑能耗已经占到全国总能耗的27%左右。我国单位建筑面积的能耗水平与发达国家尚有较大的差距。有关报告中举例，我国单位建筑面积采暖能耗相当于气候条件相近发达国家的2—3倍。2012年财政部和住建部联合颁发的《关于加快推动我国绿色建筑发展的实施意见》指出：“到2014年政府投资的公益性建筑和直辖市、计划单列市及省会城市的保障性住房全面执行绿色建筑标准；力争到2015年，新增绿色建筑面积10亿平方米以上，到2020年，绿色建筑占新建建筑比重超过30%。”推动绿色建筑的发展，涉及政府政策和标准制定、建筑规划、建筑设计、建筑材料、建筑施工、运营管理、使用维修等诸多方面，但节能环保、性能优越（安全）、使用寿命长的建材产品无疑是发展绿色建筑的重要基础。为此，建材工业必须以满足绿色建筑发展需要为己任，运用先进生产技术，优化产业结构、提升工艺水平，扩大发展绿色建筑需要的融安全、环保、节能、功能为一体的绿色建筑材料和部件，推动绿色建筑的发展。

我们特别要在新型墙体材料（砌块、板材、多功能复合一体化产品等）、保温绝热材料（内外墙保温材料、节能自保温墙体材料、安全隔热绝热材料等）、建筑防水材料（各类新型防水材料、防水保温一体化材料、新型防水涂料涂层等）、建筑装饰装修材料（环保壁纸、环保涂料、地板、木塑制品、纸面石膏板等）、新型节能门窗（新型塑钢门窗、Low-E镀膜玻璃、Low-E中空玻璃生产运用等）、太阳能光伏发电建筑一体化屋面及太阳能光伏发电墙体、屋顶绿化的屋面材料及部件的研发与使用推广。

综上所述，促进建材产业转型绿色发展，不仅是产业可持续发展的需要，更是建材产业急迫需要履行的社会责任。完成好这项艰巨的任务，需要全行业全体职工的不懈的努力奋斗，也需要政府宏观政策引导和积极有效的作为，更需要全社会的参与和支持。只有如此，才能实现建材产业的绿色发展和可持续发展，为我国国民经济和社会发展做出更大的贡献。

（2013年12月20日，在第四届中国社会责任与
可持续发展年会上的讲话）

建设绿色“丝绸之路经济带”

2013年9月，习近平总书记在出访中亚四国时提出，为了使欧亚各国经济联系更加紧密，合作更加深入，发展空间更加广阔，我们可以创新的合作模式，共同建设“丝绸之路经济带”，以点带面，从线到面，逐步形成区域大合作。

党的十八届三中全会通过的《中共中央关于全面深化改革若干重大问题的决定》明确指出推进建设“丝绸之路经济带”的相关问题，作为形成全方位对外开放新格局的重要举措和战略部署。

在构建“丝绸之路经济带”的背景下，从国家层面到丝绸之路相关省、区、市政府均予以高度重视，结合自身情况明确自身在建设“丝绸之路经济带”的定位，推动相关工作，以促进经济社会发展。甘肃省在丝绸之路经济带的建设中具有优越的区域位置和良好的经济社会发展基础。甘肃省提出把甘肃省“打造丝绸之路经济带的黄金段”的战略定位。我认为是完全正确的。关键是我们如何去打造丝绸之路经济带的黄金段，打造成什么样的丝绸之路经济带的黄金段。“黄金之所以宝贵，之所以闪闪发光，是因为它的价值和永不变色。”所以我认为我们的黄金段，应当是绿色的可持续发展的丝绸之路经济带的黄金段。

回顾西部地区近30年的发展轨迹，特别是1999年国家提出“西部大开发战略”以来，西部地区，包括甘肃省在经济、交通、旅游、居民生活、社会建设等诸多方面发生了巨大的变化。但也必须看到我们的发展在很大程度上是靠拼资源、拼环境消耗得来的，承受着巨大的资源消耗和环境生态压力。突出表现在产业结构、企业规模、技术水平、产品质量、能效指标、排放总量等方面，存在着与建立结构合理、技术先进、质量优越、节能环保、生态友好的经济体系不相适应的问题。面对西部大开发的升级版——建设丝绸之路经济带，我们必须转变经济发展方式，从传统的发展模式中解脱出来，减少资源能源消耗、保护改善生态环境，结合本地情况以最集约的方式达到最大的发展成效。打造绿色的丝绸之路经济带。

一、充分认识发展绿色可持续经济的必要性、紧迫性，增强责任感和使命感

我国国内生产总值约占世界8.6%，但能源消耗占世界的19.3%，单位国内生产总值能耗仍是世界平均水平2倍以上。我国在“十二五”国民经济和社会发展规划中要求，单位国内生产总值能耗和二氧化碳排放分别降低16%和17%，主要污染物SO_2减少8%，NO_x减少10%的约束性指标。按照国务院的预期目标，到“十二五”末，即2015年底。全国能源消费总量控制在40亿吨标准煤左右，用电量控制在6.15万亿千瓦时左右。根据到2013年底的能耗数据，未来两年能源消费增量必须控制在1.2亿吨标准煤，每年单位GDP能耗同比下降3.91%以上。随着以可吸入颗粒物（PM10）和细颗粒物（PM2.5）为特征污染物的我国区域性大气环境问题日益突出，国务院发布了《大气污染物防治行动计划》（以下简称《行动计划》）。《行动计划》提出，到2017年全国地级及以上城市可吸入颗粒物浓度比2012年下降10%以上，空气质量优良天数逐年提高；京津冀、长三角、珠三角等区域细颗粒物浓度分别下降25%、20%、15%左右。这些经济和社会发展的约束性指标的提出，无疑是对全国的节能减排工作提出更加严格的要求。同时也是对甘肃省今后在打造丝绸之路经济带黄金段的要求。面对我省的产业结构、生态环境的现实状况，形势更加严重和紧迫。我们都要以对国家和人民高度负责的精神，面对严重形势，增强信心，做好节能减排和环境保护这篇大文章，向人民交出经得起历史考验的满意答卷。

二、发展绿色可持续经济，必须大力进行产业结构调整，促进产业优化升级

大力进行产业结构调整，促进产业优化升级，首先从自身产业实际出发，推动战略性新兴产业发展。

新兴产业的所谓之“新”，就是产业具备有新技术、新装备、新领域、新

品质等“新”的特征；新兴产业的所谓之“兴”就是产业具备有快速成长性、广阔的市场前景性和对经济社会发展的广泛影响性等潜在品质。

在《中共中央关于制定国民经济和社会发展第十二个五年规划的建议》和《国民经济和社会发展第十二个五年规划纲要》中都把培育发展战略性新兴产业作为加快转变经济发展方式和调整经济结构的重要举措。在上述文件中提出，“科学判断未来市场需求变化和技术发展趋势，加强政策支持和规划引导，强化核心关键技术研发，突破重点领域，积极有序发展新一代信息技术、节能环保、新能源、生物、高端装备制造、新材料、新能源汽车等产业，加快形成先导性、支柱性产业，切实提高产业核心竞争力和经济效益”。

当前我国经济发展正处于转型期，把经济结构战略性调整作为加快转变经济发展方式的主攻方向。传统的重化工业和原材料行业面临着巨大的优化产业结构、提升产业科技含量，提高生产集中度、降低资源能源消耗、减少污染物排放，走可持续发展之路的关键时期。我们要结合省情，从实际出发选择有优势的领域重点突破（如新能源、新材料等），扩大其对经济全局的带动力和影响力。在传统产业优化升级中应当充分考虑与国家提出的战略新兴产业的发展方向相一致，并能为发展战略性新兴产业提供技术和产品支撑。要改变唯GDP增速的政绩考核，为产业结构调整腾出空间，主动适当调整经济总量的增速是十分必要的（甘肃省预计2014年的生产总值增长为11%，比2013年增速下降了1.1个百分点）。

三、发展绿色可持续经济，必须着力促进节能环保产业发展

节能环保产业是我国《“十二五”经济社会发展纲要》中提出的重点发展的新兴产业。根据《“十二五”节能环保产业发展规划》，明确要求到2015年节能环保产业产值要达到4.5万亿元。其中，《大气污染防治行动计划》拟定将投入1.7万亿元用于大气污染防治。环保装备产值到2015年将超过5000亿元，环保材料产值将超过1000亿元。

促进节能环保产业发展要着重以下的着力点。

一是开展对标检查和考核。企业和事业单位要根据国家公布的各行业的节能标准和污染物排放标准进行“对标检查”。开展自身的能效考核和排放检

查。通过对标检查和实际考核，找到存在的问题和差距，并进行技术更新改造和工艺优化升级。积极开展能源合同管理。各个企业事业单位都把节能环保工作放在生存和发展的头等重要位置。这样就为开展节能环保产业开辟了广阔的市场需求和空间。

二是大力推进循环经济的发展。要充分利用每个工业自身的工艺特点，处置工业副产品、城市和生活废弃物，使这些某一产业的废弃物通过下一个工业生产工艺转化成为它所需要的原料和燃料。使工业废弃物做到资源化、无害化。这既是废弃物的处置工程又是节能环保工程，是实现经济绿色发展和可持续发展的重大途径。据中国环境公报统计，2011年全国工业固体废物产生量为32亿吨，综合利用率（含利用往年储存量）为20亿吨，综合利用率为60.5%左右。这些工业废物若不进行无害化、资源化处置将占用大量土地堆存，极易造成对土壤、水源的污染，是形成扬尘的源头，给空气造成污染。特别是危险物的排放和堆存，更是污染灾害性事故的重要起因。我国城市生活垃圾产生量常年稳定在1.5亿吨以上。我国城镇污水处理厂每年产生含水量80%的污泥2000余万吨。这些生活垃圾和污泥，目前仍以填埋处理方式为主，附之焚烧方式进行处置。其他均为未处置就直接丢弃。这种状况给居民的生活环境造成严重的影响，给我国生态环境造成严重破坏。

近年来随着我国城镇化进程的加快，每年产生的建筑垃圾数量巨大（为10亿吨左右）。如何处置建筑垃圾使其变废为宝，进行无害化、资源化处置为节约资源、减少垃圾占地，减少对环境的污染将起到积极作用。

利用工业窑炉无害化最终协同处置城市垃圾、污泥、有毒有害废弃物工作，在经历20世纪90年代起步和近十几年的试点和逐步展开，我们对关键技术已经初步掌握，一些示范工程陆续实施正在扩大应用范围。

我们要更加广泛开展余热、余压的综合利用，研发新型技术装备，提高利用效能，把一切可能利用的热能、动能进行回收利用。减少对化石能源的需求。

西部地区总体上是水资源缺乏地区。因此，我们更应发展节水产业，重点开展废水的综合处置和再循环利用，减少废水的排放。

我们要大力推进发展循环经济、积极开展废弃物、废热、废水的综合利用，使其成长为新型的环保产业。

三是促进产学研和区域合作，为新兴节能环保产业发展提供技术支撑。企业直接参与市场竞争，直接受着政府的监管，对节能环保工作存在的问题最敏感、最直接。产学研相结合，将发挥各自的优势，有效整合产学研力量，促进科技与节能环保产业的紧密结合，共同对关键技术研发和相关基础研究，重点基础技术、基础工艺进行攻关和突破，提高节能环保企业技术素质、产品质量和服务水平。

要充分发挥区域合作机制。利用经济发达地区的先进技术和装备，充分吸取他们的经验和教训，少走弯路，并结合本地实际进行完善和优化，取得事半功倍的成效。通过双方合作达到互利共赢的目的。

四是政府职能部门必须发挥政策引导、市场监管的职责。十八大和十八届三中全会进一步明确，处理好政府和市场的关系，既要使市场在资源配置中起决定性作用，又要更好地发挥政府作用。转变政府职能，建设法制政府和服务型政府，更加注重保障公平竞争、加强市场监管、维护市场秩序。把该管的要坚决管，管到位、管出效果，坚持有所为、有所不为，着力提高宏观调控和科学管理水平。“减政放权”决不能成为某些政府职能部门“不作为”和“失职”“渎职”的借口。面对建设绿色丝绸之路经济带的节能环保工作，具有明显的社会性和公益性，正确发挥政府作用更为关键。政府应在产业规划、环境规划和能耗指标、污染物排放标准的制定；对节能环保技术的科研开发的政策资金支持；对企业事业发展节能环保产业的合理的资金补贴和税收优惠；对企业、事业单位污染物排放的监测和依法监管等诸多方面进一步加强工作。让在市场竞争中遵纪守法、节能环境保护做得好的企业事业单位受到鼓励和支持，让目无法纪浪费能源、破坏环境的企业事业单位受到法律的制裁和惩处，这样才能使广大企业在法制环境中平等竞争，优胜劣汰，加速产业结构调整，促进产业优化升级，打造西部大开发的新的升级版。

春风“已”度玉门关。建设丝绸之路经济带黄金段的美好前景正期待着我们进一步深化改革、扩大开放、艰苦奋斗、扎实工作、一步一个脚印去实现。我们一定能创造出比我们的先辈们更加繁荣昌盛连接欧亚大陆的现代丝绸之路。

（2014年1月，在中西部地区［甘肃］节能环保产业合作与发展高层交流会上的发言）

以改革创新为动力抓住新机遇实现新发展

2013年中国水泥工业在经济增长速度趋缓，市场需求量增速下降，行业产能过剩，节能减排任务艰巨的环境下，通过淘汰落后过剩产能、加大产业结构调整、促进企业兼并重组，狠抓节能减排工作，推广企业提质增效精细管理、积极开拓市场等措施，2013年全行业共生产水泥24.1亿吨，同比增长9.57%，产销率97.7%，实现利润766亿元，同比增长16.4%。行业在产品质量、节能降耗、环境保护、科技进步等方面都取得了可喜的进步。这些成绩来之不易，是全行业在政府调控政策，有针对性法规、标准的引导下，克服重重困难，努力工作的结果。我们要倍加珍惜。要认真总结有益经验，做好今年各项工作。

2014年是全面贯彻党的十八届三中全会精神的第一年，是实现“十二五”规划的关键一年。搞好今年我国各项工作总要求，概括地讲就是抓好稳中求进、改革创新。这也是今年我国水泥行业工作的总要求。

2014年水泥行业所面临的市场环境仍然错综复杂，有利条件和不利因素并存，机遇和挑战同在。

一、市场需求方面

我国今后经济将在较长时间保持中高速的发展速度。2014年国内生产总值预期目标为增长7.5%。努力建立以内生增长动力为基础的发展模式。扩大内需（消费、投资）将是促进经济增长的主要措施。积极推进以人为核心的新型城镇化，着重解决好“三个1亿人”的问题（促进约1亿农业转移人口落户城镇，改造约1亿人居住的城镇棚户区和城中村，引导约1亿人在中西部地区就近城镇化）。以人民住有所居为目标，继续完善住房保障机制，加大保障性安居工程建设力度。今年新开工700万套以上，其中各类棚户区470万套以上，年内基本建成保障房480万套，并完善配套设施建设。投资仍是稳增长的关键。加快投融资体制改革，推进投资主体多元化，优化投资结构，释放民间投资潜力，保持固定资产投资合理增长。今年全社会固定资产投资预期增长大于17.5%。重点投向保障性安居工程、农业、重大水利、中西部铁路、节能环保、社会事业建设等领域。打造新经济区域带建设。谋划区域发展新格局，由东向西、由沿海向内地，沿大江大河和陆路交通干线，推进梯度发展。依托黄金水道，建设长江经济带，建设新丝绸之路经济带，形成新的区域经济增长极。推进能源结构调整，推广煤炭清洁利用，提高非化石能源（风能、太阳能）应用比重，加强天然气、煤层气、页岩气勘探开采与利用。

综合上述市场需求分析，今年对水泥需求量与2013年相比，预计将增长7%—8%，将达到25.5亿吨左右。由于水泥产能严重过剩，水泥价格总体仍会维持低位振荡。

二、产业结构调整

国务院加大行政改革的力度，进一步简政放权，激发市场活力。减少或下放行政审批事项，加强事中、事后监管和问责。近日出台了《国务院关于促进企业兼并重组的意见》，进一步强调兼并重组的市场化方向，并且力推通过资本市场进行产业结构调整。加快发展混合所有制经济，建立健全现代企业制度和公司法人治理结构。这将有利于企业资源整合，实现企业快速发展，提高企业市场竞争力，优化行业产业结构、化解严重产能过剩、提高生产集中度，提高企业发展质量。

化解严重产能过剩，仍是今年的艰巨任务，也是产业健康可持续发展的前提。政府依照国家的环保、能耗和质量等法定标准，清理各种不适宜的优惠政策，淘汰落后产能。产能过剩问题本身就是市场反映出的问题，最终要靠市场去调整解决。政府的职责是根据经济社会和科技发展水平制定相关的监管法规和技术标准，严格监管，不断完善市场透明、公正、法制的竞争环境，实现各种市场主体的公平竞争，让优胜劣汰的市场机制起作用，加强信息服务，让企业根据市场运行情况，主动调节过剩产能。

水泥行业要根据国家新兴产业的发展规划，根据产业自身特点，促进产业结构调整优化升级，提高产品质量和产业可持续发展。

三、节能减排工作

2014年《政府工作报告》确定了单位国内生产总值能耗下降3.9%以上，单位国内生产总值二氧化碳排放量下降4%，二氧化硫、化学需氧量、氨氮排放量均下降2%，氮氧化物排放量下降5%，万元工业增加值用水量下降5.2%等约束性指标。水泥行业的节能减排工作得到政府和社会的高度关注。国务院在2013年9月发布《大气污染防治行动计划》（大气十条）。2013年12月环境保护部和国家质检总局发布新修订的《水泥工业大气污染物排放标准》《水泥单位产品能源消耗限额》和新制定的《水泥窑协同处置固体废物污染控制标准》等更加严格的标准。这将有力地推动我国水泥工业节能减排工作的进展。我们要进一步提高水泥生产工艺和装备水平，优化工艺操作，推广水泥生产余热综合利用，大力推进利用水泥窑协同处置工业和生活废弃物工作进展，降低水泥单位产品能耗。采用先进技术和装备，降低粉尘、SO_2、NO_x和氨氮、汞等重金属的排放。对于企业的节能减排工作，政府应在技术改造和研发工作给予在资金、税收、项目立项等方面的必要的支持。

四、创新驱动支撑和引领发展

创新驱动战略当前对于水泥工业就是要依靠科技创新、管理创新、制度创新，运营模式创新，落实到转方式、调结构、促升级的各项工作中去。水泥工业的发展不能再走数量扩张型粗放发展的轨迹，要依靠创新提升水泥工业的产品质量和技术装备的内在品质和质量；水泥工业的发展不能再走高耗能、高排放给环境带来影响的状况，要依靠创新降低能源资源消耗、减少污染物排放，并通过利用处置废弃物成为环境的清洁器，成为发展循环经济和可持续发展的重要产业；水泥工业是传统的原材料行业，要根据国家发展战略性新兴产业发展规划、自身行业特点，在新材料、高端装备制造、低碳、减排技术等应有所突破和发展。水泥工业要深入推进“两化”的各项工作，充分利用信息化技术，提升和创建行业的研发、生产、管理、经营、信息传播等各个方面的新模式、新方法。创新驱动是一个经济学概念，创新本身是一门科学。创新决不能仅仅写在文章里，停留在讲话中，而是要对其科学内涵加以系统研究和应用。创新能力的提高取决于领导者和职工团队的素质的提高。要重视运用科学的创新方法，创造良好的创新环境。积极推进企业为主导、市场为导向、产学研金用合作协同创新。

五、扩大对外开放

开放也是改革，水泥工业30多年“请进来、走出去”的对外开放和国际合作的战略实践，证明这是一条必须始终需要坚持的策略。虽然我国水泥工业有了长足的发展，但在发展质量上与国际发达国家还有明显的差距。要进一步在水泥生产工艺和装备、节能减排、环境保护、技术标准等重大项目的国际合作；要进一步在水泥工业所需的各类优秀领军人才的教育培训的交流合作；要全力推进有条件有实力的企业以多种方式对外直接投资，在国际竞争的大环境中提升企业竞争力，培育国际性大企业集团。

我们已经取得了新成就，跃上一个新高度，综观水泥工业未来发展前景，在发展的道路仍然存在困难和挑战，我们必须认真分析、冷静思考、沉着应对、扎实工作，以改革创新为动力，迎接新挑战，实现新发展。

（2014年3月29日，在2014中国国际水泥峰会上的讲话）

大力推进绿色规划设计产业发展

设计活动是人类在认真总结实践经验的基础上，对新的、未来的事物和产品要实现的理念、目标的确定以及要实现这些理念、目标所要采取的途径、措施。

人类的设计活动是人类在自身发展和社会进步中对自然界科学规律的探索和认识中，不断发展和进步的。

绿色设计的理念是近年来人类在经济社会迅猛发展的同时，面临着能源、环境、生态的严重挑战，为了世界经济社会的可持续发展而提出的崭新的设计理念和设计目标。绿色设计就是要在我们所从事的所有设计活动中，对系统或是产品全生命周期中减少对于能源的消耗、环境的影响、促进物质循环利用，并达到系统或产品的高品质、低消耗的理念和方法。

发展和推广绿色建筑是绿色设计的重要方面。我国正处于新型工业化、新型城镇化和农业现代化建设快速发展的历史时期，深入推进绿色设计，加快发展绿色建筑，面临着难得的历史机遇。大力发展绿色建筑，以绿色低碳理念指导城乡建设，能够最大效率地利用资源、能源和最低限度影响生态环境，转变城乡建设发展模式，缓解资源、能源、环境压力，为公众提供健康、舒适、安全的生活、工作空间具有重要作用。

发展绿色建筑能够全面集成建筑节能、节地、节水、节材及污水处理、工业和生活废弃物资源化、无害化、减量化处置，建筑垃圾循环再利用等多项技术，促进建筑产业升级，带动节能环保建材、新能源新光源应用、节能技术服务、环保技术和产品以及咨询服务等相关产业的发展。

发展绿色建筑必须政府引导、企业为主、公众参与。形成合力，共同推进绿色建筑的发展。

发展绿色建筑我国政府采取了一系列有效的政策推动。先后制定了《绿色建筑评价标准》，发布了《绿色建筑行动方案》，加大对绿色建筑的激励政策等。

为了协调各方力量，提高政府治理能力，推动绿色设计和绿色建筑的发展，汇集政府、企业、科研设计机构和金融、媒体、社会组织等各方面对发展绿色建筑的共同目标，在中国产学研合作促进会的倡导下，正在筹备和发起组建《中国绿色规划设计产学研创新联盟》。

日前《中国绿色规划设计产学研创新联盟》筹备会已顺利召开。参加筹备会的有政府有关职能部门的领导，有企业家代表，有大专院校、科研设计单位的专家学者，有相关产业战略联盟以及媒体的代表。经过大家对《联盟章程》和筹备工作的热烈讨论，一致进一步明确联盟的宗旨，即以美丽中国和生态文明建设、低碳社会、生态建筑、绿色发展等技术创新需求为导向，以企业为主体，以多样化、多层次的自主研发与开放合作创新相结合，以形成行业核心竞争力为目标，围绕优化绿色规划设计，运用市场机制集聚创新资源，以契约关系为保障，创新产学研结合机制，有效整合行业产学研各方资源，实现企业、高等院校和科研机构在战略层面上的有效结合，充分发挥各自优势，共同致力于创新绿色规划设计的理念、突破技术创新和行业发展的技术瓶颈，形成具有自主知识产权的行业标准、专利技术和专有技术，加速推动相关技术的产业化运用，形成技术创新链，并带动相关产业技术升级，提高我国绿色规划设计的整体水平。

创建产业技术创新战略联盟是实现国家技术创新工程的重要途径和重要载体。推动产业技术创新战略联盟构建和发展，是整合产业创新资源、引导创新要素向企业集聚的迫切要求，是促进产业技术集成创新、提高产业技术创新能力，提升产业核心竞争力的有效措施。创新产业技术创新战略联盟是在市场环境下政府转变职能，提高政府治理能力，贯彻十八届三中全会关于“让市场在资源配置中起决定性作用，发挥好政府作用”精神在产业技术创新工作中的具体体现。《中国绿色规划设计产学研创新联盟》就是在这样大背景下在各方的努力下孕育而创建。

目前，联盟筹备组正在积极根据筹备会议各发起单位和专家的意见，开展组建工作。希望通过本次会议有更多的有志于发展绿色规划设计的有关单位和专家学者与联盟筹备组联系，加入联盟，共同投身于绿色规划设计的产业技术创新的工作。为绿色规划设计，为绿色建筑的发展贡献我们的力量。

（2014年6月11日，在2014年世界绿色设计论坛扬州峰会上的讲话）

经济新常态下水泥行业的低碳高质绿色发展

本次峰会中心议题是研讨在经济发展处于新常态的环境下中国水泥行业的低碳绿色发展。此时此刻不由得使我想起唐代诗人刘希夷描写春天景色“年年岁岁花相似，岁岁年年人不同”的诗句。我想借用这句诗词来表达我对当前和今后一个历史时期我国水泥行业发展的看法。

所谓“花相似”即我们处的国际、国内的经济环境与去年基本相同。自2008年国际金融危机以来，国际上不论发达国家还是发展中国家经济恢复缓慢，经济增长速度较之21世纪上一个十年，都有不同程度的下降。我国同样在高速发展了30年。而进入21世纪第二个十年之后，由于发展条件的改变和经济基数的扩大，经济增长速度从两位数的增长降到个位数的增长，近几年又从9%—8%降到7%左右。反映到我国水泥行业的情况也是与整个国民经济发展的情况相一致。2014年全国水泥产量为24.8亿吨，同比增长1.8%，比2013年下降了7.8个百分点，实现利润780.2亿元，同比增长了1.4%，比2013年下降了15个百分点。而2013年全行业共生产水泥24.1亿吨，同比增长9.57%，产销率97.7%，实现利润766亿元，同比增长16.4%。在可以预计的今后一个时期，在我国经济发展从高速向中高速的变化中，水泥的市场需求量虽会有适度地增长，但不会出现过去百分之十几的增长率。我国的水泥的产能过剩问题突出，目前的设备运转率只在75%以下。在市场上直接反应就是水泥需求量的增长率将随着国家固定资产投资增长的下降而同步下降，预计在5年到10年的时间里水泥的需求量将达到产量峰值后而逐步回调；价格走低、呈下滑趋势；行业投资量下降；企业利润减少、经营困难。这些将是今后一个时期水泥行业的基本运行态势。因此今后水泥工业发展的主要任务已不是“量”的盲目扩充而是“质”的全面提高。

但是“相似”不等同于“相同”。在过去的一年里我国经济发展中也发生着许多积极的变化。一是不断创新宏观调控思路和方法。实施区间调控和定向调控，激活力、补短板、强实体，没有采用过去的强刺激的方法，有针对性地进行预调和微调。实现了经济增长从高速向中高速的平稳过渡，总量增长与结构优化升级平衡推进，微观活力有力支撑宏观经济的稳定。二是经济结构调整步伐加快。在经济受客观和主观因素增长率降低的情况下，我们经济工作的重点从外延型规模扩大转向内在型经济结构调整，提高经济质量效益。不论是从国家层面一、二、三产业占整个国民经济的比重变化还是从各个产业和行业内部来看，都在向着提质增效升级方向发展。发展战略性新兴产业和用先进技术改造传统产业，特别是以互联网、云计算、大数据等信息技术的运用，使我国经济发展质量发生着质的变化；三是创新驱动地位日益凸显。随着经济环境和生态环境的改变，生产要素价格急速上升和日益严格的环保标准的实施，过去那种粗放型、扩张型的经济增长方式难以维持，必须从扩大劳动力和资本的投入转向通过创新提高生产率和质量来驱动经济的发展。理念创新、科技创新、制度创新、管理创新正在主导着国家、行业、企业和各项事业发展的进程。创新已经成为经济增长和产业升级的原动力。

所谓“人不同”，就是我们在面对这样的经济发展态势时应当转变发展理念，以过去不同的发展方式和举措来应对我们所面临的挑战，在新常态的经济发展环境中谋划水泥行业的新发展。2014年5月习近平总书记在河南视察时指出：“中国发展仍处于重要战略机遇期，我们要增强信心，从当前我国经济发展的阶段性特征出发，适应新常态，保持战略上的平常心态。”

在经济发展处于新常态的环境下，如何实现水泥行业的低碳绿色可持续发展，我们要认真分析当前水泥行业存在的主要问题，产生问题的主要原因，在政府政策引导下，主动应对、迎难而上、科学谋划、积极作为。主要应在以下几个方面取得实实在在的进展。概括地说就是“三个紧紧抓住不放”。

一、紧紧抓住节能减排这个中心环节不放，实现水泥行业的低碳高质绿色发展

深入学习贯彻“中国制造2025”规划和出台的增强制造业核心竞争力三年行动计划，从水泥产品的原材料、燃料的开采与选用，制造生产过程，产品

运输与储存，产品的消费使用到产品寿命的结束的全生命周期的各个环节，全面贯彻低碳高质绿色理念，采用政策引导、法规标准、先进技术、科学管理等有效措施，对水泥行业全产业链的各个环节进行审视，进行全面规划、分步实施，力争使水泥行业从资源、能源消耗大、污染物排放量多的原材料制造业向原材料及成品制造和生产服务业转型。

二、紧紧抓住开发利用“两种资源、两个市场”，推进国际产能合作，实施“走出去”战略

要抓住我国推进丝绸之路经济带和21世纪海上丝绸之路合作建设的历史机遇，在巩固以往对外经济技术合作方式（产品出口、劳务出口、对外工程承包、服务外包等）的基础上，积极而稳妥地加快对外投资的步伐，开展广泛的国际产能合作，提高对外投资效率和质量。2015年1月28日国务院常务会议专门就加快我国装备“走出去”推进产能合作进行部署。会议专门提出，以钢铁、有色、建材、轻纺等行业为重点，针对国际市场需求，支持企业利用国内装备在境外建设上下游配套的生产线，实现产品、技术和合规标准“走出去”。国际市场的需求，国家政策的支持，我国水泥行业近年来在工艺技术、装备制造、工程建设、生产管理等方面取得的巨大进步都有力地促使我们建材的优势产能“走出去”开展广泛的国际产能合作，迈出更大更坚实的步伐，形成水泥行业新的经济增长点和产业优化升级的重要举措。在优势产能“走出去”“走进去”和“走上去”的过程中促进企业的国际化进程和竞争力的全面提高。未来的10年到20年，中国企业的国际化发展将迎来黄金时代。我们要在水泥企业国际化战略的实践中成长一批国际化企业。全面增强企业的硬实力和软实力，全面提升企业在国际市场的竞争力。

三、紧紧抓住创新导向为新时期经济发展原动力，转变水泥行业发展方式，实现产业结构迈向中高端

当前以技术创新为中心的全面创新风起云涌。要充分认识我们所处的时代特点，特别是科技发展新成果对发展行业的影响，积极顺应时代发展的潮流和

应用科技发展新成果，提升和优化产业水平。继续抓好两化的深入融合。当前要高度重视“互联网+”对传统产业转型升级的促进作用。坚持创新驱动、智能转型、强化基础、绿色发展，加快实现我国从水泥大国转向水泥强国。

创新驱动不仅需要有创新思维和理念的指导，更需要创新环境和条件的完善，创新人才的培养和锻炼，创新成果的应用和知识产权的保护。进一步完善以企业为主导的产、学、研、政、金合作创新体制机制，深化科研体制改革，调动水泥行业全员的聪明才智，形成万众创新的巨大洪流。突破行业发展的瓶颈和难点，取得我国水泥行业发展的新的成就与辉煌，迎接更加美好的春天。

（2015年1月，在2015年中国国际水泥峰会上的讲话）

新常态下的行业和企业发展

在刚刚闭幕的全国“两会”上，李克强总理所做的政府工作报告明确指出今年的经济工作对全面完成“十二五”规划各项任务和全面建设小康社会的重要意义。今年经济工作的总基调是“稳中求进”，总方针是实施积极的财政政策和稳健的货币政策，总策略是“进一步深化改革、扩大开放”，总要求着眼“双目标”即着眼保持中高速增长和迈向中高端水平；坚持“双结合”即稳预期和促改革调结构的结合；打造“双引擎”即打造大众创业、万众创新和增加公共产品、公共服务的双引擎。实现“经济发展、调整结构、改善民生、防范风险、社会稳定”的目标。

下面就初步学习政府工作报告的体会并结合建材工程行业实际，着重交流如何认识新常态和如何应对新常态的问题，与各位一起探讨学习。

“新常态”一词最先出现是在2014年习近平总书记在河南视察时指出：“中国发展仍处于重要战略机遇期，我们要增强信心，从当前我国经济发展的阶段性特征出发，适应新常态，保持战略上的平常心态。”此后，“新常态”一词就成为讨论中国经济时的关键词。“新常态”从词语上重点是突出两个概念。一曰“新”，二曰“常态”。两者结合起来，所谓“新常态”就是中国经济将在一个较长历史阶段进入明显与过去不同特点的历史发展阶段。

“新常态”的经济发展特征：

经济增长速度放缓。根据国家统计局资料，我国改革开放后（1979—2014年）GDP增长率一直保持年均9.8%，国际金融危机后几年（2009—2014上半年）也达到年均8.7%，2014年全年国内生产总值达到63.6万亿元，同比增长7.4%。继2012年和2013年之后，再次低于8%。今年政府工作报告提出2015年国内生产总值增长预期目标为7%左右。总体看经济增长从过去的高速增长转向中高速增长（7%—6%）的趋势是今后一个时期的总趋势。经济下行压力进一步增大。

经济结构调整加快。在经济受客观和主观因素增长率降低的情况下，我们经济工作的重点从外延型规模扩大转向内在型经济结构调整，提高经济质量效益。从国家统计局的资料明显看到我国一产（农业）和二产（工业）比重随着经济结构的调整逐年下降，而三产（服务业）的比重逐年上升。第三产业占GDP比重在2013年首次超过了第二产业。2014年服务业增加值比重由46.9%提高到48.2%。特别是第三产业中的生产型服务业发展迅速。在一、二、三产业本身也在积极调整产业结构。工业内部传统制造业运用新技术改造优化升级，进一步节能减排，提高产品质量，与此同时积极发展战略性新兴产业，开拓新技术、新产品，创造新的产业增长点。“一产”中现代农业和传统农业的比重加速调整，“三产”中生产型服务业发展迅速。其共同的特点是广泛应用新技术、新材料、新工艺来解决各个产业的突出问题。力争节约资源、能源，减少对生态环境影响，降低产品和服务成本，提高生产率、提高产品和服务质量，满足人们更高、更加丰富的物质和精神需求。

创新驱动地位凸显。过去我国经济所依仗的生产要素的低价格低成本发展方式，使我们经济突飞猛进地快速发展，推动中国成为“世界工厂”，但随着经济环境和生态环境的改变，生产要素价格急速上升的影响，过去那种粗放型、扩张型的经济增长方式难以维持，必须从扩大劳动力和资本的投入转向通过创新提高生产率和质量来驱动经济的发展。理念创新、科技创新、制度创新、管理创新正在主导着国家、行业、企业和各项事业发展的进程。创新已经成为经济增长和产业升级的原动力。

矛盾凸显风险加大。由于经济增长减速，过去高速增长期所积累下来在一些领域存在的风险隐患正逐步显现。传统制造业领域，许多企业因产能过剩，产品价格持续走低（PPI持续走低），生产要素成本不断上升，企业利润压低，部分企业生产经营困难。

由于金融改革的滞后，企业特别是中小微企业融资难、融资贵问题突出，严重影响了企业的运行和发展。房地产市场的深度调整，使地方政府的“土地财政”的财源吃紧，地方政府的债务偿还能力存在风险。在这种形势下，如何避免金融风险成为经济发展中的突出需要高度重视的问题。公共环境和生产安全事件的发生，带来的社会群体事件对社会的和谐稳定造成严重挑战。

这些新常态的特征需要我们认真加以分析和研究形成的历史原因和现实表现，有针对性地找到如何应对新常态、适应新常态，并取得新发展。

新常态下的经济和行业发展。

增强内需对经济增长的拉动力。根据国内外经济发展总趋势全面分析“三驾马车”对我国经济发展的拉动力。

进一步发挥消费的基础作用和投资的关键作用。多支点支持促进消费扩大和升级。我国居民消费正在快速增长，已经达到占国内生产总值的36%以上。2015年社会消费零售额预期增长13%。要多渠道增加居民收入，提高社会保障水平；加快培育新的消费增长点；完善消费环境。努力逐步建成一个广大居民有能力消费、敢于消费、愉快消费的制度设计和市场环境。着力保持投资平稳增长。2015年全社会固定资产投资预期增长15%（2014年为15.3%）。

要多管齐下扩大有效投资。要强化投资项目的有效性选择，要着眼于补短板、调结构、增加公共产品和服务供给，选择具有全局性、基础性、战略性，既利当前又惠及长远的项目。创新财政性建设资金的支持方式，引导更多社会资金参与中西部铁路（8000亿元）、农业水利（8000亿元）、重大基础设施、生态建设、民生改善、科技创新和结构升级工程等领域。

加快推进经济体制改革。正确处理政府与市场关系，落实已出台的改革方案。深化改革，释放市场活力，形成大众创业、万众创新的生动局面，进一步把改革红利转化为发展新动能。今年和今后一个时期将继续在行政审批制度、财税体制、金融体制、投融资体制、价格、农村土地制度和以国有企业改革为中心的企业改革等方面的加大改革力度。

关于深化国有企业改革问题。近30多年来随着改革开放的深入发展，我们一直在不断地探索和深化。国有企业的全体员工也为之付出了极大的努力和代价，取得可喜的突破和进步，但也存在着一些不容忽视的问题。今后要在国有企业改革的理论基础、法律依据、改革路径和具体措施等方面做出全面的分析研究，做出顶层设计和工作部署。要抓住改革的问题的关键，不能只做表面文章，只做形式上的改变，不触及问题核心。要有勇气和决心开创出具有中国特色，符合中国国情和市场经济规律的国有企业改革和发展道路，真正使国有企业成为我国国民经济的主导力量和社会主义制度的基础，经济发展的主力军。

深入实施对外开放战略。综观世界经济发展格局和我国的所处的地位，我们加快培育国际竞争新优势，积极拓展对外开放的广度和深度。以提高产品质量、打造品牌为中心，促进外贸稳定增长。随着我国劳动力成本和社会成本、环境成本的增加，过去以低成本、低价格、低端产品的外贸优势已经消失和减弱。我们必须努力提高我国对外贸易产品和服务的质量和品牌，并向中高端产品和服务进展。促进新一轮高质量“引进来”，再上新水平。虽然我国经过30年改革开放在经济、科技、管理等方面都有了巨大的进步和发展，但我们不应盲目乐观、故步自封，还应冷静观察和分析，在许多方面与世界先进水平有着明显的差距。我们要继续开展广泛的经济和科技国际合作，引进先进技术和装备，先进的创新理念和机制，先进的企业管理模式为我所用。促使我国企业在更高水平和领域参与国际竞争。开创企业“走出去”的新局面。要抓住我国推进“一路一带”经济带和21世纪海上丝绸之路合作建设的历史机遇，在巩固以往对外经济技术合作方式（产品出口、劳务出口、对外工程承包、服务外包等）的基础上，积极而稳妥地加快对外投资的步伐，提高对外投资效率和质量（政府工作报告提出：2015年非金融类境外直接投资预期1130亿美元，增长10%左右）。2015年1月28日国务院常务会议专门就加快我国装备“走出去”推进产能合作进行部署。会议专门提出，以钢铁、有色、建材、轻纺等行业为重点，针对国际市场需求，支持企业利用国内装备在境外建设上下游配套的生产线，实现产品、技术和合规标准“走出去”。政府工作报告中再次阐明，鼓励企业参与境外基础设施建设和产能合作，促进冶金、建材等产业对外投资。国际市场的需求，国家政策的支持，我们企业的工作基础等有利条件都促使我们把建材的优势产能“走出去”开展广泛的国际产能合作，迈出更大更坚实的步伐。形成新的经济增长点和产业优化升级的重要举措。在优势产能“走出去”的过程中促进企业的国际化进程和竞争力的全面提高。

创新引领产业结构转型升级。依靠创新驱动，发展新产品、新模式、新业态、新产业，提升产业核心竞争力，推动产业向中高端迈进。

创新驱动不是一个空洞的口号，如何创新？创新需要什么内在因素和外部条件？创新本身是一门科学，是有其内在规律的。我们要在创新理论、创新思维、创新环境、创新方法、创新途径、创新工具、创新人才等做深入研究和探索，扎实推进，才能取得实实在在的成效。（有专门的文章可参考。《创新驱动经济社会发展》——在中国建材产业转型升级创新发展论坛上的讲话2014年

1月）

当前以技术创新为中心的全面创新风起云涌。要充分认识我们所处的时代特点，特别是科技发展新成果对我们的影响，积极顺应时代发展的潮流和应用科技发展新成果，提升和优化产业水平。

2014年我曾在协会五届一次会议上做过《创新驱动科学发展——迎接第三次工业革命浪潮》的讲话全面介绍了当前科技革命对经济社会发展的影响。

根据今年政府工作报告的精神，我们要高度重视制造业转型升级，推动产业向中高端发展。

在我国制造业低成本优势消失，而国际上发达国家在经历2008年发生的金融危机之后，纷纷把重新振兴经济的目光聚焦在做大做强实体经济上，特别是工业发展上。美国启动“再工业化”，德国提出实施“工业4.0版”战略规划。各国都在围绕新一代信息技术、高端装备制造、新能源、生物医药等新兴产业进行战略部署和技术攻关，力图抢占新一轮科技革命和产业升级的制高点。从工业化、到去工业化、再到再工业化，这是发达国家工业化由低端到高端演进历程。面对新一轮的国际竞争，我国政府提出制造业30年振兴规划，第一步要实施“中国制造2025”，出台增强制造业核心竞争力三年行动计划，加快从制造大国转向制造强国。与发达国家不同，我国工业发展历程短、基础薄、原材料和加工工艺总体落后，材料和能源消耗大，战略型新型产业刚刚起步，如何实现新一轮产业向中高端发展，需要我们坚持创新驱动、智能转型、强化基础、绿色发展。在当今移动互联网时代，我们传统产业必须抓住制订和实施“互联网+”行动计划的机遇，充分发挥互联网在生产要素配置中的优化和集成作用，将互联网的创新成果深入融合到建材行业的各个领域之中，利用移动互联网、云计算、大数据、物联网等新一代信息技术与制造业结合，提升和改造传统原材料制造业，提高产品质量、降低原料能源消耗、减轻环境负担、提高劳动生产率、创新管理和运营模式。我们要遵循科技发展规律，瞄准行业科技前沿，找准科技攻关的正确方向，认准实现科技目标的途径和方法，持之以恒，协同攻关，实现在影响行业发展的重大科技瓶颈和领域上有所突破，带动行业整体水平迈向新水平，实现在新常态下的行业和企业的新发展。

（2015年3月24日，在中国建材工程建设协会年会上的讲话）

大力推进建筑垃圾资源化工作，功在当代利在千秋

随着我国新型城镇化、新型工业化的进程，每年将产生大量的建筑垃圾。据不完全统计，“十二五”期间，我国每年平均产生约17亿吨建筑垃圾，预计“十三五”我国建筑垃圾产生量将达到19亿—22亿吨。这些数量巨大的建筑垃圾若能实现循环利用，将产生巨大的经济效益、环境效益和社会效益。据统计，我国建筑垃圾资源化利用率不足5%，而发达国家，如美国为70%、英国为80%、德国为85%、日本韩国高达95%以上。废弃建筑垃圾不仅是严重的资源浪费还会造成生态环境破坏和土地侵占，并存在巨大的安全隐患。2015年12月20日发生在深圳市光明新区建筑垃圾和渣土消纳场垮塌和滑坡事故，造成严重人员伤亡和财产损失，就是建筑垃圾违规堆存发生的典型案例。最近，连续曝光的上海非法异地转运建筑垃圾等污染物到苏州太湖倾倒的事件，恐怕只是全国此类事件的冰山一角。近年来，非法异地排污事件已呈多发态势。江苏、江西、河北等多地发生异地车辆、船只倾倒生活垃圾、建筑垃圾、有毒有害废料等现象，严重污染了当地生态和人居环境，甚至对人民群众的生命安全构成巨大威胁。这些都充分说明建筑垃圾的管理和资源化利用的工作已到了各级政府必须高度重视并加以认真解决的时候了。

一、我国建筑垃圾资源化工作现状

近年来，经过各级政府推动和企业的努力，建筑垃圾资源化工作在一些地方有所进展，如吉林省、天津市、北京市、河北省邯郸市、陕西省西安市、河南省许昌市等地都在建筑垃圾资源化工作的规划、建筑垃圾处置费用收取和使用、再生产品应用、鼓励支持建筑垃圾资源化企业发展的政策等方面做出一些成绩，提供了一些可以借鉴的经验。一些致力于建筑垃圾资源化的企业也取得

令人可喜的成就，开创了适合我国国情各具地方特色的好经验，如北京元泰达环保科技有限公司、陕西新建环保科技发展有限公司、邯郸全有生态建材有限公司、郑州一帆机械设备有限公司等先进企业典范，他们都为当地建筑垃圾资源化工作起到了示范带动作用。

但就全国范围看，总体工作严重滞后。一是我国目前建筑垃圾处置方式主要还是以填埋、集中堆放、堆山造景等方式为主。一些城市产生的建筑垃圾仍继续向山沟、水面倾倒堆积，一些城市城郊的公路、河道两侧到处可见由建筑垃圾堆积而成的渣土山和护坡，若处置不当极易发生塌陷和滑坡。这种处置方式粗放落后，极易引发灾害。二是尚未建立或有效执行“谁产生建筑垃圾谁付费，谁处置谁收费”的运营机制。加之原有的利益藩篱格局难以突破，导致建筑垃圾资源化处置企业垃圾供应不稳定，生产效率底下。三是建筑垃圾资源化产业发展缓慢。据有关部门反映，全国100万吨以上的建筑垃圾资源化生产线只有70条左右，小规模处置企业几百家，总年产量才几千万吨。资源化处置企业中规模较大生产线普遍存在开工不足，产品品种较少，附加值不高，产品销路不畅，企业经营困难。

二、造成建筑垃圾资源化利用率低下的主要原因分析

从国际和国内建筑垃圾资源化工作的实践中，我们可以得出这样的结论，提高建筑垃圾资源化利用水平必须做到“政府法制先行、政策引导，企业创新发展、市场运作，公众更新观念、广泛支持”。这三者缺一不可、相互促进，才能推动建筑垃圾资源化工作的健康发展。

从国家层面看对于建筑垃圾资源化工作存在以下主要问题。

（1）法律、法规建设相对滞后。自2003年以来我国陆续制定了《中华人民共和国清洁生产促进法》《中华人民共和国固体废物污染环境防治法》《中华人民共和国循环经济促进法》等法律。有关部委和地方政府也陆续出台了一些关于建筑垃圾管理的地方性法规和规范性文件。但其重点是规范建筑垃圾的清运和消纳以及防止对城市市容环境污染，而对建筑垃圾的资源化利用方面目标不明确、权责不清晰、操作性不强。在国家层级的法律、法规方面，尚缺乏集中完整针对建筑垃圾资源化利用的法律法规及法规性文件。

（2）政府管理体制尚不完善。建筑垃圾管理和资源化工作涉及住建、发改、工信、环保、交通、公安、土地、生产安全、财税等多个政府部门。目前各地方政府的主管职能部门不一，多头管理问题突出，缺乏权威性的有效统一协调。

建筑垃圾资源化尚未纳入国家总体发展规划之中。全国和各地有关建筑垃圾资源化工作的总体规划和顶层设计大多仍属空白。

（3）有效运行机制尚未建立。突出表现为：一是缺乏源头减量化的约束机制，新建和改建建筑物时没有制定相应的建筑垃圾处置工作配套计划相衔接，没有及时的、准确的建筑垃圾产生量统计；二是对建筑垃圾的承运与监管机制有待加强；三是建筑垃圾资源化利用企业项目性质多按一般建材企业定位，项目审批难、用地难、用地成本过高；四是在不少地方建筑垃圾原有的处置格局和已有的利益藩篱难以打破，造成资源化企业建筑垃圾原料供应不足；五是建筑垃圾的资源化的再生产品与利用天然原料制造加工的产品价格关系尚未理顺，再生产品市场销路不畅，企业经营困难，没有形成稳定的可持续发展的运营模式；六是建筑垃圾资源化的有关科技开发力度不够，工艺技术和装备落后，产品质量和附加值有待提高。不少关键设备尚需引进。

（4）政府扶持政策短缺乏力。建筑垃圾资源化项目具有明显的消纳垃圾、保护环境、节约资源、减少排放的社会公益性，应属政府在政策上给予大力扶持的领域。但目前这方面的扶持政策很不完善，有些政策制定后根本没有实施或因可操作性差难以落实取得实效。在建筑垃圾资源化企业项目的土地政策、财税政策、金融政策、特许经营权、建筑垃圾处置费的确定、绿色建筑和绿色建材评定标准等方面仍缺乏相应的可操作性政策给予建筑垃圾资源化工作以有力支持。

建筑垃圾资源化工作，地方政府主导作用发挥得如何是建筑垃圾资源化工作是否取得成效的关键所在。地方政府对建筑垃圾资源化工作的重视程度如何，国家和地方有关政策是否落实，执法监督是否到位，是推进建筑垃圾资源化工作的关键。正因为各地政府对建筑垃圾资源化认识水平和工作有差距，目前各地建筑垃圾资源化工作开展很不平衡、差距较大。

从企业层面看，从事建筑垃圾资源化企业的数量较少、规模较小，技术工艺和装备水平和劳动生产率较低，产品种类少、质量标准和附加值低，企业创建品牌意识不高，企业产品销路不畅、普遍经营困难。

从社会公众层面看，普遍对于建筑垃圾对自然环境和人身健康的危害普遍认识不足，（相对于生活垃圾和工业危险废弃物）尚未引起公众的普遍关注。对于利用建筑垃圾资源化生产的再生产品，在认识上也存在种种疑虑，接受程度普遍不高。从而严重影响了再生产品的广泛应用。

三、推动建筑垃圾资源化工作的思考

大力推动建筑垃圾资源化工作，首先要提高全民对建筑垃圾资源化重要性的认识，特别是各级政府要把建筑垃圾资源化工作提到政府工作的重要位置，以创新、协调、绿色、开放、共享的五大发展理念为指导，建立“中央政府引领、地方政府落实、企业全力推进、公众积极支持”的推进建筑垃圾资源化的体制机制。

当前应当重点抓好以下几项工作。

1. 加强法律法规建设，有法必依、违法必究

在梳理原有分散在已出台有关法律法规的有关内容的基础上，进一步制定集中规范建筑垃圾资源化工作的法律法规，明确政府、企业、社会公众各方在建筑垃圾资源化工作中应遵守的行为准则，以及这些行为主体违反这些准则应承担的相应责任，突出可操作性，强化全过程监管，加大违法处罚力度，提高建筑垃圾管理和资源化的法制化水平。为适应当前工作需要可先行由国务院制定《建筑垃圾资源化条例》或《推进建筑垃圾资源化利用的指导意见》，以指导全国建筑垃圾资源化工作在法治环境下规范开展。

2. 健全政府管理体制，统一协调、各负其职

建议在国务院的统一领导下，明确以综合经济管理部门（发改委）为牵头负责单位，统一协调各职能部门，合力推进建筑垃圾管理和资源化工作。中央政府制定指导推进建筑垃圾资源化的方针政策，地方政府可根据本地实际情况制定相关的实施意见和规范性文件。强化地方政府在建筑垃圾处置中的责任。要在地方政府领导班子中明确工作负责人和由综合经济管理部门负责工作统一协调，确定工作目标，明确工作进度，严格考核制度，建立工作协调机制。各

职能部门要各负其责、相互配合、做好衔接，合力推进。

3. 建立科学有效的运行机制，政策推动、市场运作

建立“政府依法推进、政策大力支持，企业市场运行，社会公众参与”有效的运行机制。建议当前突出抓紧以下工作。一是做好顶层设计。将建筑垃圾资源化利用内容体现在国家和部门“十三五”经济社会发展规划和专项规划中。各地要将建筑垃圾资源化利用纳入城市总体发展规划、土地利用规划和循环经济发展规划。二是强化政策力度。政府要在建筑垃圾资源化项目的财税政策、金融政策、土地供应政策、进口急需装备关税政策、科技开发项目、建筑垃圾资源化产业纳入特许经营权管理范围、确定合理的建筑垃圾处置费、建筑垃圾资源化再生产品推广等方面，梳理现有已公布的优惠政策，解决其中不能落实的关键问题，并根据建筑垃圾资源化工作的新要求，创新政策支持方式，有效推动建筑垃圾资源化率的提高。三是推动标准化建设。针对我国现行的有关建筑垃圾资源化方面的再生产品标准少、标准低、标龄老等问题，我们必须加快标准化建设步伐，从建筑垃圾的收集、预处理、运输、再生产品生产加工和市场应用等建筑垃圾资源化全过程的各个环节制定明确的标准进行规范。根据我国关于标准体制改革方向，积极发挥市场配置资源的决定性作用，积极支持企业、企业集团和相关协会参与标准的制定修订工作，努力提高标准的对建筑垃圾管理和资源化的引领和规范作用。四是改善市场运营环境。建立建筑垃圾资源化再生产品的补贴奖励机制，逐步提高利用天然原料生产建材产品的资源补偿费用，使建筑垃圾资源化再生产品价格上有一定优势，提高再生产品的市场竞争力；政府投资新建或改建的公共设施和棚户区、廉租房项目可根据当地实际情况规定使用一定比例的建筑垃圾资源化生产的建材产品，以起到示范引领的作用；在贯彻《绿色建筑行动方案》中要明确使用建筑垃圾资源化产品的比例。对使用再生产品达到一定比例的工程项目，评定为绿色产品，进行奖励；住房和建设主管部门要积极组织有关单位开展编制建筑垃圾综合利用项目建设和产品的技术导则、设计标准、标准定型图集、验收规范、检测标准和施工预算定额等工作，以利于推动建筑垃圾资源化产业发展和产品在建筑市场中广泛应用；广泛进行有关建筑垃圾资源化工作的宣传工作，充分利用报刊和网络等新型媒体对建筑垃圾资源化对节能环保、改善生态、节约资源、发展绿色建筑的重要意义。有条件的可组织公众实际考察参观建筑垃圾资源化工厂和利

用建筑垃圾生产的再生材料和产品建设的建筑，以提高公众对建筑垃圾资源化工作的实际感受，提高公众对建筑垃圾资源化重要意义的认识。

（2016年8月16日，在全国建筑垃圾资源化工作会议上的讲话）

充分发挥民营企业在实施“一带一路”战略中的独特作用

推进“一带一路”建设是以习近平为核心的党中央在新时期站在全球的视野和未来发展的高度做出的重大战略决策，是全方位扩大对外开放，营造良好的外部环境的重大举措，为我国企业参与全球竞争提供了广阔的空间。

“战略”推出三年来，“一带一路”建设进展快速、成果丰硕。今年，总理在政府工作报告中进一步明确把扎实推进“一带一路”建设，作为积极主动扩大对外开放的重大任务。

民营经济是我国社会主义市场经济的重要组成部分。我国民营企业占企业总数的80%，占整个工业增加值的70%，占固定资产投资额的60%，占税收的70%，占就业人数的90%。民营经济在我国社会主义市场经济的发展中做出了积极贡献。

民营企业所具有的优势和特点，可以在推进“一带一路”建设中发挥应有作用。

民营企业一般为中小型企业，主营突出，不少民营企业具有专、精、特的特点；民营企业市场竞争意识强，抓市场机遇决策快；民营企业不少从事的经营领域（轻纺、食品以及传统服务业）比较适合“一带一路”发展中国家的需要，可以取得双赢的效果；民营企业对外经济合作，由于社会政治

制度不同，比较容易被对方政府和社会接受，目前已经取得一定成效。

多年来，民营经济在对外经济合作中（包括“一带一路”沿线国家）已经取得了很大成绩。

但是，民营企业在实施走出战略和“一带一路”建设中仍然遇到一些亟需

认真解决的问题。

民营企业在参与“一带一路”的建设中仍然存在我国金融信贷机构支持不够的问题，贷款难、融资难、抵押难，我国金融机构在海外设立分支机构跟不上“一带一路”建设的需要。外汇管理方面，在用汇、结汇等方面存在进一步改进的问题。

民营企业特别是中小型民营企业实力有限，各自为战，在参与“一带一路”建设中，很难与国外大企业集团和跨国公司竞争和合作，甚至相互之间产生相互压价、相互抑制的现象，使整体受到损失，并造成不好的国际影响；

民营企业在参与“一带一路”的建设中大量存在对准备进入的“一带一路”国家的经济、社会、法律、文化等重要情况和信息缺乏了解，抗风险意识和能力弱，极易造成经营困难和损失；我国驻外使领馆对民营企业在所在国的经济合作的业务在法律、法规、信息、外交等服务重视不够，缺乏必要的支持和关注。

民营企业在参与“一带一路”的建设中大多严重短缺高素质、高水平具有丰富国际经济合作经验的人才，很难适应如此复杂多变、竞争激烈的国际经济环境；

要解决上述问题，除需要从根本上提高民营企业自身实力和应对复杂的国际经济合作的能力外，有些问题依靠其本身还难以完全解决，需要政府改进工作，提高相应服务水平加以帮助和支持。

根据我平时的了解和本次座谈会反映的情况，为充分发挥民营企业在“一带一路”建设中应有的积极作用，针对政府职能部门提出以下重点改进和提高服务的建议供参考。

1. 鼓励、支持和有针对性的培育一些具有国际化视野，熟悉国际经济合作的能力和经验的中介跨境综合服务平台。使这些平台为广大中小型企业能有序参与“一带一路”建设的业务中，在国际法律、金融信贷、税收、通关、等提供服务，并能取得节约、高效、安全、规避不可预测风险的效果。目前“中非供应链平台”的成功实践充分说明了这种创新模式值得进一步推广。本次会议提出的“丝路经济带”中国联合指数网也是次类跨境综合商务服务平台。

2. 我国驻外使领馆和对外商务部门应加大对“走出去”民营企业对境外国家和地区的投资、贸易环境的信息支持，提出应当规避的风险，及时通报相

理规范政府性基金、取消或降低涉企行政事业性收费、清理违规收费，降低涉企的经营性收费、降低企业制度性交易成本。

继续抓好金融体制改革，采取有效措施，增强金融机构服务实体经济能力，促进金融资源更多流向实体经济。

加快深化作为实体经济的重要骨干力量的国企国资改革，完善企业现代企业治理结构，以提高核心竞争力和资源配置效率，改革企业人力资源管理和财务制度，充分调动企业员工积极性，激发企业内在活力，提高企业的盈利能力，确保国有资产保值增值。

李克强总理在今年政府工作报告中明确指出，以创新引领实体经济转型升级。

振兴实体经济要深入实施创新发展战略，针对我国实体经济存在的问题，推动实体经济优化结构，不断提高质量、效益和竞争力，瞄准当今国际经济新特点和新变化，沿着高端化、智能化、绿色化、国际化方向转型升级。

高端化。改革开放30多年来，我国许多企业的技术水平和产品已经由过去“跟跑型”逐渐变为“并跑型”，个别企业已经成为“领跑型”。但就大多数企业来看还处于价值链的低端，必须大力在“中国制造2025”战略指引下，推动产业价值链由低端环节向高端产品、高端要素、高端服务、高端平台转化，实现产业高端化。为实现产业高端化，必须提升科技创新能力，着力推进完善产学研合作创新机制；加快培育壮大战略型新兴产业，大力推进军民产业融合发展；运用新技术、新业态、新模式改造提升传统产业，加大淘汰失效产能和“僵尸企业”退出机制，化解低端产能。

智能化。运用互联网、物联网、大数据、云计算、人工智能等现代技术，推动企业研发、设计、制造、运营、管理、营销模式变革，实现从需求端到产品与服务供应端全链条的智能化。促进工业化和信息化的深度融合。通过智能化改造升级，使企业提高劳动生产率，降低成本，提高产品质量，为消费者提供及时优良的服务，全面提升质量水平。

绿色化。当前，空气、水质、土壤等人类生存环境成为人们关注的焦点，产业绿色化已经成为全球产业界发展的共识。我们要以绿色发展为理念，推动实体经济发展。不论是农业、工业和服务业，都要以资源节约、环境友好为产业发展第一要旨，大力推广高效、节约、清洁、低碳、循环的生产、运营、服务体系，企业在发展中要坚守在生态保护中发展的理念，并为生态保护事业做出贡献，确实认真履行好企业的社会责任。

国际化。当前，世界经济增长低迷态势仍在延续，“逆全球化”思潮和保护主义倾向抬头。面对国际环境新变化和国内发展新要求，振兴我国实体经济必须坚持经济全球化的发展方向，实施企业国际化发展战略。加强产业国际深度合作，开展与国际大企业、研究机构和高等院校的战略合作，提高企业国际化经营能力和服务水平；继续开展有针对性的引资、引智、引技相结合，促进外资企业与我国企业融合发展、加快我国企业核心技术水平和竞争力的提高；充分两种资源、两个市场，加快我国企业“走出去”的步伐和层次。扎实推进“一带一路”建设，本着互利共赢的原则，广泛开展国际产能合作。通过国际竞争和历练，提升我国产业的装备、技术、标准、管理、服务的水平。从而加强我国产业的全球影响力和竞争力。

实体经济是我国发展之基，创新驱动是我国发展根本动力。振兴实体经济，振兴东北老工业基地，决非“一日之功”、“一蹴而就”之事，我们在党中央、国务院关于支持东北振兴若干重大政策指引下，以“咬定青山不放松”的精神，深化改革，扩大开放，深入实施创新驱动战略，以“千磨万击还坚劲，任尔东西南北风”的信念，扎实推进实体经济的优化结构，提高质量，增强实体经济竞争力和创造力，东北老工业基地一定能重振雄风，创造更加辉煌的业绩，我们就一定能在国际经济的大风大浪中永立潮头。

（2017年5月26日，在2017沈阳中国智谷创新发展论坛上的讲话）

后　记

《印痕札集》在中国文史出版社的大力支持下，通过勤奋细致的工作最终得以面世，实在令作者为之钦佩和感动。

《印痕札集》汇编了我自1988年从事水泥工程设计技术工作直到2017年我即将结束参事工作期间，发表在报刊杂志上或在一些行业会议上的部分文章和讲话稿，分成五辑，共50篇汇集成册。辑一和辑五，集中我近30年对建材行业宏观发展的认识和建议。辑二和辑三，集中我从事水泥工业设计、研发、运行和行业管理的具体体会和指导发展的意见建议。辑四，集中我对节能减排及废弃物循环利用方面的文章。

《印痕札集》所呈现的历史跨度近30年之久，但所涉及的中心内容聚焦在我国经济领域，特别是建材行业和水泥工业的近30年发展的艰辛历程和取得的令世界瞩目的巨大成就，并展望了未来发展的美好前景，可能遇到的挑战和应对困难应采取的举措。

我作为《印痕札集》的作者，在自校书稿的过程中，使自己又一次置身于我国近30年波澜壮阔改革开放的洪流之中，回忆起当年那些难以忘怀的历史画面。通过重温这些文稿，使我再一次认识到中国共产党以正确的理论、方针、政策指导和领导中国人民所进行的深化改革、扩大开放的伟大实践所取得的巨大成就。我相信不同年龄段的读者都能从本《札集》中，或找到共鸣、或引起回忆、或能从中发现一个行业或国家发展的脉络，从中受到某种启示或思考。若果真如此，我想出版本《札集》的目的就达到了，并感到无比的欣慰。

《印痕札集》所反映的我国建材行业和水泥工业所发生的发展理念、产业结构、科技进步、装备水平、企业管理等方面的历史性变化，只是汹涌澎湃的历史巨浪中的一个浪花，但也映衬出我国近30年所发生的巨大变化和取得的巨大成就。

《印痕札集》所编辑的文章和讲话稿，只是我本人工作经历中的所思、所感。在《印痕札集》自校过程中深深感到，相对于整个建材行业和水泥工业近30年的所发生的翻天覆地的变化，仅仅是一个很小的侧面，很难概括整个行业的全貌。

当前，全党、全国人民正在以习近平同志为核心的党中央的领导下，为实现两个一百年的奋斗目标，为实现中华民族的伟大复兴的“中国梦”而努力奋斗。作为在建材行业工作了37年的老同志，作为第十一届全国政协委员，我衷心希望借中国文史出版社出版《印痕札集》的机会，能为实现伟大的“中国梦”尽自己一点微薄之力。

再次对中国文史出版社和天津水泥工业设计研究有限公司在出版《印痕札集》中给予的支持和帮助，表示衷心的感谢！

图书在版编目（CIP）数据

印痕札集 / 蒋明麟著. —北京：中国文史出版社，2017.8
（政协委员文库）
ISBN978-7-5034-9647-9

Ⅰ.①印… Ⅱ.①蒋… Ⅲ.①建筑材料工业—中国—文集Ⅳ.①F426.9-53

中国版本图书馆 CIP 数据核字（2017）第 251676 号

责任编辑：程　凤

出版发行：中国文史出版社
网　　址：www.chinawenshi.net
社　　址：北京市西城区太平桥大街 23 号　邮编：100811
电　　话：010—66173572　66168268　66192736（发行部）
传　　真：010—66192703
印　　装：北京地大彩印有限公司
经　　销：全国新华书店
开　　本：787 × 1092　1/16
印　　张：23　　插页：1
字　　数：375 千字
版　　次：2017 年 12 月北京第 1 版
印　　次：2017 年 12 月第 1 次印刷
定　　价：62.00 元